抗日战争档案汇编

辽宁省档案馆藏满铁与九一八事变档案汇编

4

辽宁省档案馆 编

清華大學出版社

本册目录

三、参与军事活动

三、参与军事活动

满铁辽阳地方事务所关于驻辽阳日军第十六步兵联队向奉天出发事致满铁地方部的电报
（一九三一年九月十九日）

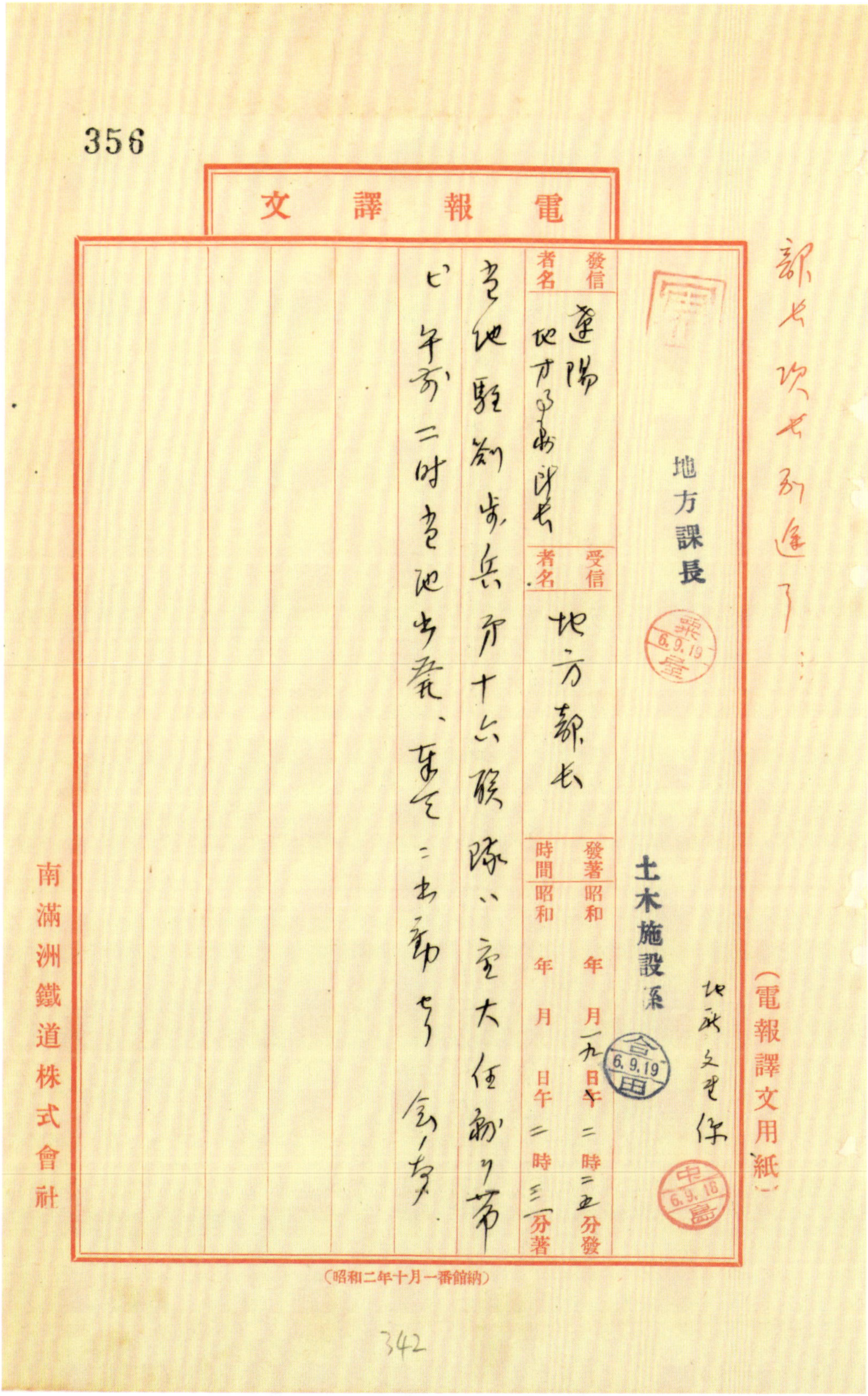
356

電報譯文

發信者名：遼陽地方事務所長

受信者名：地方部長

當地駐劄步兵第十六聯隊ハ重大任務ヲ帶ビ午前二時當地出發、奉天ニ出動セリ 念ノ為

發著時間：昭和 年 月一九日午二時二五分發

昭和 年 月 日午二時三一分著

地方課長

土木施設係

地所文書係

部長 次長 別途了

（電報譯文用紙）

南滿洲鐵道株式會社

（昭和二年十月一番館納）

342

满铁瓦房店地方事务所关于日军瓦房店守备军之行动事致满铁地方部的电报（一九三一年九月十九日）

358

電報譯文

發信者名：瓦房店地方事務所長

受信者名：地方部長

發著時間：昭和　年　月一九日午二時三〇分發
昭和　年　月一日午二時三〇分著

十八日二十三時ヨリ奉天支那軍隊ト交戦セルヲ以テ當瓦房店守備兵約百名應援ノ為メ臨時列車ニテ二時三十分發ノ見込

（電報譯文用紙）

南滿洲鐵道株式會社

（昭和二年十月一番館納）

344

满铁辽阳地方事务所关于日军占领奉天北大营事致满铁地方部、总务部的电报（一九三一年九月十九日）

357

電報譯文

發信者名：遼陽地方事務所長

受信者名：地方部長

發著時間：昭和　年　月一九日午二時三〇分發
昭和　年　月　日午二時三六分著

奉

奉天駐劄隊零時半奉天北大營ヲ占領シ

當地十六聯隊ニ動員下令。兵九八六、軍馬三八

頭出動準備中

（電報譯文用紙）

南滿洲鐵道株式會社

（昭和二年十月一番納館）

343

满铁辽阳地方事务所关于日军在辽阳之行动事致满铁地方部、总务部的电报（一九三一年九月十九日）

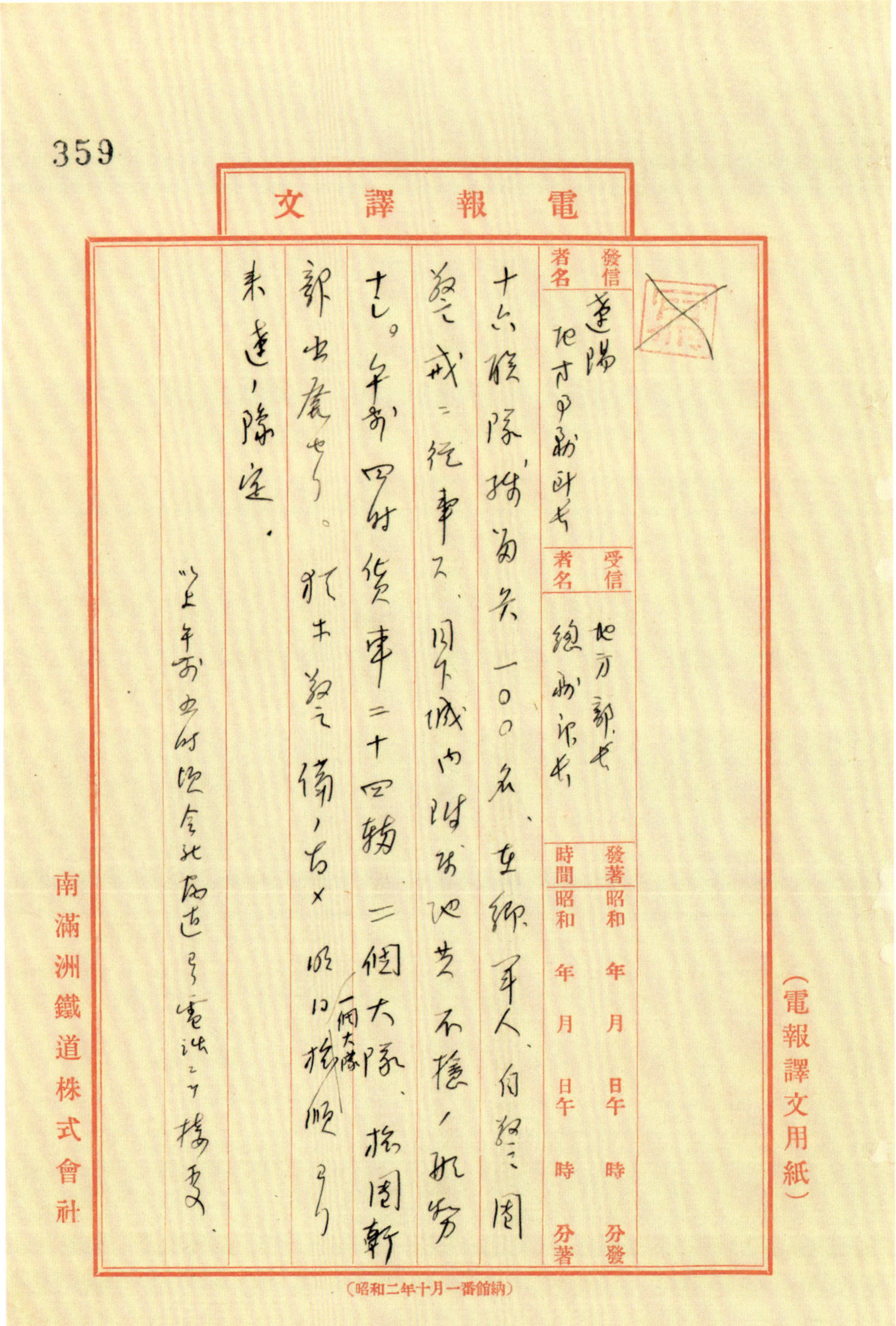

359

電報譯文

發信者名：遼陽 地方事務所長

受信者名：地方部長 總務部長

發著時間：昭和 年 月 日午 時 分發 / 昭和 年 月 日午 時 分著

十六聯隊留守兵一〇〇名、在郷軍人、自警團警戒ニ従事ス、目下城内附近ハ不穏ノ形勢ナシ。午前四時貨車二十四輌ニ二個大隊（一個大隊）、旅團[illegible]部出發セリ。猶未警備ノ為メ明日旅順ヨリ來着ノ豫定。

以上午前五時[illegible]ヨリ電話ニテ接受。

（電報譯文用紙）

南滿洲鐵道株式會社

（昭和二年十月一番館納）

345

满铁长春地方事务所关于日军在长春之行动事致满铁地方部、总务部的电报（一九三一年九月十九日）

360

電報譯文

發信者名	受信者名	發著時間
長春地方事務所長	地方部長 総務部長	昭和　年　月　日午　時　分發 昭和　年　月　日午　時　分著

長春ニ於ケル日支兵衝突事件ニ伴ヒ当地旅団司令部ト軍司令部ヨリ零時二十分出動命令アリ旅団長ハ直チニ二個中隊ヲ以テ長春城内兵隊ノ武装解除ニ出動セシメタリ、旅団長ハ当地ニアリ、公主嶺ノ騎兵聯隊ヲ当地ニ配置セシムル旨ノ命令アリ、附属地警備ハ独立守備隊出動シ各種兵在郷軍人ト聯絡ヲ取リ萬全ヲ期シ警戒シ居レリ

（電報譯文用紙）

南滿洲鐵道株式會社

（昭和二年十月一番館納）

346

361

電報譯文

發信者名

受信者名

發著時間 昭和 年 月 日午 時 分發
昭和 年 月 日午 時 分著

第一ノ場合ハ駐隊内ニ日本人ヲ收容スル外更ニ
之ヲ附属地内ニハ一部中国人ヲ入レサルコトトセリ。尚
ノ要否ハ當方ヨリノ城内政勢ノ模様ハ判明セス
附属地内ハイト静穏ナリ
以上午前六時十分公主嶺驛長ヨリ電話ニテ報告

南滿洲鐵道株式會社

（電報譯文用紙）

（昭和二年十月一番館納）

347

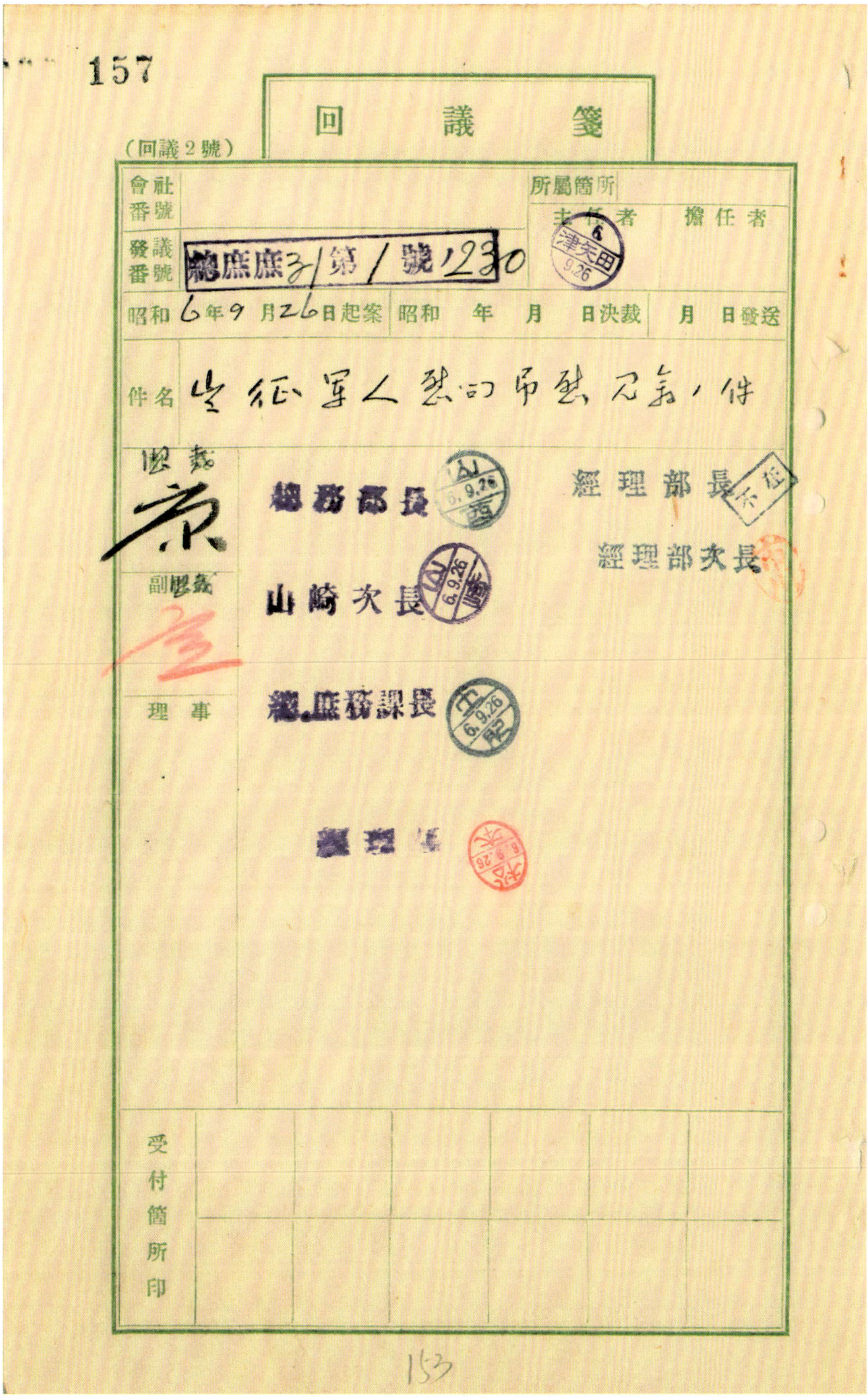

回議箋
（回議2號）
會社番號
所屬箇所
主任者
擔任者
津矢田 9.26
發議番號 總庶庶31第1號1230
昭和6年9月26日起案 昭和 年 月 日決裁 月 日發送
件名 出征軍人慰問弔慰見舞ノ件
總裁
總務部長
經理部長
副總裁
山崎次長
經理部次長
理事
總.庶務課長
受付箇所印

满铁总务部庶务课关于慰问、吊唁、看望出征军人事的回议笺（一九三一年九月二十六日）

158

南滿洲鐵道株式會社

(155—2)

今回ノ時局ニ関シ首途ノ件下記ノ通御取計相成

度[illegible]

記

慰問費	15,000円
弔慰金	20,000円
見舞金	5,000円
計	40,000円

「追テ右ハ副総裁ヨリ関東軍司令官ニ目録御手交ノ筈

○ 時局費仮払金整理ノコト

○ 出征人員数ニ異動ヲ生シ又ハ戦死傷者ヲ増加スルモ本件金額内ニテ支弁セラルヽ様軍部ニ内相談ノコト

(2.3鮎川洋行納) (300,000)

154

（罫紙2號）　南滿洲鐵道株式會社

[illegible] 慰問　一五、〇〇〇（但シ兵卒一万五千人ト見テ）

[illegible] 弔慰　二〇、〇〇〇

[illegible]　五〇、〇〇〇

[illegible]

参考

1　今日迄ノ死傷者

（奉天長春以外不明）

		死	傷
奉天	将校	0	4
	下士卒	2	19
長春	将校	3	3
	下士卒	63	102
計		68	128

2　従来附属地警備ニ死傷セシ鉄道守備隊員ニ対スル贈呈金

香典	将校准士官	1人	600円
	下士官	1人	400円 ×62 = 248[illegible]
	兵卒	1人	300円 ×68 = 20,400
見舞金	将校准士官	1人	100円
	下士官	1人	70円
	兵卒	1人	50円 ×128 = 6,400

3　出征軍人ノ総数　13,000人

（奉天　軍司令部ノ調査）

（5. 5. 共和號納）

日本关东军司令官本庄繁关于感谢满铁发放抚恤金事致满铁总裁内田康哉的函（一九三一年十月二十二日）

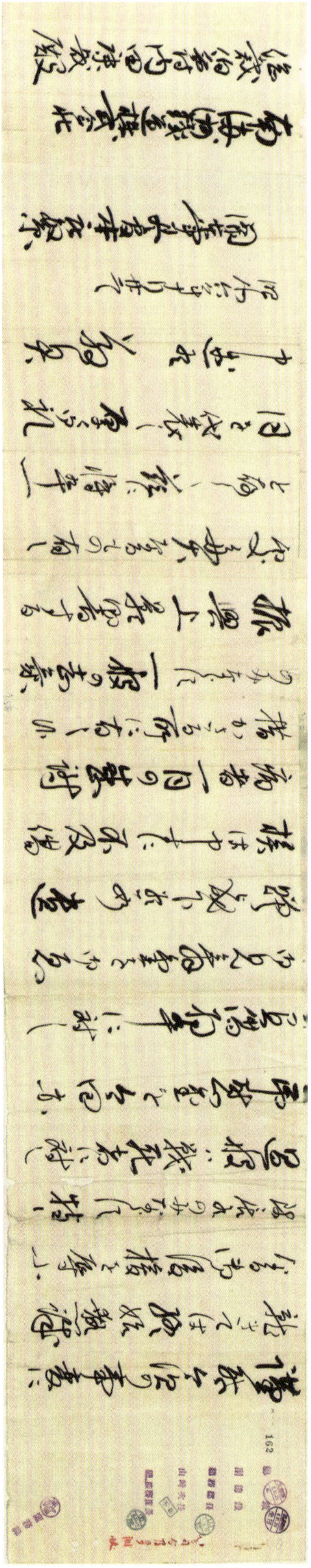

独立守备队等截至昭和六年十月二十六日（一九三一年十月二十六日）之日军战死者名单

#57

戰死者名簿

獨立守備隊

（昭和六年十月二十六日現在）

	日時・場所	所屬	官等	氏名
1	九月十九日長春南嶺ニ於テ戰死	獨立守備步兵第一大隊	陸軍步兵少佐	倉本茂
2	同	獨立守備步兵第一大隊	陸軍步兵大尉	前市岡孝治
3	同	獨立守備步兵第一大隊	陸軍步兵少尉	芦田芳雄
4	同	獨立守備步兵第一大隊	陸軍步兵曹長	加藤興助

長春、地、了、

18

58

5 九月十九日長春南嶺ニ於テ戰死
獨立守備步兵第一大隊 陸軍步兵曹長 淺川鈴喜 長春埋了

6 同
獨立守備步兵第一大隊 陸軍步兵軍曹 川田清 長春埋了

7 同
獨立守備步兵第一大隊 陸軍步兵伍長 鈴木秀三郎 旧

8 同
獨立守備步兵第一大隊 陸軍步兵伍長 高橋幸藏 旧

9 同
獨立守備步兵第一大隊 陸軍步兵伍長 須藤森男 旧

54

10
九月十九日長春南嶺ニ於テ戰死
獨立守備歩兵第一大隊
陸軍歩兵伍長　太田公道
長春地ヨ、

11
同
獨立守備歩兵第一大隊
陸軍歩兵伍長　稻垣英太郎
長春地ヨ、

12
同
獨立守備歩兵第一大隊
陸軍歩兵伍長　小原斌
同

13
九月十九日奉天北大營ニ於テ戰死
獨立守備歩兵第二大隊
陸軍歩兵伍長　新國六三
（奉天）十月五日贈與　四〇〇円

14
九月十九日長春南嶺ニ於テ戰死
獨立守備歩兵第一大隊
陸軍歩兵上等兵　大信田彌四郎
長春地ヨ、

60

60

15	九月十九日長春南嶺ニ於テ戰死	獨立守備步兵第一大隊	陸軍步兵上等兵	渡邊慶治郎
16	同	獨立守備步兵第一大隊	陸軍步兵上等兵	佐々木德治
17	同	獨立守備步兵第一大隊	陸軍步兵上等兵	佐々木吉治
18	同	獨立守備步兵第一大隊	陸軍步兵上等兵	石川仁作
19	同	獨立守備步兵第一大隊	陸軍步兵上等兵	嘉藤權三郎

61

20 九月十九日長春南嶺ニ於テ戰死
獨立守備步兵第一大隊　陸軍步兵上等兵　土田勉

21 同
獨立守備步兵第一大隊　陸軍步兵上等兵　相田喜一郎

22 同
獨立守備步兵第一大隊　陸軍步兵上等兵　小林一郎

23 同
獨立守備步兵第一大隊　陸軍步兵上等兵　高橋末藏

24 同
獨立守備步兵第一大隊　陸軍步兵上等兵　板垣貞藏

25	九月十九日長春南嶺ニ於テ戰死	獨立守備步兵第一大隊	陸軍步兵上等兵	菅原友治
26	同	獨立守備步兵第一大隊	陸軍步兵上等兵	梅津吉右衛門
27	同	獨立守備步兵第一大隊	陸軍步兵上等兵	大場廣吉
28	同	獨立守備步兵第一大隊	陸軍步兵上等兵	小野爲吉
62	同	獨立守備步兵第一大隊	陸軍步兵上等兵	榎本安治

63

30
九月十九日長春南嶺ニ於テ戰死
獨立守備步兵第一大隊　陸軍步兵上等兵　小山內勇治

31
同
獨立守備步兵第一大隊　陸軍步兵上等兵　佐藤勇三　同

32
同
獨立守備步兵第一大隊　陸軍步兵上等兵　天野德治郎　同

33
同
獨立守備步兵第一大隊　陸軍步兵上等兵　淺尾博　同

63
同
獨立守備步兵第一大隊　陸軍步兵上等兵　奥山善雄　同

64

64

35 九月十九日長春南嶺ニ於テ戰死 獨立守備步兵第一大隊 陸軍步兵上等兵 北澤武雄 長春、地、了

36 九月十九日長春南嶺ニ於テ負傷シ長春滿鐵病院收容時死亡 獨立守備步兵第一大隊 陸軍步兵上等兵 後藤三代吉 旧

37 九月十九日長春南嶺ニ於テ戰死 獨立守備步兵第一大隊 陸軍步兵上等兵 有川彥四郎 旧

38 同 獨立守備步兵第一大隊 陸軍步兵上等兵 大澤武夫 旧

39 同 獨立守備步兵第一大隊 陸軍上等看護卒 增田宗吉 旧

65

0 42 41

九月十九日奉天北大營ニ於テ戰死
獨立守備歩兵第二大隊 陸軍歩兵上等兵 増子正男
十月五日贈與 三〇〇円

十月三日四平街ニ於テ戰死
獨立守備歩兵第五大隊 陸軍歩兵上等兵 高橋菊治郎
7/16 四平街地ニテ 三〇〇円

十月五日虻牛哨東南約二里荒地ニ於テ戰死
獨立守備歩兵第五大隊 陸軍歩兵上等兵 佐藤富雄
7/16 印 三〇〇円

66

戰死者名簿　第二師團

4	3	2	1
同	同	同	九月十九日寛城子ニ於テ戰死
步兵第四聯隊	步兵第四聯隊	步兵第四聯隊	步兵第四聯隊
陸軍步兵伍長	陸軍步兵曹長	陸軍步兵特務曹長	陸軍步兵少尉
同	長春地方	長春地方	長春地方
菊地孝志	森榮一	菅原民助	熊川威
明治四二、一、三〇生	明治三八、八、二八生	明治三六、四、八生	明治四二、一二、一九生

67

5
九月十九日寛城子ニ於テ戦死
歩兵第四聯隊　陸軍歩兵伍長　太田甫
明治四二、一、六生
同上

6
同
歩兵第四聯隊　陸軍歩兵伍長　加藤源助
明治四二、二、二八生
同

7
同
歩兵第四聯隊　陸軍歩兵伍長　三浦賢喜
明治四二、四、九生
同

8
同
歩兵第四聯隊　陸軍歩兵伍長　金子治
明治四二、八、一四生
同

9
九月十九日長春南嶺ニ於テ戦死
歩兵第四聯隊　陸軍歩兵伍長　大黒桀治
明治四一、一二、三生
同

68

68

10	11	12	13	14
九月十九日寬城子ニ於テ戰死	同	同	同	同
步兵第四聯隊	步兵第四聯隊	步兵第四聯隊	步兵第四聯隊	步兵第四聯隊
陸軍步兵伍長	陸軍步兵上等兵	陸軍步兵上等兵	陸軍步兵上等兵	陸軍步兵上等兵
円	円	円	円	円
大和田利三郎	泉田利夫	山田貞助	中澤八郎	高橋信之助
明治四二、二、二五生	明治四三、七、一〇生	明治四二、一〇、二八生	明治四三、六、二五生	明治四三、九、一三生

68

15 九月十九日寛城子ニ於テ戦死 歩兵第四聯隊 陸軍歩兵上等兵 佐藤村男 明治四三、一一、三二生

16 同 歩兵第四聯隊 陸軍歩兵上等兵 阿部新太郎 明治四三、一一、三〇生

17 同 歩兵第四聯隊 陸軍歩兵上等兵 阿部忠右衛門 明治四三、一、一三生

18 同 歩兵第四聯隊 陸軍歩兵上等兵 山家伊勢松 明治四三、一、一一生

19 同 歩兵第四聯隊 陸軍歩兵上等兵 佐々木繁美 明治四三、三、三生

70

20
九月十九日寛城子ニ於テ戰死　歩兵第四聯隊　陸軍歩兵上等兵　及川卓　明治四三、一二、一三生
長春坂月

21
同　歩兵第四聯隊　陸軍歩兵上等兵　鎌田健藏　明治四三、三、一生
同

22
同　歩兵第四聯隊　陸軍歩兵上等兵　佐藤要　明治四三、七、二八生
同

23
九月十九日長春南嶺ニ於テ戰死　歩兵第四聯隊　陸軍歩兵上等兵　佐藤隼太　明治四三、五、二〇生
同

24
同　歩兵第四聯隊　陸軍歩兵上等兵　三浦右近　明治四三、八、三生
同

71

25

九月十九日長春南嶺ニ於テ戦死
歩兵第四聯隊　陸軍歩兵上等兵　佐々木福松
明治四四、一、二八生
長春攻ヲ

26

同
歩兵第四聯隊　陸軍歩兵上等兵　柴山京之進
明治四二、九、一五生
同

27

九月十九日寛城子ニ於テ戦死
歩兵第四聯隊　陸軍歩兵上等兵　相澤榮三郎
明治四三、八、五生
同

28

同
歩兵第四聯隊　陸軍歩兵上等兵　遠藤碁
明治四二、四、一五生
同

271

同
歩兵第四聯隊　陸軍上等看護卒　菊地正人
明治四三、一、二七生
同

72

72

30

九月二十二日吉林松花江右岸龍台山麓ニ於テ戰死

工兵第二大隊第二中隊　陸軍工兵上等兵　小林健治

長春擬目

73

戰死者名簿　第二師團

31
十月廿八日一棵樹北方萬太福ニ於テ重傷ヲ受ケ四平街滿鐵病院ニ護送途中死亡
步兵第二十九聯隊　陸軍步兵少佐　栗原信一郎
29/10 鄭家屯公示　六〇〇円

32
十月廿八日一棵樹北方萬太福ニ於テ戰死
步兵第二十九聯隊　陸軍步兵上等兵　遠藤昇
17　三〇〇円

33
同
步兵第二十九聯隊　陸軍步兵上等兵　菅家庄作
17　三〇〇円

戰死者名簿

混成第三十九旅團

74 5 4 3 ○2 ○1

01 九月廿五日奉天兵工廠ニ於テ戰死 步兵第七十八聯隊 陸軍步兵上等兵 小山寅右衛門 十月十三日贈與 三〇四

02 九月廿八日奉天商埠地北市場附近ニ於テ戰死 步兵第七十七聯隊 陸軍步兵上等兵 浦田元夫 十月十三日贈與 三〇四

3 十月十三日紅花崗子ニ於テ戰死 騎兵第二十八聯隊 陸軍騎兵曹長 山口啓一

4 同 騎兵第二十八聯隊 陸軍騎兵伍長 杉井助一

5 十月十四日佟家偪礦附近ニ於テ戰死 騎兵第二十八聯隊 陸軍騎兵上等兵 大坪武夫

75

75

○6

戰死者名簿

混成第三十九旅團

十月廿四日奉天城內第一監獄附近巡察中敵ニ狙擊セラレ負傷シ
奉天赤十字病院ニ收容後死亡
十月廿六日贈與　四〇〇円

步兵第七十七聯隊　陸軍步兵特務曹長　日高龍之助

76

76

戰死者名簿

獨立飛行隊

十月廿三日偵察飛行中奉天ニ於テ墜落戰死

十月廿六日贈與 六〇四

獨立飛行第十中隊 陸軍航空兵少尉 中林茂春

22

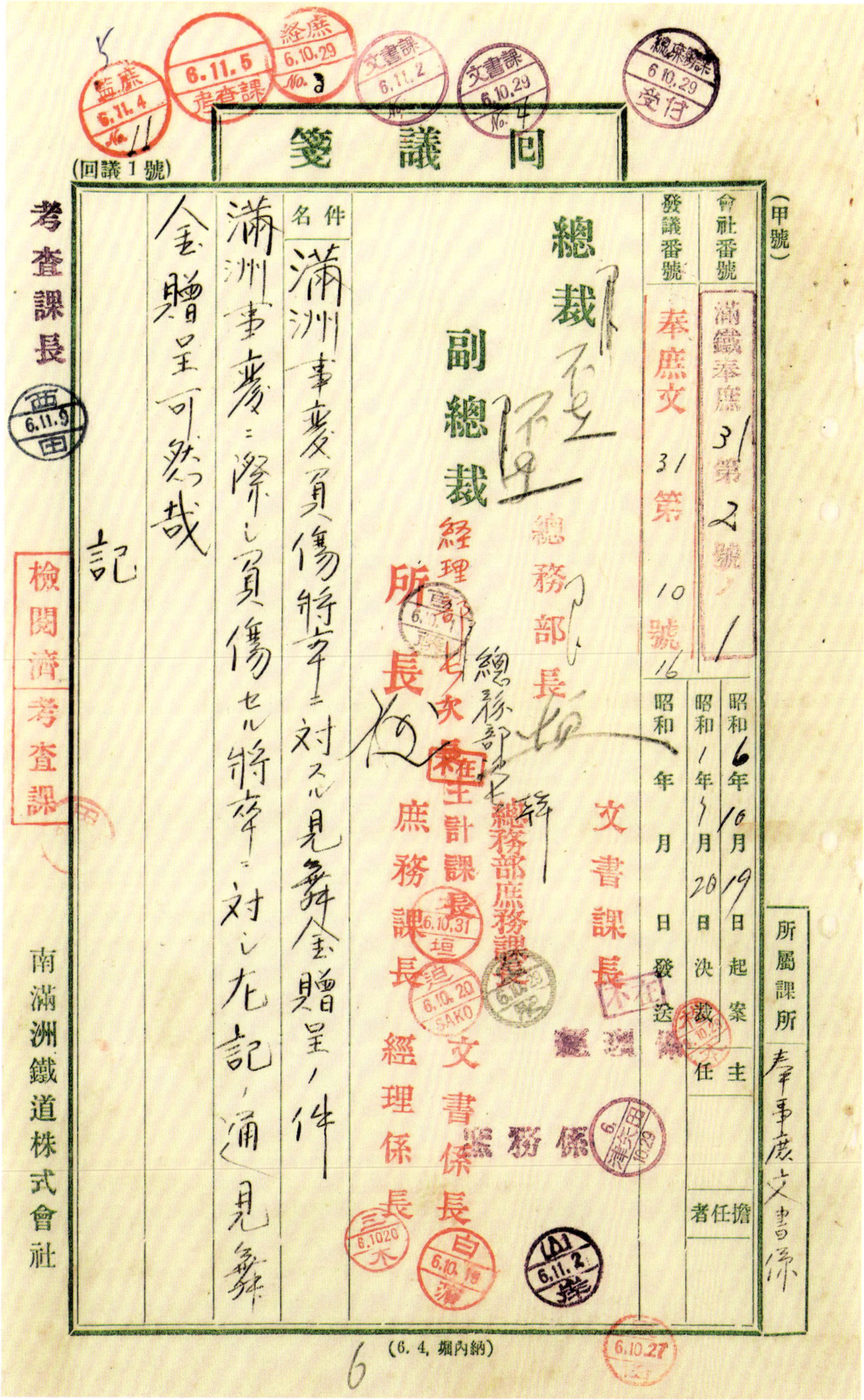
回議箋

（回議1號）

（甲號）

會社番號：滿鐵奉庶31第2號ノ1

發議番號：奉庶文31第10號16

昭和6年10月19日起案 主任

昭和 年 月20日決裁 擔任者

昭和 年 月 日發送

所屬課所：奉事庶文書係

總裁

副總裁

總務部長

經理部長

所長

文書課長

庶務課長

主計課長

總務部庶務課長

文書係長

經理係長

件名：滿洲事變負傷將卒ニ對スル見舞金贈呈ノ件

滿洲事變ニ際シ負傷セル將卒ニ對シ左記ノ通見舞金贈呈可然哉

記

考査課長

檢閲濟 考査課

南滿洲鐵道株式會社

（6.4，堀内納）

满铁奉天事务所庶务课关于九一八事变中负伤士兵慰问金发放标准事的回议笺（一九三一年十月二十九日）

6

（罫紙1號）

一、重傷者

將校（一人當金三〇〇圓）一名　金參〇〇圓

下士（一人當金二〇〇圓）五名　金壹、〇〇〇圓

兵卒（一人當金壹五〇圓）二五名　金參、七五〇圓

二、輕傷者

將校（一人當金壹〇〇圓）六名　金六〇〇圓

下士（一人當金七〇圓）一〇名　金七〇〇圓

兵卒（一人當金五〇圓）八四名　金四、貳〇〇圓

合計　一三一名　金壹〇、五五〇圓

右金額算出根據ハ大正十五年十二月二日附社文書二六

南滿洲鐵道株式會社

25
150
1250
25
3750

（6.6. 光明納）

7

7

（野紙1號）

第一〇號ノ三「守備隊員及警察官吏殉職者ニ対スル香典標準改正並見舞金標準制定ニ関スル件」通牒ニ依ル

（十月二十七日　支出済）

南滿洲鐵道株式會社

8　(6. 6. 光明納)

满铁辽阳地方事务所关于日军战死者追悼会事致满铁总务部的函（一九三一年十一月十六日）

111

文書課 6.11.17 No.11

總.庶務課 6.11.17 受付

昭和六年十一月十六日

遼陽地方事務所長

總務部長

總。庶務課長 殿

庶務係

戰死者慰靈祭ニ關スル件

大興ニ於テ激戰奮鬪ノ結果名譽ノ戰死ヲ遂ケラレタル駐遼第十六聯隊附故陸軍步兵少尉武者清治氏以下四十三名ノ遺骨ハ一兩日中ニ到着ノ豫定ニ有之不日聯隊營庭ニ於テ慰靈祭執行セラルル筈ニ付右豫メ通報ス

追テ日時決定ノ上ハ電報可致ニ付申添フ

尚戰死者名簿別紙添付ス

庶務課

113

112

戰死者名簿

昭和六年十一月廿日調 歩兵第十六聯隊

戰鬪地名	年月日	傷名	隊號	官等	氏名	
[illegible]洮昂線大興驛附近ノ戰鬪	昭和六年十一月四日	胸部貫通銃創	第七中隊	陸軍歩兵上等兵	齋藤佐平太	三〇〇
	昭和六年十一月五日	頭部盲貫、胸部貫通、下腹部貫通銃創	第七中隊	陸軍歩兵曹長	田邊武雄	四〇〇
同	同	頭部貫通銃創	第七中隊	陸軍歩兵伍長	小田耐三	四〇〇
同	同	咽喉部貫通銃創	第七中隊	陸軍歩兵伍長	吉田正	〃
同	同	頭部貫通銃創	第七中隊	陸軍歩兵伍長	島津松造	〃
同	同	左頭部盲貫銃創	歩兵砲隊	陸軍歩兵伍長	坪川義德	〃
同	同	頭部貫通、腹部貫通、左下腿盲貫砲彈創	第五中隊	陸軍歩兵上等兵	石田禪龍	三〇〇
同	同	頭部盲貫銃創	第五中隊	陸軍歩兵上等兵	小杉廣作	三〇〇
同	同	頭部盲貫砲彈創	第五中隊	陸軍歩兵上等兵	渡邊平彌	〃
同	同	頭部盲貫銃創	第五中隊	陸軍歩兵上等兵	田中寅松	〃

14,100

114

洮昂線大興驛附近ノ戰鬪	昭和六年十一月十一日	腹部貫通銃創	第五中隊	陸軍歩兵上等兵	佐野喜八	三〇〇圓
同	同	前頭部貫通銃創	第六中隊	陸軍歩兵上等兵	渡邊勝	〃
同	同	腹部盲貫銃創	第六中隊	陸軍歩兵上等兵	小林政一	〃
同	同	頭部貫通銃創	第六中隊	陸軍歩兵上等兵	駒形音吉	〃
同	同	胸部貫通銃創	第六中隊	陸軍歩兵上等兵	関根豊次郎	〃
同	同	頭部貫通銃創	第六中隊	陸軍歩兵上等兵	齋藤哲	〃
同	同	頭部貫通銃創	第六中隊	陸軍歩兵上等兵	村山與四郎	〃
同	同	胸部盲貫銃創	第六中隊	陸軍歩兵上等兵	川瀬六平	〃
同	同	頭部貫通銃創	第六中隊	陸軍歩兵上等兵	小林與三郎	〃
同	同	右脚砲弾創[illegible]	第七中隊	陸軍歩兵上等兵	金子福治	〃
同	同	頭部砲弾創	第七中隊	陸軍歩兵上等兵	佐久間愛作	〃
同	同	顔面腹部砲弾創	第七中隊	陸軍歩兵上等兵	瀬倉三代吉	〃

同	同	胸部左腹貫通銃創	第七中隊	陸軍歩兵上等兵	旋浦仁市	三〇〇円
同	同	右股胸部砲弾創	第六中隊	陸軍歩兵上等兵	笠原銀一	〃
同	同	胸部貫通銃創	第六中隊	陸軍歩兵上等兵	小林稲吉	〃
同	同	頸部貫通銃創	第七中隊	陸軍歩兵上等兵	湯汁勇	〃
同	同	頸部貫通銃創	第六中隊	陸軍歩兵上等兵	片桐禅久	〃
同	同	右胸部貫通銃創	第七中隊	陸軍歩兵上等兵	田中重二郎	〃
同	同	腹部盲貫銃創	第七中隊	陸軍歩兵上等兵	西村末吉	〃
同	同	胸部盲貫銃創	第七中隊	陸軍歩兵上等兵	小島憲二	〃
同	同	腹部貫通銃創	第七中隊	陸軍歩兵上等兵	大橋良平	〃
同	同	右[illegible]腹部両[illegible]貫通銃創	第七中隊	陸軍歩兵上等兵	廣川廣保	〃
同	同	頸部胸部貫通銃創	第七中隊	陸軍上等看護卒	横山正旭	〃
同	昭和六年十一月六日	胸部貫通銃創	第十中隊	陸軍歩兵少尉	武者清治	六〇〇円

115

北満洲洮昂線大興駅附近ノ戦闘	昭和六年十一月四日	頭部貫通銃創	第十一中隊	陸軍歩兵特務曹長	野内廣治	六〇〇円
同	同	胸部貫通銃創	第九中隊	陸軍歩兵曹長	高地國一	四〇〇
同	同	胸部貫通銃創	第十中隊	陸軍歩兵伍長	豐島彊	〃
同	同	頭部盲貫銃創	第十二中隊	陸軍歩兵伍長	小澤直次	〃
同	同	腹部貫通銃創	第十一中隊	陸軍歩兵伍長	大川原常部	〃
同	同	頭部盲貫銃創	第十中隊	陸軍歩兵一等兵	熊倉良三郎	三〇〇
同	同	胸部盲貫銃創	第十一中隊	陸軍歩兵上等兵	山崎安二	三〇〇
同	同	頭部貫通銃創	機関銃隊	陸軍歩兵上等兵	石見勞	三〇〇
					計	

28

奉天公报慰问队责任人森宣次郎向满铁总务部庶务课递交一九三一年十月二十八日至一九三一年一月一日的慰问军队及警察官之状况报告（一九三一年十二月）

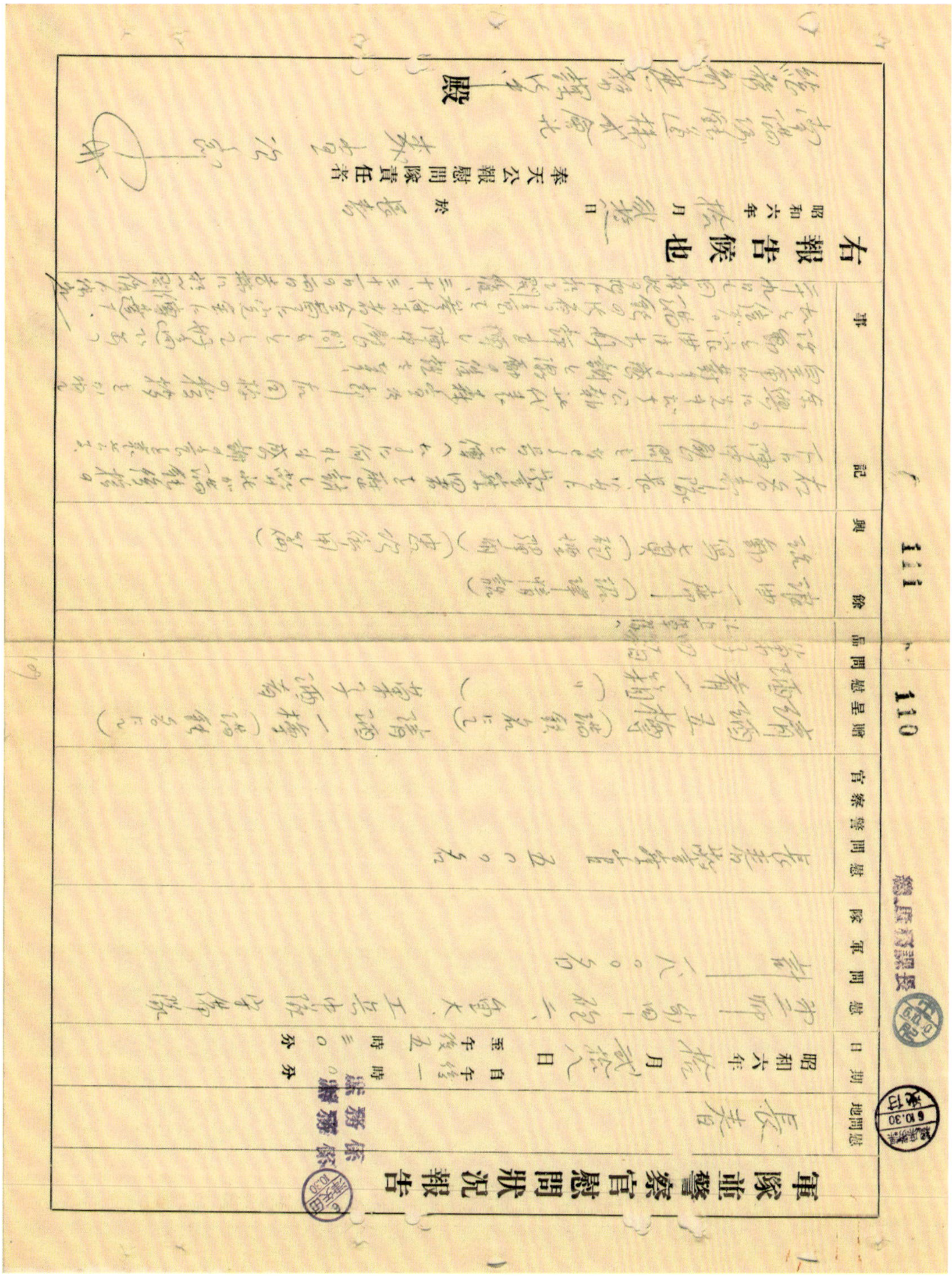
軍隊並警察官慰問状況報告
慰問地
日期
慰問軍隊
慰問警察官
慰問品
餘興
記事
右報告候也
昭和六年　月　日
奉天公報慰問隊責任者
殿

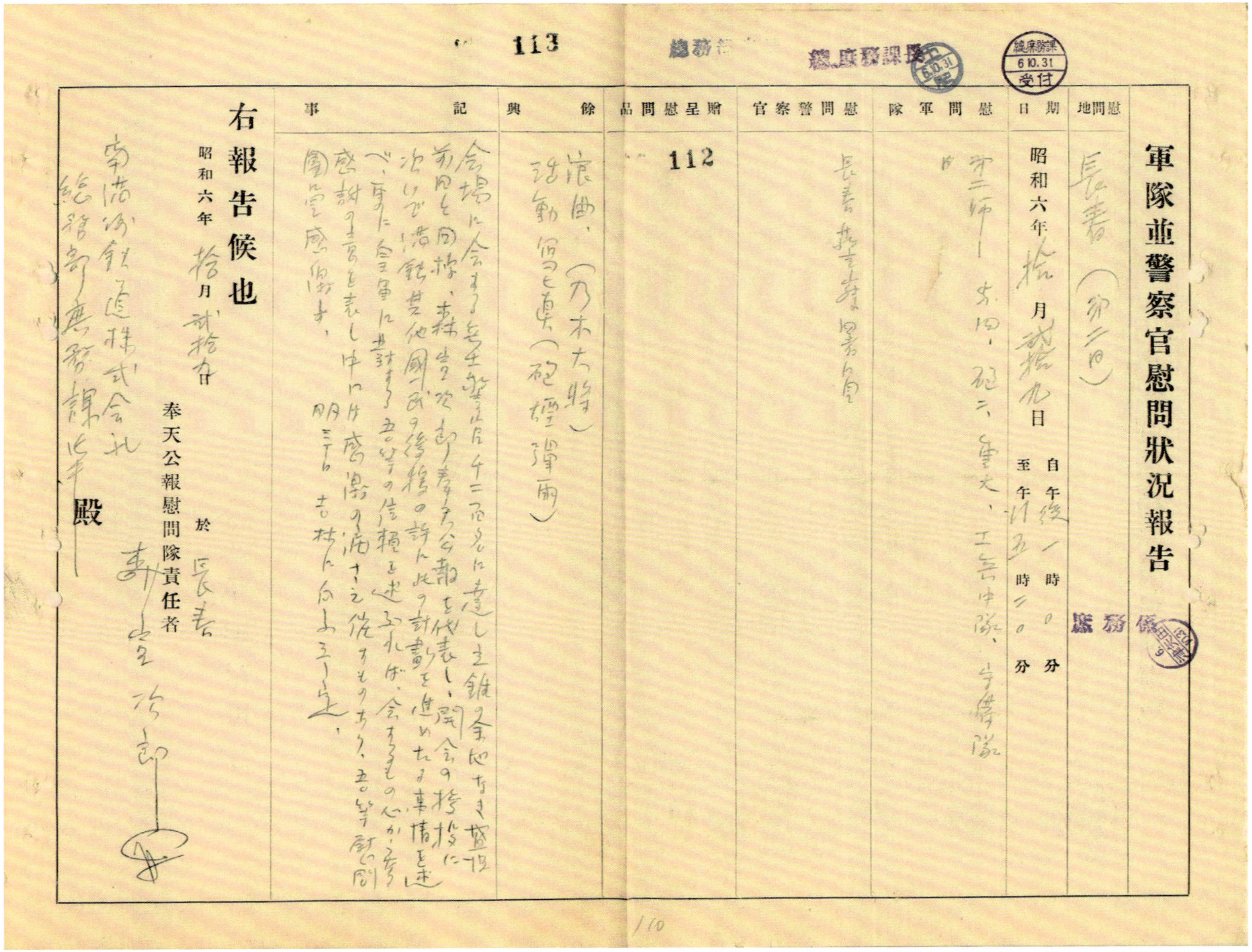

113

112

總務部庶務課長

總務部庶務課 6.10.31 受付

軍隊並警察官慰問状況報告

慰問地	期日	慰問軍隊	慰問警察官	贈呈慰問品	余興	記事
長春（第二回）	昭和六年拾月貳拾九日 自午後一時〇分 至午后五時二〇分	第二師団、歩四、砲二、重大、工兵中隊、守備隊	長春地方警察署		浪曲、活動写真（乃木大将）（砲煙弾雨）	会場に会する兵士約五百名に達し立錐の余地なき盛況なり、前田を同様、[illegible]次郎氏公報を代表し、開会の挨拶に次いで満鉄其他国民の後援の詳しき此の計画を進めたる事情を述べ、更に皇軍に対する吾等の信頼を述ぶれば、会するもの心から吾等を感謝の言を表し中には感激の涙すら流すものあり、吾等一同も感激す、明三十日吉林に向ふ予定。

右報告候也

昭和六年拾月貳拾日

於長春

奉天公報慰問隊責任者 [illegible]次郎

南満洲鉄道株式会社

総務部庶務課長 殿

110

軍隊並警察官慰問狀況報告

慰問地	吉林
期日	昭和六年十月三十日（自午后六時〇分 至午后九時二〇分）一余興
慰問軍隊	第二師團部隊、独立守備隊、歩兵第七十七聯隊、野戰病院及憲兵 二一四〇
慰問警察官	領事館警察
贈呈慰問品	請酒五樽（瑞穂名）サイダー十箱（〃）菓子十箱（〃） 肴菓子五箱
餘興	浪曲 活動写真（旅順開城、忠次[illegible]） （於吉林大馬路 永樂茶園）
記事	余興場に参集せる将卒一、二〇〇名久しく娯楽機関に接せざりし事とて非常の歓迎を受く

右報告候也

昭和六年十月三十日

於吉林 奉天公報慰問隊責任者 秦 貞次郎（印）

南満洲鉄道株式会社 総務部庶務課 殿

115 114 總務課長

軍隊並警察官慰問状況報告

慰問地	期日	慰問軍隊	慰問警察官	贈呈慰問品	餘興	記事
吉林（第二日）	昭和六年十月三十一日 自午前六時〇分 至午后九時三〇分	同前	同前	同前	浪曲（若葉会ニ依嘱）、活動（拝借写真）	参集将士一、〇〇〇名、前日と同様多大の歓迎を受く。第十六聯隊の杠橋へ遠征せんとする日にて代表者の満腔謝辞に感激する将士あり。送らるゝもの送るゝもの同時の慰安。活動は殊に言葉を深くした感あり。満鉄ノ厚意将士ニ徹底ス。先発西川、三山を此処ニ公主嶺ニ向ふ。

右報告候也

昭和六年十月三十一日　於吉林

奉天公報慰問隊責任者

南満洲鉄道株式会社
総務部庶務課長　殿

112

117　116　總務課

軍隊並警察官慰問狀況報告

慰問地	期日	慰問軍隊	慰問警察官	贈呈慰問品	餘興	記事
公主嶺	昭和六年十一月一日 自午前十時〇分 至午后〇時〇分	騎兵第二十八聯隊、守備隊 二〇〇名	公主嶺警察署 一〇〇名	清酒五箱（滿鐵分）、煮菓子三箱 [illegible]	浪曲、講演（滿鐵分）、[illegible]	居留民を代表し…… 大勢近郊より參集

右報告候也

昭和六年十一月二日

於公主嶺
奉天公報慰問隊責任者

殿

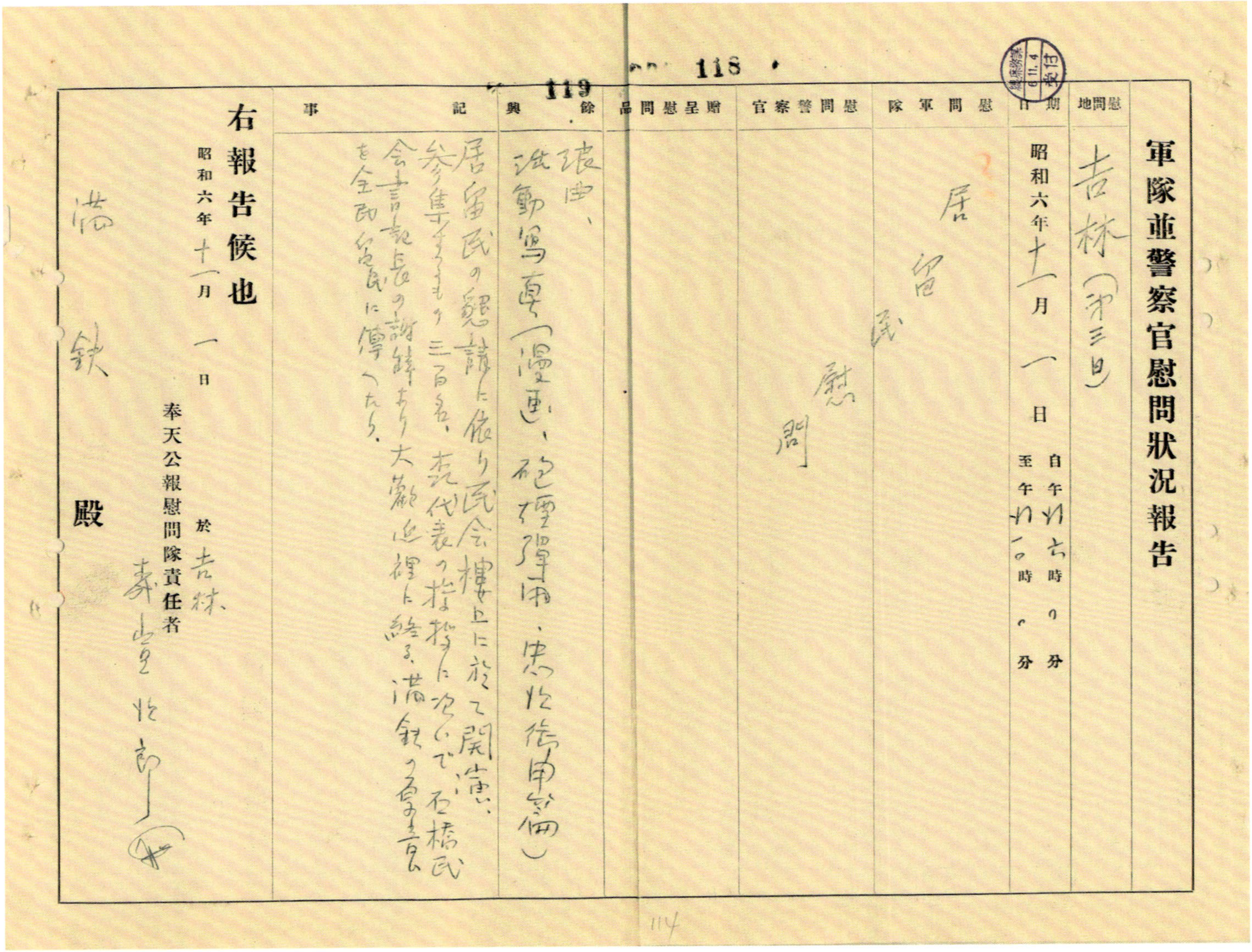

119 118

軍隊並警察官慰問状況報告

慰問地	期日	慰問軍隊	慰問警察官	贈呈慰問品	餘興	事記
吉林（第三日）	昭和六年十一月一日 自午前十時〇分 至午后一時〇分	居留民	慰問		浪曲、活動写真（漫画、砲煙弾雨、忠臣蔵甲篇）	居留民の懇請に依り民会楼上に於て開演、参集するもの三百名、右代表の挨拶に次いで石橋民会議長の謝辞あり大歓迎裡に終る。満鉄の厚意を全邦居留民に傳へたり。

右報告候也

昭和六年十一月一日

於吉林

奉天公報慰問隊責任者

泰豊佐一郎（印）

満鉄 殿

114

日本陆军步兵第三十联队留守部队关于步兵第三十联队乌诺头站、小兴屯战死者名簿及战况情报（一九三一年十二月）

207

戰死者名簿

十一月十九日於昂々溪野戰病院負傷ニ因リ死
新潟縣南蒲原郡下條村大字下條乙貳拾八番地
胸部盲貫銃創 十一月十八日於小興屯戰鬪 歩兵第三十聯隊陸軍歩兵大尉 井上友治 600

十一月十八日於烏諾頭站戰死
新潟縣中頸城郡斐太村大字籠町四拾貳番地ノ壹
腹部、左大腿貫通銃創（死體發見） 歩兵第三十聯隊陸軍一等主計 水口吾作 600

十一月十八日於烏諾頭站戰死
岡山縣赤盤郡西山村大字有九拾番地
頭部、胸部、左大腿貫通銃創（死體發見） 歩兵第三十聯隊陸軍一等主計 岡村繁勝 600

十一月十八日於烏諾頭站戰死
新潟縣中蒲原郡川内村大字川田貳百五拾六番地
胸部、腹部貫通銃創（死体發見） 歩兵第三十聯隊陸軍二等計手 羽下三治 400

歩兵第三十聯隊留守隊

76P

203

十一月十八日於小興屯戰死

新潟縣中頸城郡矢代村大字両善寺千参拾九番地

顔面胸部貫通銃創（死體發見）

歩兵第三十聯隊第六中隊

陸軍歩兵軍曹 丸山武司

400

十一月十八日於烏諾頭站戰死

新潟縣刈羽郡柏崎町大字枇杷島村

胸部頭部右大腿部

貫通銃創（死體發見）

歩兵第三十聯隊第七中隊

陸軍三等計手 猪浦武一郎

400

十一月十八日於烏諾頭站戰死

新潟縣刈羽郡西中通村大字下大新田拾九番戸

頭部胸部

貫通銃創（死体發見）

歩兵第三十聯隊第三中隊

陸軍歩兵伍長 堀廣榮

400

十一月十七日於小興屯戰死
新潟縣中魚沼郡上野村大字三領八九百七拾七番地
右胸部ヨリ右腰部ニ貫通銃創（死体發見）
步兵第三十聯隊第五中隊
陸軍步兵伍長 南雲甚治郎
400

十一月十八日於小興屯戰死
新潟縣中魚沼郡橘村大字野口貳千貳百參拾貳番地
右胸部盲貫銃創（死体發見）
步兵第三十聯隊第六中隊
陸軍步兵伍長 丸山軍平
400

十一月十八日於烏諸頭站戰死
新潟縣三島郡島田村大字小島谷貳千百五拾九番地
頭部、腹部貫通銃創（死体發見）
步兵第三十聯隊第三中隊
陸軍步兵上等兵 片桐德三郎
300

十一月十八日於烏諸頭站戰死
新潟縣三島郡寺泊町大字野積貳千五百五十四番地
胸部貫通銃創（死体發見）
步兵第三十聯隊第三中隊
陸軍步兵上等兵 志田正三郎
300
7/10

210

十一月十七日於小興屯戰死
新潟縣南魚沼郡上田村大字早川百八番地
歩兵第三十聯隊第五中隊
陸軍歩兵上等兵 原田照一 300
下顎部貫通銃創（死体發見）

十一月十七日於小興屯戰死
新潟縣南魚沼郡塩澤町大字片田百拾貳番地
歩兵第三十聯隊第五中隊
陸軍歩兵上等兵 高橋勝德 300
頭部貫通銃創（死体發見）

十一月十七日於小興屯戰死
新潟縣中頸城郡金谷村大字宇津尾貳番戸
右肩ヨリ右前胸部ニ貫通銃創
右手中指骨折貫通銃創（死体發見）歩兵第三十聯隊第五中隊
陸軍歩兵上等兵 星野冨士作 300

十一月十八日於小興屯戰死
新潟縣中頸城郡和田村大字木島千八百拾七番地
右肩ヨリ左腰部ニ貫通銃創
左大腿部ニ貫通銃創（死体發見）歩兵第三十聯隊第六中隊
陸軍歩兵上等兵 市橋英作 300

211

月十九日於小興屯戰死　新潟縣三島郡大河津村中方六百参拾七番地
部、左大腿部貫通銃創(死体發見)　歩兵第三十聯隊第六中隊
陸軍歩兵上等兵　遠藤七治
300

月十九日於小興屯戰死　新潟縣南魚沼郡薮神村大字芹田九百貳拾八番地
部、右大腿貫通銃創(死体發見)　歩兵第三十聯隊第六中隊
陸軍歩兵上等兵　関又五郎
300
211

月十九日於鳥諾頭站戰死　新潟縣三島郡片貝村大字片桐六千参百五拾四番地
部頭部貫通銃創(死体發見)　歩兵第三十聯隊第七中隊
陸軍歩兵上等兵　藤塚權太郎
300

月十八日於鳥諾頭站戰死　新潟縣刈羽郡田尻村大字佐藤池
部、右胸部腹部(死体發見)
貫通銃創　歩兵第三十聯隊第一中隊
陸軍歩兵上等兵　内山豊平
300
211

212

一月十七日於小興屯戰死
新潟縣中頸城郡潟町村大字行野浜貳百拾貳番地
頭部腹部大腿部貫通銃創（死体發見）
歩兵第三十聯隊第五中隊
陸軍歩兵上等兵 渡邊清太郎
300

一月十八日於烏諾頭站戰死
新潟縣中頸城郡関山村大字関山四千八百九拾番地
頸部、胸部、腹部貫通銃創（死体發見）
歩兵第三十聯隊第五中隊
陸軍歩兵上等兵 中山榮治郎
300

一月十八日於烏諾頭站戰死
新潟縣北魚沼郡藪神村大字山田九百六番地
頸部貫通銃創（死体發見）
歩兵第三十聯隊第六中隊
陸軍歩兵上等兵 仲林正信
300

213

生死不明者報告

十一月十八日於小興屯生死不明
新潟縣北魚沼郡薮神村大字江口貳千百四拾壱番地
歩兵第三十聯隊第六中隊　陸軍歩兵軍曹　小幡正雄

十一月十七日於小興屯生死不明
新潟縣中頸城郡諏訪村大字飯塚九拾四番地
歩兵第三十聯隊第五中隊陸軍歩兵一等兵　松本健太郎

十一月十七日於小興屯生死不明
新潟縣北魚沼郡小千谷町五百八拾参番地子
歩兵第三十聯隊第五中隊陸軍歩兵一等兵　大関茂吉

十一月十八日於烏諾頭站生死不明（十二月二十三日死体発見戦死確定）
群馬縣吾妻郡伊参村大字蟻川千四百八番地
歩兵第三十聯隊本部　陸軍一等銃工長　須藤千代次

400　300　300　400

生死不明者ハ其後全部死体発見シ遺骨ハ十二月一日旅順ヘ到着セリ
213

212　211

214

十一月十八日於烏諾頭站生死不明
新潟縣中頸城郡津有村大字田中
步兵第三十聯隊第七中隊陸軍步兵一等兵藤巻二郎
300

十一月十八日於烏諾頭站生死不明
新潟縣東頸城郡松之山村大字橋詰
步兵第三十聯隊第七中隊陸軍步兵一等兵 村山音松
300

十一月十八日於烏諾頭站生死不明
新潟縣中頸城郡柿崎村
步兵第三十聯隊第二中隊陸軍步兵二等兵 金子和作
300

十一月十八日於烏諾頭站生死不明
新潟縣刈羽郡鵜川村大字女谷
步兵第三十聯隊第三中隊陸軍步兵一等兵布施 武
300

215

歩兵第三十聯隊情報

吉林ヨリ爾々洽方面出動後ノ状況（第一報）

去ル十三日嫩江方面出動ノ命ニ接シ夜吉林ヲ出發嫩江ニ向フ十五日嫩江ヲ越ヘ大興驛北方後衣拉巴附近ニ下車同地ニ於テ炊事ノ後十六日ノ朝同地ヲ發シ烏諾頭站ニ入リシハ正午頃ナリ優勢ナル敵騎兵團ハ聯隊ノ側方（烏諾頭站東方）近クニ於テ盛ニ活躍シツツアリ

聯隊ハ十七日更ニ敵情地形ヲ偵察シ同地ニ一日ヲ過セリ十八日拂曉敵ヲ攻擊スヘキ命ヲ受ケ十七日夜敵前約二千米ノ地点ニ展開ス廣漠タル原野ニシテ一点ノ目標ナク加フルニ零下二十度ヲ下ル寒氣ハ眼前ノ敵ヨリノ更ニ吾人ヲ苦メタルヲ覺ユ

十八日左第一線タル步兵第七十八聯隊ニ連繫シ敵ノ

216

216

攻撃セルニ我カ猛烈ナル攻撃ニ堪ヘ兼ネ正午頃ヨリ敵
ハ散ヲ乱シテ退却セリ聯隊ハ逃クルヲ追フテ敵ヲ追撃
シ右追撃隊ニ加ハリ一路「チチハル」ニ向ヒ急追ス此ノ戦闘ニ
於テ忠勇ナル井上中尉始メ十名ノ戦死者ヲ出シ此ノ
外ニ烏諾頭站ニ於テ敵騎兵ノ襲撃ヲ受ケタル水口、岡村
主計、須藤工長等十七名ノ消息ハ脱出セシ一兵卒ノ言ニ
依レハ全部壮烈ナル戦死ヲ遂ケタルカ如ク本二十一日河
野中尉ノ指揮スル部隊ヲ派遣シテ其状況ヲ確メツツ
アリ更ニ確報スル所アルヘキモ余ノ痛恨惜ク能ハサル所ナリ
十八日夜猛烈ナル寒気ト戦ヒ敗残兵ヲ駆逐シツツ十九
日午後三時遂ニ「チチハル」停車場ヲ占領シ目下部隊ノ
整理中ニシテ近ク北大営ニ移ル予定ナリ
十三日吉林出発以来補給休養共ニ著シク困難ナリシモ

217

一同士氣尚旺盛任務ノ遂行ニ努力シツツアリ
戰死者ハ本二十二日荼毘ニ附シ近日葬儀ヲ營ム予定ナリ

本戰鬪ニ於テ戰死、負傷者ノ数左ノ如シ

戰死　將校同相當官　三、
　　　下士官、兵　二七
負傷　六
外ニ凍傷患者約百名

215

满铁长春地方事务所关于回复九一八事变阵亡将士追悼会情况事致满铁总务部庶务课的函（一九三二年三月十八日）

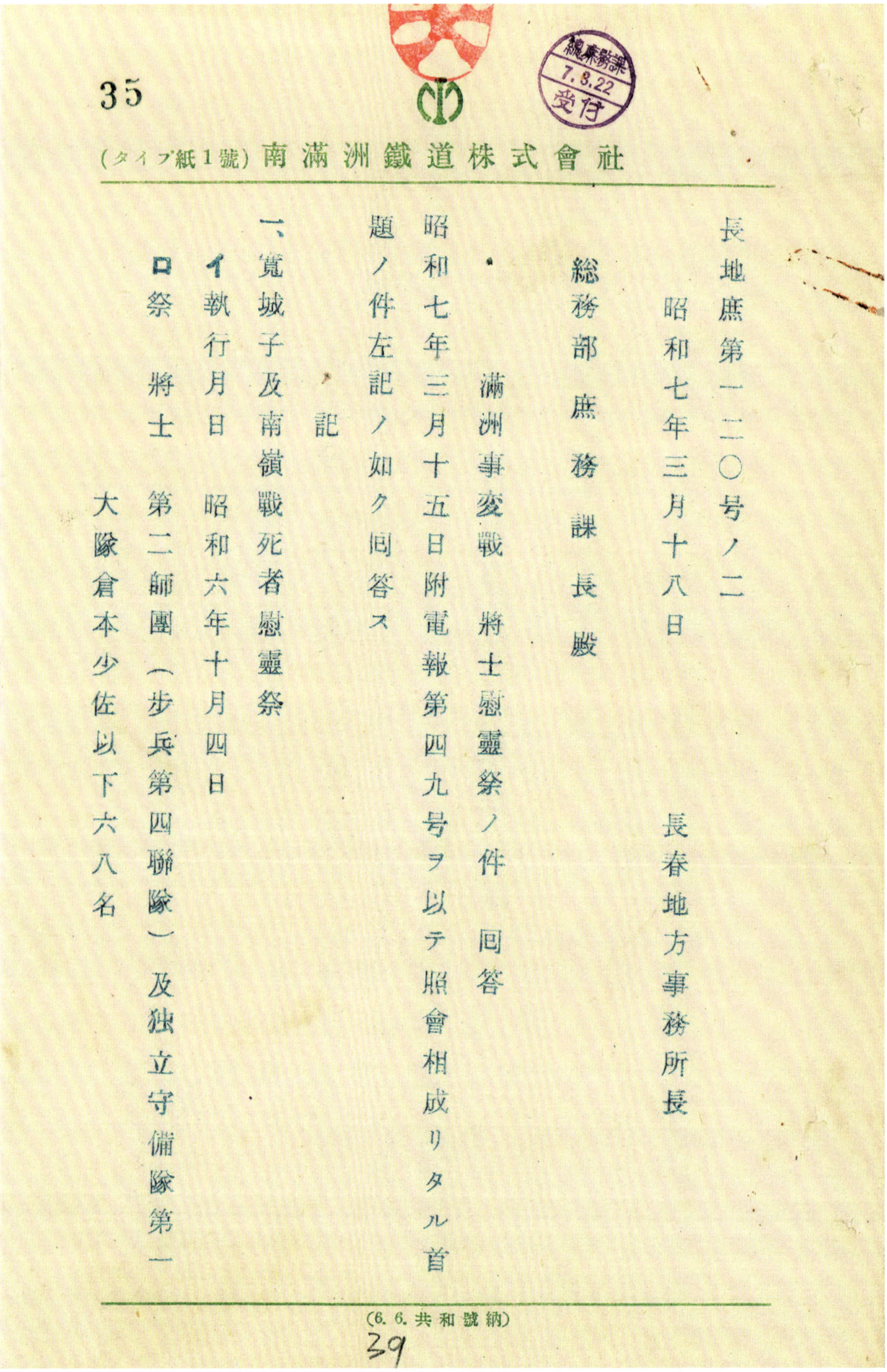

35

(タイプ紙1號) 南滿洲鐵道株式會社

總務課 7.3.22 受付

長地庶第一二〇号ノ二

昭和七年三月十八日

長春地方事務所長

総務部庶務課長殿

滿洲事變戰將士慰靈祭ノ件回答

昭和七年三月十五日附電報第四九号ヲ以テ照會相成リタル首題ノ件左記ノ如ク回答ス

記

一、寛城子及南嶺戰死者慰靈祭

イ 執行月日 昭和六年十月四日

ロ 祭 將士 第二師團（步兵第四聯隊）及独立守備隊第一大隊倉本少佐以下六八名

(6. 6. 共和號納)

39

(タイプ紙1號) 南滿洲鐵道株式會社

ハ 花輪代 総裁 三拾円
副総裁 拾五円

二、斉々哈爾方面及劉房子附近戦死者慰霊祭

イ 執行月日 昭和六年十二月十日

ロ 祭 將士 歩兵第四聯隊及独立守備隊第一大隊
川名特務曹長以下八名

ハ 花輪代 総裁 三拾円

三、清水航空兵少佐慰霊祭

イ 執行月日 昭和七年二月十三日

ロ 祭 將士 関東軍第八大隊第一中隊清水少佐

ハ 花輪代 総裁 二拾円
副総裁 拾二円

37

(タイプ紙1號) 南滿洲鐵道株式會社

四、双城堡、哈爾濱、敦化方面戰死者慰靈祭
イ 執行月日 昭和七年二月二十九日
ロ 祭 將士 步兵第四聯隊熊谷曹長以下二十名
ハ 花輪代 總裁 三拾円
副總裁 二拾円

備考

殉職者中村常吉氏慰靈祭
イ 執行月日 昭和七年一月三十一日
ロ 祭 者 中村常吉
ハ 花輪代 總裁 二拾円
副總裁 拾二円

(6.6.共和號納)

41

满铁监理部管理课关于调查军部以外直接提供军事援助人员事致关东军参谋长桥本虎之助的函

（一九三二年五月十八日）

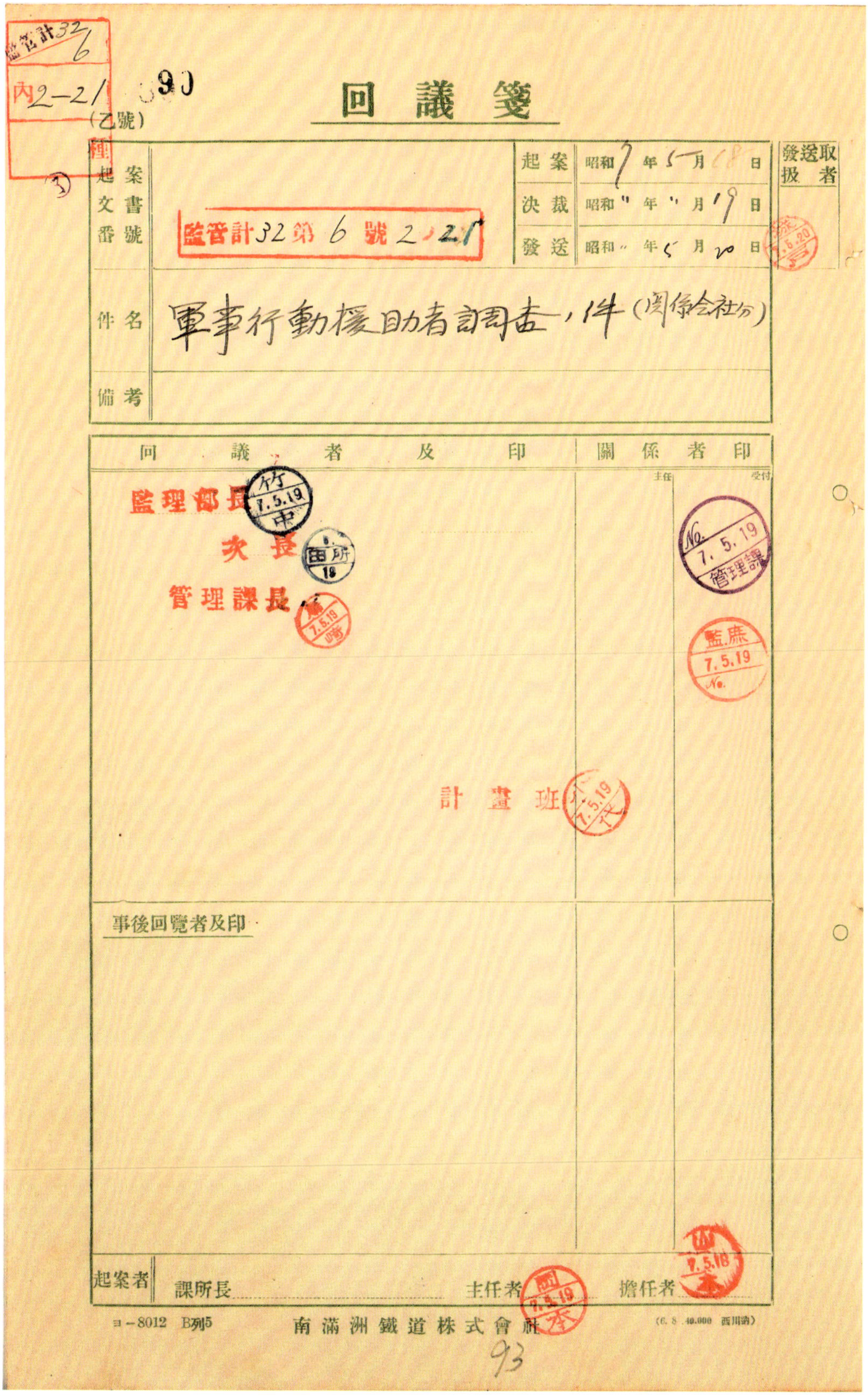

監管計32 6
內2-21 90
（乙號）

回議箋

起案文書番號	監管計32第6號 2-21	起案	昭和7年5月18日	發送取扱者
		決裁	昭和〃年〃月19日	
		發送	昭和〃年5月20日	
件名	軍事行動援助者調査ノ件（関係会社分）			
備考				

回議者及印	關係者印
監理部長	主任 受付
次長	
管理課長	
計畫班	

事後回覽者及印

起案者 課所長 主任者 擔任者

ヨ-8012 B列5 南滿洲鐵道株式會社

93

附一：陆军以外相关单位拟行赏人员呈报表（截至昭和七年三月三十一日）

91

昭和7年5月28日

社部長名

関東軍
参謀長 橋本虎之助殿

拝啓 新緑ノ砌貴官益々御勇健ノ段奉慶賀
候陳者曩ニ関功第7号ヲ以テ弊社副総裁宛
軍部外ノ直接軍事行動援助者調査方御通牒有之
候処当部管理ニ係ハル当社関係会社ニ於テモ
（[illegible] 関功第7号）
右該当者有之候ニ付陸軍部外者行賞上申予定人員
（ノ様式ニ従ヒ [illegible]）
表並ニ団体功績概見表取揃ヘ別紙ノ通御報告
申上
~~候間万事宜敷御取計相願度此段及御~~
（[illegible]）
~~依頼候~~ 敬具

ヨ-0003 B列5
南滿洲鐵道株式會社
（7.2.5.000册共和謹納）

94

1、陸軍部外者行賞上申豫定人員表（昭和一七年3月31日現在）

関係会社名	区分	重役	課長所長又ハ同代理	150円以上職員又ハ係主任	150円未満ノ職員	雇員	傭員	合計
國際運輸株式会社	生存者		9		54	13	46	122
南満洲電気株式会社	〃	1	3	1	15		19	39
東亜勧業株式会社	〃			5	4		5	14
満鮮坑木株式会社	〃	1		1	1	2		5
濱城鉄路公所	〃	1			4		21	26
営口水道電気株式会社	〃				7	1	12	20
株式会社満洲日報社	〃				13			13
合計	〃	3	12	7	98	16	103	239

区分ハ總テ生存者ニシテ死亡セル者ナシ

93

陸軍部外者行賞上軍隊定人員表ニ対スル
軍事行動援助内譯

関係会社名	援助行動	援助人員
國際運輸株式會社	匪賊討伐自動車運轉ニ従事セシモノ	4
	通譯又ハ道案内ニ従事セシモノ	7
	軍需品食料品及其他ノ輸送ニ従事セシモノ	92
	情報蒐集又ハ調査ニ従事セシモノ	10
	皇軍発着ノ際宿舎ノ割當其他ノ世話ニ従事セシモノ	6
	義勇民團員トシテ活動セシモノ	3
南満洲電氣株式會社	彈丸其他軍需品運搬ヲナシ直接軍事行動ヲ援助シタルモノ	4
	軍事用通信機關ノ施設ニ従事セシモノ	13
	軍隊ノ宿營着発ノ際便宜ヲ供與シタルモノ	17
	軍部ト會社トノ連絡事務ニ従事シタルモノ	4
	通譯又ハ道案内ニ従事シタルモノ	1
東亜勧業株式會社	軍部ト會社トノ連絡事務ニ従事シタルモノ	5
	兵匪ノ移動其他ノ情報蒐集シタルモノ	9
	軍隊ノ宿營、着発ノ際便宜ヲ供與シタルモノ	
	通訳又ハ道案内ニ従事シタルモノ	
満鮮坑木株式會社	通譯又ハ道案内ニ従事シタルモノ	1
	軍隊宿營ノ際便宜供與シタルモノ	4

日-0003 B列5 南滿洲鐵道株式會社 (7.2.5.000冊共和號納)

96

渓城鉄路公所	軍用列車ノ運轉計畫又ハ整理ニ従事シタルモノ、	2
	軍用列車ノ直接運轉又ハ取扱ニ従事シタルモノ、	17
	軍需品運搬ニ従事シタルモノ、	7
営口水道電氣株式會社	軍事用通信機關ノ施設、修理又ハ取扱ニ従事シタルモノ、	9
	傷病兵又ハ戰死者ノ手當若ハ收容ニ従事シタルモノ、	1
	軍隊ノ宿營、着発ノ際便宜ヲ供與シタルモノ、	6
	通訳又ハ道案内ニ従事シタルモノ、	4
株式会社 満洲日報	情報蒐集ニ従事シタルモノ、	13

附二：团体「功绩」概括表

95

2、團体功績概見表

團體會社名	團體別	團體功績標準	編成下令任地到着	戰鬪(勤務)ノ名稱地點年月日	参加代表者職名、人員表	特筆スヘキ戰鬪(勤務)ノ效果又ハ成績	死傷人員 死亡	死傷人員 負傷	特ニ参考トナルヘキ事項
國際運輸株式会社	營口支店	甲 下	軍需品ノ輸送及馬車人夫ノ調達	上田支店長以下 13					
	奉天〃	〃	〃	中原支店長以下 32					軍部ヨリ謝狀並數回ニ亘リ謝辭ヲ受ク
	四平街〃	〃	〃	原田支店長以下 12					
	長春〃	〃	〃	西本支店長代理以下25					

欄ヲ一ツ宛右ヘタイプノコト

ヨ-0003 B列5 南滿洲鐵道株式會社 (7.2. 5.000冊共和洋紙)

98

日本陆军步兵第五联队队长子爵谷仪一关于通知日本步兵伍长贝森清三郎战死及遗体告别式事致满铁总裁内田康哉的函（一九三二年六月十一日）

69

去ル六月九日午前二時二十分約七百名ノ義勇軍突如興城守備隊ヲ襲ヒタル際當聯隊機関銃隊故歩兵伍長貝森清三郎機関銃分隊長トシテ直チニ屋上既設陣地ニ着キ弾丸雨飛ノ間勇敢ニ分隊ノ指揮ニ當リ敵匪退却ノ色アリ時ニ敵迫撃砲弾数發身辺ニ落下シ為メニ二三個所ノ致命傷ヲ受ケ翌十日午前四時遂ニ名誉ノ戦死ヲ遂ケ申シ候ニ付此ノ段御通知申シ上候

74

70

尚告別式ハ六月十四日午後二時興城ニ於テ佛式ニヨリ執
行仕ルヘク申シ添ヘ候

昭和七年六月十一日

歩兵第五聯隊長子爵谷儀一

滿鐵總裁 殿

满铁经理部主计课关于提交九一八事变费凭证审查报告事的回议笺（一九三二年七月二十五日）

（乙）37　乙種

回議箋

起案文書番號	經主審32第2號 18	起案	昭和7年7月25日	發送取扱者
		決裁	昭和7年7月29日	
		發送	昭和　年　月　日	

件名：満州事変費証憑審査報告ニ関スル件

回議者及印	關係者印
經理部長　次長（印）　主計課長（印）	主任　受付
事後回覽者及印	

起案者　課所長 主計課長　主任者（印）　擔任者（印）

六月31日付監考公32第61號2-1ヲ以テ報告アリタル首題ノ件ニ対スル当課ノ處理下記ノ通リニ付報告ス

記

總務部庶務課

◎20/1/7 傳票振#1489 宿泊料　¥6.00

右ハ慰問團竹中理事案内役トシテ同行シタル者ノ宿泊料ナルニ付社費支弁差支ナシ

◎24/2/7 北公仕#706 石炭代　¥46.21

一-8012 B列5　南滿洲鐵道株式會社　（7. 1. 1,500冊 一電館納）

49

2　38

北京公所内公使館警察官吏出張所ハ事変ニ依リ設ケラレタルモノニシテ右ニ要スル石炭代金ヲ会社負担トスルモ警備其他ニ関係アルモノナレハ不得已ト認メタリ

◎ 27/2/7 上支仕#1966　心付　¥69.43

上海事務所ニ於テ使用人ニ対シ心付ヲ支給シ居ルモ此ハ時局中臨時使用シタルモノナレハ特ニ承認ヲ経ル必要ナシ

考査課ハ会社常役方ト解シ居ルモ傳票及証憑ニハ斯ル記載ナシ

借用証トアルメモハ取消済

◎ 31/10/6 総施仕#4192　見舞金　¥190.00

◎ 4/12/6 造地仕#405　弔慰金　¥7,900.00

◎ 〃　〃　#406　〃　¥400.00

◎ 19/12/6 本地仕#636　〃　¥300.00

◎ 19/11/6 総施仕#4596　〃　¥14,100.00

本件ノ如キ軍人或ハ警官ニ対スル見舞金或ハ弔慰金ノ証憑取扱方ニ関シテハ当時各箇所宛通牒シ注意シタリ

右ノ件ハ整理済（支払先領収証添付ス）

◎ 30/9/6 洮公仕#383　事変諸費用　¥86.24

ヨ-0003　B列5　南滿洲鐵道株式會社　(7.2. 5,000冊共和號納)

50

洮南公所ニ於テ使用者ニ対シ手当ヲ支給シ居ルモ此ハ時局中臨時使用シタルモノナレハ特ニ承認ヲ経ル必要ナシ
証憑ハ支払証明並明細書ノ添付アリ右ニテ不得已ト認メタリ
◎ 25/11/6 洮公仕#54 泰来選行隊用品代 ¥1190.33
右代金ヲ軍部ニ請求ノ必要上証憑書類ハ公所保管トナス旨(伝票ニ)記載アルニ付差支ナシ
◎ 29/12/6 洮公仕#109 旅費 ¥100.60
◎ 26/12/6 〃 #168 事変物品代 ¥29.92
右総括領収証脱印ハ審査当時処理済
◎ 13/12/6 総庶仕#5837 満日購読料 ¥54.15
右ニ対スル領収証ハ 10/12/6 用未C#5880ニ添付ノ旨伝票ニ記載アリ
◎ 2/2/7 北公仕#640 宴会費 ¥7.85
右ニ対スル支払先領収証ニ関シテハ審査当時照会処理済(支払証明ヲ添付ス)
◎ 6/2/7 鄭公仕#627 情報蒐集費 ¥250.00
◎ 25/2/7 〃 #689 〃 ¥409.84
◎ 17/3/7 〃 789 〃 ¥236.22
本件ノ如キ情報関係ノ証憑書類取扱方ニ関

シテハ当時各箇所宛通牒ニ注意シタリ

右3件ハ本人領收証添付セリ

◎ 30/3/16 吉公C#12　夫馬費ノ一部　¥660.00

本件夫馬費ハ事変中社員カ吉林長官公署ニ派遣セラレタル者ニ対シ公署ヨリ前記社員ニ対シ夫馬費トシテ支給セラレタルモノナルカ会社ハ之カ費途ヲ明瞭ナラシムル為メ特ニ社金支払ヒト同様ノ取扱ヲ命シタルモノナリ

考査課ハ証憑不備ヲ指摘シ居ルモ責任者領收証（支払先領收証徴收不能ノ旨附記アリ）及明細書ノ添付ヲ以テ不得已ト認メタリ

◎ 31/10/6 鄭公仕#152　事変費　¥500.00

右ニ対シ整理遅延ノ理由ヲ鄭家屯公所長宛照会ヲナシタル処下記ノ通リ回答アリ

『本件仮払金ハ当時蒙古軍ニ立替ヘタルモノナルカ其後ノ事変ニ伴ヒ蒙軍ハ常ニ蒙古地帯ニアリテ当地ト交通ノ便ナキ関係上返納期ヲ遅レタルモノデアリマス』

事情不得已ト認メタリ。

◎ 10/1/7 秋駅仕#99　密偵費　¥30.00

5… 41

◎右ノ外各駅密偵費74件　　　　￥2,462.80

密偵費ニ対スル証憑書類取扱方ニ関シテハ当所

各箇所宛通牒シ注意シタリ

右75件本人領収証添付セリ

~~◎18/12/6 安会仕#860 故柳田経市葬儀費用　￥199.88~~

総務部人事課

◎18/12/6 安会仕#860 故柳田経市葬儀費用　￥199.88

右ニ対スル証憑ハ審査当時照会処理済

（支払先領収証添付セリ）

鉄道部経理課

◎19/10/6 長鉄月仕#247 派遣員食事代　　￥23.40

◎22/1/〃　〃　#265　〃　宿食代　　￥118.10

此種支出ハ給與関係ニ付人事課ト合議

ノ結果事変中ハ不得已ト認メタリ

明細書添付洩シノ分ニ対シテハ審査当所

照会添付済

◎30/10/6 乱駅仕#81　炊出　　　￥21.00

日支交戦ノ際直援員ニ対シ日本人4名中国人1名ヲ炊出セルニ対シ実費トシテ金銭給與セルモノナルコトハ伝票面ニ依リ明ニ思料セラル

決裁文書日付、当課伝票ニ記載アリ

6.1 42

◎ 9/3/17 洮公仕#307 洮昂線派遣員食事代 ¥2,195.61
人事課ト合議ノ結果事変中ハ不得已ト認メタリ
証憑書類不備ノ分ニ対シテハ ~~審査当時~~ 照会中
~~セリ~~

◎ 17/3/7 洮公仕#343 洮昂線派遣員食事代 ¥74.65
人事課ト合議ノ結果事変中ハ不得已ト認メタリ

◎ 13/12/12 ~~鉄B仕~~ 鉄B振# 890 12日分……
審査……
記ス……

◎ 31/3/……
右ニ……
整理……
之ニ……
右証……

◎ 17/11/……
人事課……

◎ 2/10/6 長鉄A仕#187 換差損 ¥269.49
審査当時摘要ノ不備ナルヲ発見シ照会整理シタリ
証憑ハ責任者領収証ニテ差支ナシ

◎ 30/12/6 鉄A振#1122 北寧線派遣員物品代 ¥2,080.52

6.　42

◎ 9/3/17 洮公仕#307 洮昂線派遣員食事代 ¥2,195.61
人事課ト合議ノ結果事変中ハ不得已ト認メタリ
証憑書類不備ノ分ニ対シテハ~~審査当時~~照会中
~~セリ~~

◎ 17/3/7 洮公仕#343 洮昂線派遣員食事代 ¥74.65
人事課ト合議ノ結果事変中ハ不得已ト認メタリ

◎ 13/12/12 ~~鉄日振~~ 鉄日振# 890 12月分振替旅客運賃 ¥1,409.03
審査当時決裁文書日付、番号照会ノ上傳票ニ
記入済（30/12/6 鉄営旅 31-8-4-1
〃 31-8-4-2）

◎ 31/3/3 鉄決振#3,051 ハルビン事局事務不備費 ¥970.54
右ノ内 $200.00 ニ対シテハ仮装ナル字句アリシタメ鉄.
経理課ニ照会ノ上仮装ナル字句ヲ削除セシメ
之ニ対シ支払先領収証ヲ添付 ~~[illegible]~~ セシメルコトヽセリ
右証憑ハ照会中

◎ 17/11/6 奉安仕#110 事変宿泊料 ※ ~~[illegible]~~ ¥46.00
人事課

※社費支弁トシタル理由
1. 事変ノタメ社外線ニ技術者派遣ノ必要ヲ生シタルニ依リ沿線在勤者ヲ招集シ之ニ対シ待機ヲ命シタルニ依リ合宿ヲ必要トシタルモノナリ
2. 之ニ適当ナル宿泊所ナカリシタメ大丸旅館ニ宿泊セシメタルモノナリ
右事由ナルニ付人事課ト合議ノ結果不得已ト認メタリ

◎ 2/10/6
審査当
理シタ
証憑

◎ 30/12/

ヨ-0003　B列5

55

7. 43

右ニ対スル証憑ハ組合発行ノ振替請求書ノ添付アリ

◎ 26/2/7 抚駅仕#1920 奉告祭　　　　¥40.00

右ニ対スル証憑ハ責任者領收証ニテ差支ナシ

地方部社務課

◎ 焚出、援助費、諸弁　　　　総計¥1459.52

社外団体ニ対スル支出ノ証憑ハ該団体代表者ノ領收証ヲ以テ証憑トス、社員カ社外団体ヲ代表スル場合モ同シ。

故ニ地、社務課決算ノ8件ニ対スル証憑ハ代表者領收証ノミニテ差支ナシ

考査課意見ノ如ク傳票面ニ当時ノ実状、範囲、員数、單價等ノ詳記ナキハ其費途ノ性質ヨリシテ又当時ノ実状ニ鑑ミ已ムヲ得サルモノト認メタリ

経理部会計課

◎ 奉天公所支出時局関係焚出¥263.18ハ各其事由ヲ記載シアリ、而シテ其支出ハ費途明瞭ナリ（各添付証憑ニ依リ）

考査課意見ノ如ク傳票面ニ当時ノ実状、範囲員数、單價等ノ詳記ナキハ其費途ノ性質ヨリシテ又当時ノ実状ニ鑑ミ已ムヲ得サルモノト認メタリ。

8.

◎ハルビン事務所支出時局関係自動車賃¥290.70
ハ審査当時其支拂ノ内容ニ付取調ヘノ必要
ヲ認メタルモノナリ
照会ノ結果ハ摘要ノ不備ナルコト判明シタレバ
之ガ訂正ヲナサレメタリ.

满铁铁道总局铁道警务局关于提交全满铁路沿线『匪贼』情况与警备对策及铁道车辆事故调查（月报）事致满铁经理部的函（一九三七年一月三十日至三月十六日）

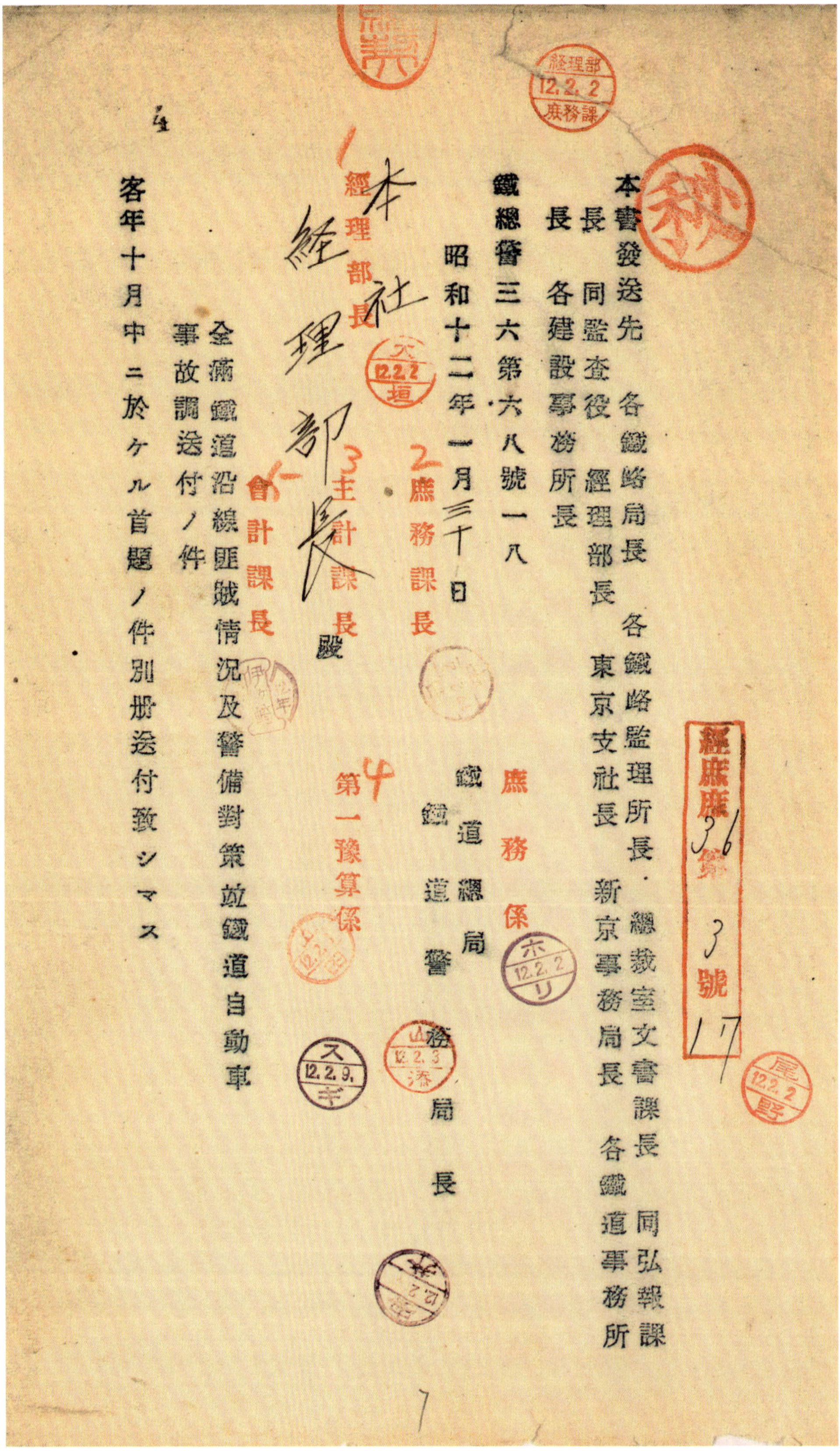

秘

經庶 36 第 3 號 17

本書發送先 各鐵路局長 各鐵路監理所長・總裁室文書課長 同弘報課長 同監査役 經理部長 東京支社長 新京事務局長 各鐵道事務所長 各建設事務所長

鐵總警三六第六八號一八

昭和十二年一月三十日

鐵道總局 鐵道警務局長

本社經理部長 殿

經理部長 庶務課長 主計課長 會計課長 庶務係 第一豫算係

全滿鐵道沿線匪賊情況及警備對策並鐵道自動車事故調送付ノ件

客年十月中ニ於ケル首題ノ件別册送付致シマス

附：昭和十一年（一九三六年）十月、十一月、十二月全满铁路沿线『匪贼』情况与警备对策及铁道车辆事故调查报告（月报）

秘

5

昭和十一年十月

全滿鐵道沿線匪賊情況及警備對策竝
鐵道自動車事故調（月報）

鐵道總局

8

6

目次

7

○牡丹江鐵路局管內
一　一般概況
二　地區別概況
三　主ナル匪賊ノ出沒狀況
○齊齊哈爾鐵路局管內
一　一般概況
二　地區別概況
三　主ナル匪賊ノ出沒狀況
○南滿社線管內
一　一般概況
二　地區別概況
三　主ナル匪賊ノ出沒狀況
○建設線管內
一　一般概況
二　地區別概況

17

8

三　線別匪害概況

附表　十月中匪害件數

四月以降匪害件數累計

十月中死傷竝拉致人員

四月以降死傷竝拉致人員累計

〇十月中全管內匪賊ニ因ル被害事故調

〇附圖　十月中全管內匪勢概況

十月中全管內匪害事故一覽

11

○一般概況

本期管内匪賊ハ地方農村ノ收穫ヲ目標トシ一般ニ著シク鐵路地帶ニ接近シタルモ恰モ日滿軍ノ大討伐ト徹底セル治安諸工作ノ實施ニ依リ鐵道直接ノ匪害ナキモ匪情ハ概シテ活況ヲ呈シツツアリ

奉天鐵路局管内ニ於テハ依然奉吉線猖獗シ撫順、山城鎭間ノ同沿線兩側地區ニ二〇乃至一〇〇位ヨリ成ル多數ノ土匪及抗日匪團鐵路地帶ニ出沒シ警備ノ間隙ヲ窺ヒ又山通自動車路線ニハ四〇・五〇ヨリ成ル多數ノ共匪及抗日匪團蟠踞シ機會ヲ覗ヒツツアリ、更ニ安城鳳大自動車線ニハ龍王廟ヲ中心トシテ　生堂、趙同、小老虎等ノ抗日匪頻リニ游動シ、錦承線ハ葉柏壽ノ南方及平泉兩側地區ニ少數ヨリ成ル土匪及抗日匪ノ蠢動著シク目立チ次テ熱河自動車線ニモ賊影頻リニシテ爲ニ自動車運行ノ脅威ヲ感シツツアリ、亦大鄭線方面モ彰武ヲ中心トシテ匪情屢ナルモ概シテ線路遠ク行動シアルモ往々鐵路ヲ横斷スルコトアリ寸時ノ間隙ヲモ許ササルヲ以テ之カ警備ニ遺憾ナキヲ期シツツアリ

吉林鐵路局ハ敦化以東ノ京圖線及圖佳線ヲ新設牡丹江鐵路局ノ管轄ニ

~~2~~ 10

編入シタル爲管内ノ匪賊團ハ著シク減少ヲ見ルニ至レリ即チ本期間ニ於ケル匪勢トシテ從來最危險地區タリシ京圖沿線ハ日滿討伐隊ノ活動ニ依リ鐵路地帶ヨリ遠ク姿ヲ沒シ僅ニ威虎嶺黄泥河ヲ中心トスル南方山林地帶ニ忠厚、東邊好、雙勝等二、三ノ合流匪團蟠踞スルノミニシテ概ネ平穩ヲ維持シ該沿線ニ出沒シアリタル群小匪團ハ漸次北上シ目下五常ヲ中心トスル拉濱沿線ニ集結シツツアルノ觀アリ、西安ヲ中心トスル平梅線ニモ三、四〇名ヨリ成ル共匪及土匪昨今鐵路地帶ニ出沒シツツアルモ日滿軍ノ肅正工作ニ制壓セラレ行動概シテ活潑ナラサルモ越冬ヲ控ヘ之カ準備ニ焦慮シアル匪賊團ハ何時如何ナル匪行ニ出スルヤモ計難ニ付其ノ少康ニ安スルコトナク一層管下各警務段ヲ督勵シ愛護村ヲ激勵シテ警備ノ萬全ヲ期シツツアリ

哈爾濱鐵路局管内ハ牡丹江鐵路局ノ新設ト哈爾濱水運局ノ廢止ニ伴ヒ一面坡以東ノ濱綏線ヲ牡丹江局ノ管轄ニ移管シ從來齊齊哈爾局ノ管内タリシ安達ヨリ哈爾濱ニ至ル濱洲線及水運局管内タリシ松花江並嫩系水路ヲ新ニ其ノ管内ニ編入シタル爲哈局トシテノ匪情ハ自然從來ト變化ヲ來シ管内中最匪賊ノ猖獗セルハ松花江流域ニシテ賓、巴彦、木蘭各

13

縣下ニハ人民革命軍第三軍趙尙志匪ノ主力ヲ始メ多數ノ集團的共産匪蟠踞シ、三姓以東ニ於テハ湯原佳木斯ヲ中心ニ人民革命軍第六軍夏雲楷匪ノ主力及張傳福、文武等ノ共匪及江南ニハ王陰武、金肇、郝貴林等ノ共匪蟠踞シ其ノ行動頗ル活潑ヲ極メツツアリ、鐵道沿線ニ在リテハ帽兒山ヲ中心トスル濱綏線ニ張連科、老鳳林、吳景方、汪龍等ノ共産匪蟠踞シ、拉濱線ハ五常ヲ中心ニ變龍、姚青山、天尙等ノ抗日匪及土匪常ニ鐵路地帶ニ出沒シ、次テ濱北線ハ綏化東方地區ニ張光適、王子禮等ノ共匪ヲ始メ四、五〇名ヨリ成ル土匪闘出沒横行シ警備上寸時モ樂觀ヲ許ササル狀況ニ在リ

牡丹江鐵路局ハ一面坡以東ノ濱綏線、圖佳線、敦化以東ノ京圖線及右地域内ニ於ケル自動車線ヲ管轄トシ本月一日ヨリ事務開始シタルカ各線共最危險地區ノミニシテ濱綏線ニハ抗日聯合第五軍周保中匪ヲ主トシ京圖線ニハ同第二軍王德泰匪及東北義勇軍吳義成匪等アリ圖佳線ハ鏡泊湖東方地區ニ方振聲等ヲ始メ多數ノ共産匪蟠踞シ時々匪首會議等ヲ開催シテ鐵路襲撃ノ機會ヲ覗ヒツツアリ聊カモ警備ノ間隙ヲ許ササル

12

4

狀況ニ在リ

齊齊哈爾鐵路局ハ四平街ヨリ開通ニ至ル平齊線東方地區及大鄭線通遼ヲ中心ニ二、三〇名ヨリ成ル土匪團稍活潑ノ出沒ヲ示シツツアルモ其ノ他ノ沿線各地ハ比較的平靜ヲ維持シツツアリ

職制ノ改正ニ依リ本月ヨリ社線及建設線ノ匪賊情報ヲモ收錄スルコトトナリタルカ南滿社線ニ在リテハ大體ニ於テ平穩ヲ維持シアルモ安奉沿線ニ共匪朱海樂及天義、雙合等ノ抗日匪執拗ニ鐵道地帶ニ出沒シ動モスレハ警備ノ間隙ニ乘セムトシ又建設線ニ於テハ一般營業線ニ比シ何レモ治安不良ナル地點ニシテ日滿討伐軍ノ鋭鋒ヲ避ケツツ其ノ行動活潑ヲ極メ之カ警備ニ頗ル苦心シツツアリ

以上ノ如ク先月ニ引續キ收穫期ヲ目的トスル各匪賊團ノ行動ハ甚活況ヲ呈セルカ本月中國線ニ於ケル匪賊ハ出現回數七六三回ニシテ此ノ延人員三二、七〇七名實數匪首三八三名匪賊一四、二八二名ヲ算シ其ノ計數ニ於テ前月ニ比シ減少ヲ示セリ

15

○警備對策

一 國線

前述ノ如キ匪情ニ鑑ミ之カ警備ノ完璧ヲ圖ル爲人的及物的警備施設ノ擴大强化ヲ圖リ彈力性アル運用ノ下ニ至嚴ナル警戒ヲ實施セルカ本月中ニ於ケル主ナル事項左ノ如シ

1 檢問檢索

酷寒期ヲ目前ニ控ヘ匪團ハ漸次冬營準備期ニ入リ之カ所要ノ衣糧、資金ヲ補給セムカ爲村落ニ出入シ或ハ四散シ歸郷又ハ都市ニ潜入セムトシテ良民ヲ装ヒ列車、自動車ヲ利用スル者漸次増加シ來リタルヲ以テ警乘員ヲ督勵スルト共ニ私服警乘員ヲ増加スル一方愛護村及諜者ヲ動員シ檢問檢索ヲ嚴密ニ實施シ之等不逞分子ノ檢擧竝管内匪禍ノ未然防遏ニ努メタル結果本月中ノ檢擧件數ハ匪首四、副頭目七平匪五〇、通匪者六計六七名及長銃九、拳銃五、彈藥一〇二發ヲ檢擧シ良好ノ成績ヲ示シツツアリ

2 防護施設

14

イ 錦縣鐵路局

(1) 從來懸案中ナリシ非常用電話施設ハ一部ヲ施設スルコトトナリ目下其ノ施設箇所ヲ整備中ナリ

ロ 吉林鐵路局

(1) 京圖線各站防禦施設ハ補修工事實施中ノ處完了セリ

(2) 京圖線危險地區ニ警備用詰舍ヲ建設中ノ處完了セリ

(3) 危險站備付モーターサイレンノ性能試驗實施中ノ處之カ完了ヲ見不備若ハ不具合ナル點ノ修正ヲ完了セリ

ハ 警備犬

各局配備ノ警備犬ハ飼育、訓練、衛生狀態極メテ良好ニシテ有效ニ使用セラレアリ只牡丹江局ノミハ開局ト同時ニ吉林局ヨリ圖們警備犬訓練所ヲ引繼キタルモ未タ設備不完全ニシテ充分ナル訓練不可能ニ付目下之カ設備完成ニ努メツツアリ

十月十七、八ノ兩日大連ニ於テ軍用犬訓練競技會開催セラレタルヲ以テ各局ヨリモ取扱者ヲ派遣シ訓練ノ參考タラシメタリ

17

二 傳書鳩

(1) 晝間鳩

各局共飼育訓練ハ順調ニ進捗シアリシカ前月來錦縣局ニ於テ這鳩痘ノ發生セルモ取扱者ノ熱心ナル看護ト周到ナル防疫ノ結果新患鳩ノ發生モ見ス漸次病勢衰ヘツツアリ而シテ本月ハ軍ノ討伐ニ伴ヒ匪團ノ移動頻繁ナル結果自動車線唯一ノ通信機關トシテ至大ノ效果ヲ擧ケ亦線路巡察工事掩護等各方面ニ利用セラレ良好ノ成績ヲ擧ケツツアリ

(2) 夜間鳩

夜間鳩ノ訓練ハ未タ其ノ初期ニアル爲取扱者ノ不馴ト地形ノ關係等ニ依リ若干ノ失踪鳩ヲ見タルモ漸次相當ノ進歩ヲ示シ實用通信ニ效果ヲ擧クルモ近キニアルモノト期待セラレ各局取扱者ヲ一層督勵シ目的ノ達成ニ努メツツアリ

ホ 鐵道警備演習實施

從來各段ニ於テハ匪襲時ニ於ケル警務從事員ノ處置行動並一般處

18

道從事員トノ連絡協調動作ヲ演練スル目的ヲ以テ其ノ所在地軍隊及路局警務處ノ指導ノ下ニ鐵道警備演習ヲ實施シ效果ヲ收メツツアリ

本月中實施セルモノ左ノ如シ

警務段	實施月日	概要
窑門	十月三日	窑門所在各段トノ綜合演習
三棵樹	十月八日	警乘員ノ列車照護對策
北安	十月十一日	守備隊ト合同驛舍擁護對策
雙城堡	十月十五日	守備隊及雙城堡所在各段トノ綜合演習
哈爾濱	十月十六日	哈爾濱所在各段トノ綜合演習

二 社線

本來社線警備ハ國線ニ於ケルカ如キ路警ノ存在ナク日本軍隊及鐵東局警察官之ニ當リ鐵道トシテハ日滿軍憲ノ警戒網ヨリ潜入シ來ル少數匪ニ對スル自警ト特殊施設物警戒ノ目的ヲ以テ危險ト目サルル地區ニ警備員ヲ配置シ自衞ニ任シツツアルカ、現在大連鐵道事務所管內ハ湯崗子、千山ニ一二名ヲ奉天鐵道事務所管内ハ安奉線及奉天以北ノ連京線ニ三三七名ヲ配置シ驛及線路ノ直接警戒竝線路巡察、先發幅列車ノ警乘等ニ當ラシメツツアリ

三　建設線

建設線ハ社線ト同シク路警ノ存在ナク會社ハ自衞隊ヲ組織シ各建設事務所ニ配置シテ直接工事現場ノ警戒ニ任シアルカ現在自衞隊員ノ配置ハ牡丹江三八七、白城子五一、錦縣三七、四平街一七二、計六六七名ニシテ日滿軍憲ト緊密ナル連絡ノ下ニ嚴重ナル警戒ヲ實施シ作業ノ進捗ヲ計リツツアリ

~~10~~ 18

○錦縣鐵路局管内

一　一般概況

本期管内沿線ニ於ケル治安狀況ハ日滿軍ノ一齊討伐ニ依リ匪團ハ隨所ニ於テ大打擊ヲ受ケ逃避ニ汲々トシ其ノ行動意ノ如クナラス從來最活潑ナル行動ヲ續ケ居タル匪首ニシテ日滿軍ノ宣撫工作ニ依リ遂ニ歸順セルモノ或ハ討伐ニ依リ射殺セラレタルモノ或ハ內訌ヲ生シ部下ノ爲暗殺セラレタル者等アリ匪勢ハ前期ニ比シ稍頹勢ヲ示シタルヤノ觀アルモ執拗ナル匪團ハ今猶日滿軍討伐ノ鋭鋒ヲ避ケツツ沿線近クニ横行出沒シ其ノ行動實ニ積極的ナルモノアリ、本期末頃ヨリ五、六ノ匪團ハ既ニ冬營ノ爲四散シタルカ尚漸次列車又ハ自動車等ニ依リ良民ヲ裝ヒ各主要都市ニ潛入セムトスルノ傾向アルニ鑑ミ警乘員ヲ督勵シ私服警乘ヲ增加スル等主トシテ列車、自動車及驛出入旅客ノ檢問檢索ヲ嚴密ニ實施シ萬遺漏ナキヲ期シツツアルカ目下ノ匪情ハ奉吉線章黨蒼石間ノ地區及熱河自動車路線附近ニ執拗ナル蠢動ヲ續ケ偷安ヲ許ササル情況ニ在リ

21

二　地區別概況

1　奉吉線沿線

本期ニ於ケル沿線ノ匪情ハ日滿軍ノ積極的討伐ニ依リ匪賊團ハ各所ニ於テ大打擊ヲ受ケ傻子、双紅、草上飛ハ射殺セラレ加フルニ從來最活潑ナル行動ヲ爲シツツアリタル五、六ノ匪團ハ全ク四散ノ狀態ニ陷リ且營石憲兵隊ニ於テ守備隊ト連絡實施セル對匪工作ハ多大ノ效果ヲ收メ草市、英額門北方地區ヲ出沒其ノ行動活潑ナリシ海交、靠明友、占東邊、長勝ノ各匪團ハ歸順ヲ決意シ前記匪首ハ既ニ武裝解除セラレタルカ尙本期ニ入リ匪賊間ノ內訌問題起リ南北合、風林九勝軍、燕手等ハ部下ノ爲暗殺セラルル等之ヲ計數的ヨリ見ルモ匪首數前月ニ比シ著シク減少セリ

然レ共執拗ナル一部ノ匪賊團ハ今尙討伐ノ鋭鋒ヲ避ケ警備機關ノ間隙ニ乘シ横行出沒シ保線工區ノ被害及運轉妨害各一件ヲ算シ鐵路近キ愛護村ノ匪害亦相當甚大ナルヲ以テ之カ警戒ハ一段ノ緊張ト最機宜ニ適セル警備對策ヲ講シ現場機關ヲ督勵シテ警備ノ萬全ヲ期シツツ

~~12~~ 20

ツアリ

2　山通自動車路沿線

本地區ニ於ケル匪情ハ前月同樣日滿軍討伐ノ爲集團的行動意ノ如クナラス殆ト二、三〇ノ小匪ニ分散シ冬營準備竝思想宣傳ノ爲屢集團部落ニ近接セルモ警備至嚴ナル爲常ニ不成功ニ終リツツアリ最近ニ至リ該匪ハ沿線近ク出沒スルハ徒ニ日滿軍ノ討伐ニ遭ヒ自衞上不利ナルヲ察知シ有力ナル部下ヲ各種農商民ニ變裝セシメツツ日滿軍ノ動靜竝各種情報ヲ蒐集シツツ常ニ各匪ト密接ナル連絡ヲ取リ其ノ機ヲ窺ヒツツアルモノノ如ク依然偷安ヲ許ササル情況ニ在リ

3　奉山、大鄭、河北線及民彰自動車路沿線

本沿線ハ日滿軍ノ徹底セル討伐ニ依リ各地ニ潜伏セル匪賊ハ至ル所ニ於テ大打擊ヲ受ケ逃避行動ヲ續ケ一時鐵路近クニ出沒シタルモ現場機關ノ密接ナル日滿軍トノ連絡ニ依リ討伐警備機宜ニ適シ新民北方地區竝大虎山南方地區ノ匪賊ハ殆ト四散シ其ノ治安ハ漸次良好ニ向ヒツツアリ

13

大鄭線方面ニ於テモ前記同樣徹底的日滿軍ノ討伐ヲ受ケ六合匪ハ日軍小原小隊ノ爲射殺セラレ老梯子ハ松井部隊ノ爲殲滅的大打擊ヲ受ケ天下好、青林ノミ執拗ニ行動ヲ續ケ迅速ナル馬足ヲ利用シテ大鄭民彰沿線ヲ横行シツツアリ之カ警備ニハ最腐心セルモ遂ニ阜新庫倫旗方面ニ於テ四散ノ狀態ニ陷リタリ然レ共本沿線ノ匪賊ハ概シテ反滿抗日系ノ色彩アルヲ以テ將來尚注意警戒ノ要アリ

4 錦承、葉峰線及熱河自動車路沿線

錦承葉峰線沿線ノ匪賊ハ概シテ其ノ行動活潑ナラサルモ三、四ノ匪團ハ尚日滿軍ノ討伐ヲ受ケツツモ依然活潑ナル行動ヲ續ケ二十八日金溝北方ニ現出セル大明字、明山ノ合流匪ノ如キハ日滿軍、警務段愛護村ノ聯合出動ニ依リ遂ニ鐵路ニ近ツカシメサルヲ得タルカ尚相當警戒ノ要アリ

熱河自動車路線ノ匪賊モ依然活潑ニシテ特ニ烏丹城、五分地附近ノ匪賊ハ綏局バスヲ狙ヒツツアルカ如キ情報アリ匪情險惡ナリシ爲遂ニ自動車運休ノ止ムナキニ至リシコトア再三ニシテ寸時ノ偸安ヲ許サ

14 22

サル狀態ニアリ之カ爲現場各段ニ於テハ日滿軍ト最密接ナル連絡ヲ取リ萬遺漏ナキヲ期シツツアリ

5 安城自動車路沿線

本地區ハ依然日滿軍ノ銳鋒ヲ避ケツツ主トシテ鳳大沿線ニ蟠踞出沒シツツアルモ警備至嚴ナル爲其ノ行動意ノ如クナラス之ヲ前月ニ比シ稍減少シタル結果ヲ示セルモ右ハ出現回數ノ減少シタル結果ニシテ其ノ實數ハ依然大差ナク動モスレハ警備ノ手薄ニ乘セムトシツツアリ、一時鳳城縣東部ニ蟠踞シ嘗テハ安東警備機關ノ邀擊ヲ企圖セシコトアル華北軍ハ滿軍ノ爲射殺セラレタルモ該部下ハ依然活潑ナル行動ヲ續ケ又大石橋、蚰巖間劉家堡子北方ニハ約一〇〇內外ノ匪賊出沒シアリ寸時ノ間隙ヲ許サザル狀況ニ在リ

6 海牛自動車路沿線

本沿線ハ概シテ平穩ナリ

三 主ナル匪賊ノ出沒概況

1 奉吉線方面

25

紅軍　一〇〇

金山好（抗日匪）　五〇

東海軍三〇、文武俠五〇（土匪）　八〇

右ハ章黨、蒼石、北方地區ヲ出沒シ其ノ行動活潑ニシテ各匪ネノ連絡密ニ常ニ五、六名ノ小匪ニ分散シ鐵路ニ近接セルコト再三ニシテ十月二十五日保線工區ニ侵入電話機ヲ破壞掠奪シ又ハ連轄妨害ヲ爲シタルモ或ハ該匪一味ノ所爲ト思料セラル

愛民軍一五、老二哥二〇、老山好二〇、得林二〇（土匪）　七五

本匪ハ主トシテ章黨北方地區ヲ出沒シツツアルモ目下其ノ行動活潑ナラス

明山、草上飛（抗日匪）　四〇

風林二〇、佼子五〇（土匪）　七〇

右ノ内草上飛、子ハ日滿軍ノ討伐ニ依リ射殺セラレ風林又部下ノ爲暗殺セラレ其ノ後ニ於ケル部下ノ行動活潑ナラス明山匪ノミハ依

26

16　24

然相當活潑ナル行動ヲ爲シツツアリ

青山（抗日匪）　五〇

密松、占山好三〇、好樂二〇、双勝一〇（土匪）六〇

右ハ南口前、清原北方概ネ一〇粁以內ヲ行動シツツアリ特ニ密松、占山好ノ行動活潑ナリ

南北合、特東軍五〇、占東邊五〇、長勝四〇（土匪）　一四〇

主トシテ草市、水簾洞北方鐵路近ク行動シアリタルモ南北合ハ占東邊ノ爲暗殺セラレ占東邊、長勝又日軍ノ宣撫工作ニ依リ歸順ヲ決意シ磐石ニ送致セラレ特東軍ノミ殘存セルモ本地區ハ尙匪首不詳ノ匪團相當アリ注意ヲ要ス

四海（抗日匪）　三〇

占山（土匪）　四〇

山城鎭北方概ネ一〇粁以內ヲ行動シアリ警戒ヲ要ス

長局好二〇、中國人、杜立山一〇〇、吉勝軍三〇、天良、安國軍

47

海字一〇〇、大平軍三〇、朝鮮獨立國七〇（抗日匪）　三五〇
文明三〇、海林七〇、金山三〇（土匪）　一三〇
右各匪ハ南雜木、前甸南方地區ニ蟠踞横行シアリ其ノ數概シテ大ナル部隊ヲ爲シ且東邊道方面ノ思想匪ト連絡アルモノノ如ク特ニ吉勝軍、二癸堡ハ最鐵路近クニ出沒シ住民ノ匪害又相當ニ上リ最嚴戒ヲ要ス
二臺一〇、峯山單一〇、東山好二〇（土匪）　四〇
保國軍（抗日匪）　二〇
主トシテ淸原、北三家南万概ネ一〇粁以内ヲ横行出沒シアリ保國軍ハ特ニ其ノ行動活潑ニシテ警戒ノ要アリ

2 山通線方面

長青二隊二〇、通天好三〇、老長青五〇、趙明恩五〇（共匪）　一五〇
占山好二〇、得勝三〇、高副官二〇（抗日匪）　七〇

忠厚（土匪）　一〇

右ハ柳河、小道溝東方地區ニ蟠踞出沒シアリ殆ト共匪或ハ抗日匪ニシテ各匪トノ連絡緊密ニシテ集團部落ニ近接シ政治的宣傳ニ名ヲ籍リ匪行ヲ續ケムトスルモ日滿軍ノ警備至嚴ナル爲行動意ノ如クナラス最近ニ至リ良民ヲ裝ヒ諸情報ヲ蒐集匪團本部ト連絡セムトスルカ如キ智能的行動ニ出テ相當警戒ヲ要ス

小白龍一〇、好勝一〇（土匪）　二〇

柳河西方地區ニ蟠踞出沒シツツアルモ行動活潑ナラス

九江好二〇、西山好二〇、韓連長三〇（抗日匪）　七〇

國民軍二〇、張科長二〇、孫委員二〇、張營民二〇、紅軍三〇（共匪）　一一〇

右ハ通化東北南地區ニ蟠踞横行シ柳河東方地區ノ匪團トモ連絡其ノ行動大同小異ニシテ張科長、韓連長ハ屢通化近クニ出沒シツツアリ警戒ヲ要ス

西北軍二〇、北來好三〇、撫順軍二〇、西來好五〇（抗日匪）

28

一二〇

海山（共匪） 五〇

右ハ一隊、通化西方樹シテ路線近ク出沒殆ト抗日系ノ匪賊ニシテ靡一隊七區間路線近キ危險地區ニ出沒シツツアリ嚴重警戒ヲ要ス

3

奉山、大塋、河北線方面

常好、天流、大明四〇、老疙瘩、双勝二〇（土匪） 六〇

主トシテ新民北方附近ヲ出沒シ一時ハ相當活氣ヲ呈シタルモ本期日滿軍ノ徹底的討伐ニ依リ殆ト四散ノ状態ニ陥リ目下ノ所行動活潑ナラス

明山草（土匪） 五〇

溝幇子北方ニ出現セルモ行動活潑ナラス

搭北、占山、坐山二〇、四季一〇、占江紅三〇（土匪） 六〇

大虎山南方草原地帶ニ蟠踞シアリタルモ今期ノ日滿軍ノ討伐ニ依リ逃避ヲ續ケ殆ト四散ノ状態トナリ目下ノ所行動活潑ナラス

六合、天下好、青林（抗日匪） 一〇〇

本期日滿軍ノ討伐ニ依リ新民、阜新、彰武等ノ各縣下ヲ逃避中六合ハ遂ニ射殺セラレ天下好、青林又本期末庫倫旗方面ニ於テ大打撃ヲ受ケ四散ノ状態ニ陥リタリ然レ共本匪ハ思想的色彩ヲ帯ヒ逃避シツツモ工務段苦力ヲ拉致セルカ如キ事件アリ相當注意ヲ要ス

全好七〇、老梯子一〇〇（抗日匪） 一七〇

日滿軍ノ討伐ニ依リ行動意ノ如クナラス小匪ニ分散潜伏シアリテ其ノ行動活潑ナラス

局勝（土匪） 二〇

甘旗卡東方ニ出沒セルモ目下消息不明ナリ

4 錦承、葉峰線及熱河自動車路線方面

新來双木字（土匪） 四〇

北票北方地區ニ蟠踞シアルモ目下ノ所行動活潑ナラス

大明字、青山（抗日匪） 八〇

金海北方鐵路近クニ出沒横行シ日滿軍及警務段愛護村等ノ聯合出動

31

討伐ニ依リ遂ニ北方ニ移動セルカ尚警戒ノ要アリ

老八點、老六點（土匪）　五〇

熱河線朝陽、建平間老虎山西方地區ニ蟠踞シアリテ相當注意ヲ要ス

明點一〇、愛國保國三〇、陸來順一〇、萬勝二〇（土匪）　七〇

長常樂二〇、青山好三〇（抗日匪）　五〇

右ハ凌源、從南間三臺子兩側地區ヲ出沒シツツアリ目下日滿軍ノ討伐ニ依リ行動概シテ活潑ナラサレ共警戒ノ要アリ

占山好（土匪）　一〇

老鍋北方ニ蟠踞シアルモ行動活潑ナラス

鎮虎山（抗日匪）　七〇

右ハ日滿軍ノ討伐ヲ受ケツツモ依然其ノ鋒鋩ヲ避ケツツ行動活潑ニシテ最嚴戒ヲ要ス

平西、占山（抗日匪）　二〇〇

右ハ承德、圍場間唐三營東方縣境ニ蟠踞シアリ其ノ數大ナルモ行動

~~22~~ 30

目下活潑ナラス

北覇天、見文榮七〇、打一面、韓九成八〇、二掌櫃一〇〇、成字二〇（抗日匪）　二七〇

右ハ烏丹城五分地近ク出沒シ其ノ行動最活潑ニシテ之カ爲自動車運休セルコト再三アリ常ニ總局バス襲撃ヲ企圖シアルモノノ如ク相當嚴戒ヲ要ス

5

安城線方面

王金芝八〇、康榮五〇、華北軍春山青王鳳閣一〇〇、吳田臣一〇（抗日匪）　二四〇

鳳凰城東方地區ニ蟠踞橫行シアリ右ノ内華北軍ハ日滿軍討伐隊ノ爲射殺セラレタリ然レ共各匪團ハ依然活潑ニシテ警戒ヲ要ス

閻生堂、趙慶吉一〇〇、白俊實三〇、莊家人二〇、小老虎五〇、占東江三〇、趙同三〇（抗日匪）　二六〇

主トシテ鳳大線白旗、龍王廟兩側地區ヲ出沒シアリ其ノ行動依然活潑ニシテ嚴戒ヲ要ス

33

曹國土五〇、戰雲祥四〇（抗日匪）　九〇
九占（土匪）　二〇
右ハ大石橋熊嶽間白羊溝、劉家堡子北方地區ニ蟠踞シアリ警戒ヲ要ス

32

~~24~~

○吉林鐵路局管内

一 一般概況

管内ニ於テハ九月中旬以來日滿軍警ハ擧ケテ勦匪ニ全力ヲ傾注シ寧日ナキ討伐ト至嚴ナル肅正諸工作ト亦一面路警側ニ於テモ之ニ對應シ沿線ノ警戒ハ勿論特別愛路工作ニ依ル愛護村背後地帶ニ於ケル諜報網ノ擴充等ニ依リ各匪團ハ活動地盤ヲ縮少セラレ抗日匪首吳義成ヲ初メ王德泰、曹國安。周太平、李司令等ノ幹部ハ悉ク沿線遠ク安圖。樺甸、撫松縣下ニ遁走シ越冬準備ノ為衣食ノ補給ニ汲々タルモノアリ而シテ京圖沿線ニ於ケル共匪中ノ闘士タリシ安鳳學モ九月下旬遂ニ歸順ヲ申出テタルカ今ヤ匪賊團ハ漸次凋落ノ一途ヲ辿リツツアルモノト觀察セラルルモ尚殘匪潜入匪及拉濱線五常ヲ中心トスル地帶ノ匪團ハ往々警戒網ヲ突破シ沿線近ク出現シテ匪行ヲ敢行シアリ據カニ樂觀ヲ許ササル狀況ニアルヲ以テ各機關ト緊密ナル連絡ヲ保持シ警備上萬遺憾ナキヲ期シツツアリ

二 地區別概況

35

1 京圖線（新京敦化間）

本線中蛟河以西ハ前月同様治安狀態良好ナルモ蛟河以東ノ地區ハ共匪、土匪ノ小匪團ノ出沒依然頻繁ニシテ冬營準備ニ狂奔シ人質拉致金品掠奪、農民ヲ脅迫强要スル等豪モ偷安ヲ許サス各警備機關ノ特別警戒ト愛路特別工作ノ强化ニ依リ運營ノ萬全ヲ期シツツアリ

2 拉濱線（新站五常間）

日滿軍警ノ積極的討伐ニ依リ匪團ノ根據地ハ悉ク覆滅セラレ遠ク山岳地帶ニ逃走シ漸次治安肅正セラレアリト雖五常及杜家ヲ中心トスル二〇粁ノ地帶ニハ五〇乃至二〇〇餘ノ匪團時々出沒シ警戒ノ間隙ニ乘シテ隣接部落ヲ襲擊シ金品ノ掠奪、人質拉致ヲ敢行シ寸時モ樂觀ヲ許サス幸ニ鐵路沿線ハ日滿軍警ノ至嚴ナル警戒ニ依リ小康ヲ維持シアリ

3 奉吉線（吉林黑山頭間）

本線ハ日滿軍警ノ治安肅正諸工作ニ依リ漸次良好ノ域ニ達シ匪賊ノ出現狀況ハ前月ニ比シ著シク減少シ僅ニ一〇乃至二〇ノ小匪團ノ出

34
~~26~~

沒ヲ見ルノミニシテ列車運行上憂慮スヘキ事態ナキニ至リタルモ更ニ引續キ至嚴ナル警戒ト愛路工作ニ意ヲ用ヒ治安確立ニ邁進シツツアリ

4 平梅線

匪賊ノ出現數ハ前月ニ比シ約半減ヲ示シ沿線ハ概シテ小康ヲ保持シアルモ大興鎮北方及西安東北方地區ニハ依然抗日匪及土匪二〇乃至三〇ノ小匪團分散潛在シ日滿軍警ノ警戒手薄ニ乘シ部落ノ襲擊、人質拉致、物資ノ補給等活潑ナル行動ヲ續ケ寸隙ヲ許ササル狀況ニ在リ

5 京白線

大賚、安廣縣下ニ於テ暴威ヲ揮ヒタル匪首白狼、長好ノ合流匪ハ九月下旬日滿軍警ノ大討伐ニ依リ殲滅シ爾來平穩ニ經過シ沿線ニハ時々二〇乃至三〇ノ小匪團出現スルコトアルモ治安狀態概ネ良好ナリ

6 自動車路線

各路線共依然治安狀態良好ニシテ平穩ナリ

37

三 主ナル匪賊ノ出沒狀況

1 京圖線

東邊好、忠厚（共匪） 八〇

九月下旬黃泥河西南方大川ニ現ハレ村民一拉致、牛二頭掠奪逃走
中日滿軍警ニ追擊セラレ三道崗方面ニ逃走セリ

雙勝（共匪） 二五

十月六日漂河方面ヨリ移動シ來リ同地村民ニ對シ脅迫目下蟠踞中

雙盛（土匪） 二五

黃泥河西南方五道泉子ニ東方ヨリ移動シ目下蟠踞中ニシテ番犬數
頭連行シアリ

跨和（土匪） 一七

八月下旬ヨリ黃松甸南方沙河掌附近ヲ游動衣食物品ヲ强奪中ナリ

泰山（土匪） 八〇

威虎嶺西南方六杆ノ地點ニ現ハレ漂河方面ニ移動セリ

紅軍 七〇

額穆縣南方ヨリ侵入松花江ニ沿ヒ白石砬子ニ移來シ喫食後東方額穆縣馬甸子方面ニ移動セリ

李司令（共匪） 四〇

敦化東北方東殿子ニ現ハレ糧食ヲ掠奪シ官地東方二道溝方面ニ移動セリ

周太平（共匪） 一〇〇

樺樹河子（撫松西北方）ニ蟠踞中ナリシカ十月七日南方ニ移動セリ

王德泰（共匪） 七〇

十月十三日樺甸方面ヨリ移動シ大沙河口子地點ニ於テ日軍ト遭遇交戰西南方ニ迯走セリ

安鳳學殘匪（共匪） 二〇〇

十月十日安圖縣東清溝附近ニ於テ滿軍第十團遭遇交戰シ之ヲ西南方ニ擊退セリ

不明匪（土匪） 五〇

38

樺甸縣大浦柴河附近ニ於テ滿軍ノ爲東北方ニ擊退セラル

2 拉濱線

雙俠、榮老、全德（土匪） 八〇

九月初旬ヨリ依然五常西南方拉林河附近ヲ游動シ十月十七日自衞一團ト交戰西方ニ逃走ス

天明陽、占北、福勝、青山（土匪） 一〇〇

五常西方雙窩棚ニ於テ治安隊ト交戰シ南方ニ擊退セラル

靠山、鐵俠、訪賢（土匪） 一〇〇

杜家西南方拉林河右岸ニ蟠踞中

飛龍、三江好（土匪） 八〇

平安西北方長壽山ニ現ハレ山河屯日軍ト交戰シ北方ニ潰走ス

仁義軍、綠林好、松柏（共匪） 二五

五常西南方張大房子ニ現ハレ同地ニ蟠踞中ナリ

尙仁義軍、綠林好合流三〇ハ杜家北方ニ現ハレ自衞團ト交戰東北ニ逃走ス

~~30~~ 38

陸林好、廬山（土匪） 三〇
五常北方東家潚子ニ西方ヨリ鐵路ヲ横斷シ目下蟠踞中ナルモノノ
如シ

天柱、天義（土匪） 三〇
五常東北方六杆地點ニ於テ滿軍ノ攻撃ヲ受ケ太陽廟方面ニ逃走セ
リ

東洋、長江（土匪） 三〇
五常東南方絢善屯ニ現ハレ治安隊ト遭遇交戰シ南方ニ撃退セラル

蘇参謀長（共匪） 四〇
杜家東南方王家屯ニ於テ自衛團ト遭遇交戰シ多大ノ損害ヲ蒙リ東
南方ニ逃走セリ

天明陽、天剛、鐵俠（土匪） 二〇〇
拉林河、溪浪河合流地點ニ蟠踞中ノ處皇軍ノ討伐ニ依リ西北方ニ
潰走セリ

8 奉吉線

41

五龍（土匪）　一四

雙河鎭西方ニ現ハレ人質八名ヲ連行北方ニ移動セリ

南俠（土匪）　二〇

靠山屯東北方東溝ニ於テ滿警ト遭遇交戰シ多大ノ損害ヲ受ケ東南方ニ逃走セリ

東洋（土匪）　一五

蟠石守備隊ノ爲太平屯ニ於テ遭遇交戰シ西方ニ逃走ス

黑虎（共匪）　一六

朝陽鎭東南方永吉村ニ現ハレ村民一名ヲ拉致東南方ニ逃走ス

不明匪（土匪）　三〇

明城西南方田黑頂子附近ヲ游動中

4　平梅線

報字、徐先生（共匪）　二八

占中史四〇、成局、上山好三〇（土匪）　七〇

各匪團ハ西安東北方約三〇粁附近ニ根據ヲ置キ金品ヲ强奪、人質

42

40
~~32~~

ヲ拉致シ警戒ヲ要ス
成軍、佔北（共匪）　三〇
興　山（土匪）　一四
大興鎮北方竝南方地區ヲ游動シツツアリ
天　元（土匪）　五〇
天德、石嶺北方ニ蟠踞シ金品ヲ強奪スル等行動活潑ニシテ注意ヲ要ス

5　京　白　線

大文字、大川一八、不明匪二〇（土匪）　三八
大賚西方ニ蟠踞シ部落ヲ襲撃物品ヲ掠奪シツツアリ
青　山（土匪）　三〇
前郭旗西南方ヲ游動シ居ルモ行動活潑ナラス
千　林（土匪）　一〇
日軍測量隊自動車ヲ襲撃シ拳銃二、國幣五千九百圓ヲ強奪逃走ス

43

○哈爾濱鐵路局管内

一　一般概況

當月ハ秋季討伐實施ニ依リ沿線ニ散在スル群小匪ハ隨時隨所ニ於テ殲滅的痛撃ヲ受ケ概ネ僻陬地帶ニ遁入ノ餘儀ナキニ至リタル爲先月ニ比シ匪數著シク減少シ管内ノ治安ハ一般平穩ニ維持セラレタリ

然レ共松花江沿岸地區ニ於ケル匪情ハ依然頻繁ニシテ就中木蘭、東興通河及其ノ對岸地區ニ於ケル通匪系ノ動靜ハ頗ル活潑ニシテ寸時ノ偷安ヲ許サザルモノアリ其ノ他各線ニ於テモ濱綏線ノ小嶺珠河間拉濱線ノ安家附近、濱北線ノ四方臺東邊井間、北黑線ノ辰清、清溪地區京濱線ノ拉林河中洲蔡家溝方面ハ匪賊ニ因ル危險性比較的大ナルモノアリ

而シテ各種匪賊ハ今ヤ冬營期ニ入リ之カ準備ノ爲警備ノ間隙ヲ窺ヒツツアルヲ以テ一層關係諸機關ト連絡ヲ密ニシ管下各警務段ヲ督勵シ檢問檢索ヲ嚴ニシ以テ之等不逞分子ノ檢擧ニ努ムルト共ニ管内匪禍ノ未然防遏ニ向ツテ鋭意邁進シツツアリ

二　地區別概況

1 濱綏線地區（哈爾濱―一面坡）

管内全線中最モ繁多ヲ極メタル當區間ノ匪情ハ當月ニ入リ頓ニ減少シ之ニ因ル被害事故皆無トナリ指ヲ屈スヘキ強力匪ハ次第ニ沿線ヨリ影ヲ潛ムルニ至レリ之畢竟今期肅正工作ニ依リ珠河縣下ヲ中心トスル接壤地一帶ニ亘リ暴威ヲ逞ウシタル張匪ノ所在不明（或ハ北上セシナラン又ハ戰死説、師長交送説アリ）ト路北賓縣内ヲ跳梁セシ考鳳林、山鴻、徳好及九江一味ノ強力匪ノ江岸地區方面ニ移動セルニ依ルモノノ如キモ小嶺附近ニハ尙思想匪ノ流ヲ汲ム二、三〇ノ小匪團アリ、一面坡北方地區ニハ海交、仁義匪ノ轉移スルアリ路南地區ニハ共匪五龍、吳景財ノ暗躍アリ、又江岸方面匪團ノ南下モ豫想セラルルヲ以テ未タ治安ハ安全ノ域ニ達シタリト謂フヲ得ス益警戒ヲ要スヘキ情況ニ在リ

2 拉濱線地區（哈爾濱―五常）

當區間ニハ安家西方地區ヲ上下スル七國、鐵龍、綠林好、福山匪各二三〇アルモ日滿軍警不斷ノ討伐ニ依リ匪行意ノ如クナラス目下逃避

45

ニ懸命ニシテ一部ハ歸順ノ意ヲ有シアリ、一方接壤地五常地區ニ反滿抗日ヲ標榜スル雙龍、天明陽匪蠢動シ同地方ノ討伐ニ追ハレ管内漠泥河。拉林河附近ニ遁入スルコトアリ未タ積極的行動ナキモ糧食彈藥ニ困窮シアル該匪ノ動靜ニハ警戒ノ要アリ

3 濱北線沿線（哈爾濱－北安）

當區間中綏化海倫間ニ綠林好、青龍、占省外合流匪約七〇及天帮ノ分散匪頻リニ横行シアリシカ間斷ナキ日滿軍警ノ討伐ニ因リ當月上旬殆ト奥地ニ潰走シタル爲爾來管内ノ治安ハ平穩ニ經過セリ然レトモ背後地慶城綏稜縣方面ニハ趙匪系約三〇〇移來シ土匪ヲ糾合シテ集團部落及滿警分所ノ襲擊ヲ敢行シ或ハ反日滿ノ宣傳工作ニ奔走シアリ、又與隆鎭東方巴彥縣龍王廟地方ニハ老團長大東來等合流匪ノ移動蟠踞アリ、夜間列車運行セラレアルコトトテ同方面ノ匪情ハ注意警戒ノ要アリ

4 濱洲線地區（哈爾濱－昂昂溪）

久シク安達地區ニ出沒シ其ノ行動活潑ナリシ三軍、火龍ノ合流匪ハ

44

~~36~~

三江ノ連擔ト火龍ノ對壘ニ因リ四散滅裂シ其ノ殘匪ト思ハシキ数名ノ鼠賊同地區ヲ徘徊シアルノミ、又盤東錦洲縣下ヲ横行シタル交的寛合流匪モ日滿軍警數次ノ討伐ニ大打撃ヲ蒙リ目下泰康縣下ヲ轉々逃避シアリテ管内ノ治安ハ引續キ良好ナリ

5 京濱線地區（哈爾濱－新京）

當區間ニハ蔡家溝地區ニ先月末二〇内外ノ小匪二、三出現シタルノミニシテ當月上旬以來沿線ニハ匪影ヲ見ズ極メテ平穩ニ經過セリ然レトモ拉林河中洲及哈爾濱上流松花江岸ニハ今猶冬營準備ヲ焦慮スル賊徒潜伏シアリ警戒ヲ要ス

6 北黑線地區（北安－黑河）

當區間ニハ集團匪ノ横行ナク概ネ平穩ニ經過シツツアルモ辰清、清溪附近ニ當月中旬腰嶺保線工區ヲ襲撃シタル一〇名内外ノ鼠賊絶エス徘徊シ巧ニ討伐網ヲ潜リ警備力ナキ局舍ノ再襲ヲ企圖シアルモノノ如ク其ノ行動侮リ難キモノアリ

7 松花江沿岸地區

47

當月中旬ニ入リ各河川ノ水溫ハ急ニ降下シ黑龍江ニハ二十日ヨリ流氷ヲ見船舶ノ航行ハ當月ヲ以テ終航セリ之ニ代ル自動車運行開始ヲ目睫ニ控ヘ路線一般ノ匪情ヲ觀ルニ隣接地帶ノ掃蕩ニ追ハレタル群小匪ハ比較的交通通信機關不便ニシテ警備薄弱ナル江岸沿線ニ遁來シ趙匪ノ傘下ニ統合セラレアル傾向アリテ當區間ノ匪情ハ依然トシテ險惡ナル情勢下ニアリ、即チ木蘭、東興、通河、賓地區ニ於ケル抗日第三軍趙尙志匪ノ行動ハ益熾烈ニシテ寸隙ヲモ許ササルモノアリ、湯原樺川依蘭地區ニ於ケル抗日第六軍夏雲楷及謝文東系匪亦活潑ニ次テ烏蘇里饒河地區ニ蟠踞スル抗日第四軍系李學萬匪ノ富錦縣內ニ屢游動スルアリ其ノ他之等共匪ノ獨立隊或ハ傍系匪ハ隨時隨所ニ散在シ其ノ數約四、〇〇〇ト稱セラレ各所ニ於テ日滿軍警ノ討伐ニ大打擊ヲ蒙リツツモ今尙執拗ナル匪行ヲ繼續シ殊ニ奧地警備機關又ハ集團部落ノ襲擊ハ漸次積極化シツツアリ

46 ~~38~~

三 主ナル匪賊ノ出沒狀況

1 濱綏線沿線

張連科（共匪） 一五〇

東北人民革命軍第三軍第三師長（師長交迭說アリ叉戰、病死說アリ）トシテ久シク珠河、五常縣境ニ根據シ隣接數縣下ニ亘リ勢力地盤ノ擴大强化ニ奔驅シアリシカ間斷ナキ討伐ニ抗シ難ク九月下旬ニ入リ宣傳部ノ一部ヲ殘シ路南游擊區ヲ第二團長王龍ニ委任シ主力ハ路北江岸方面ニ移動セリ、而シテ目下其ノ所在ハ不明ナルモ趙匪ト密絡シ政治部主任李熙山ヲ各地ニ游動セシメ物資ノ補給並住民群小匪ノ懷柔ニ專念シアリタルモノノ如シ。輕機二ヲ有ス

吳景材（共匪） 六〇

十月九日珠河站西南方約三〇粁六道河子ニ現ハレ村民ヲ集メ反滿抗日演說ヲ爲シ宣傳單ヲ配付シ五常縣界ニ移動セリ、本匪ハ革命政府珠河縣長ト自稱シ武力行動不活潑ナルモ趙匪ノ股肱トナリ常ニ珠河縣內ヲ游動シ赤化工作ヲ擔當シアリ

48

五龍（共匪）　一〇〇

十月三日一面坡站東南方大連河附近ニ於テ満警隊ト交戰屍體一〇ヲ遺棄潰走セリ本匪ハ張系第二團長ニシテ珠河縣第二區沙河子附近ニ根據シ張匪ノ指揮下ニ路南一帶ヲ游擊シアリ。輕機一ヲ有ス

海交、仁義（抗日匪）　九〇

九月下旬延壽縣新開道附近ニ出沒物資ヲ强要シアリシカ十月一日珠河縣第六區楊家店六甲元寶鎮一帶ニ移動シ同地百十家長ヲ召集シ徵税ニ關スル會議ヲ開催セルカ本匪ハ曩ニ一面坡北方引込線襲擊後日満軍警ノ急追ヲ受ケ奥地深ク回避シアル爲糧食極度ニ缺乏シアルヲ以テ何時沿線ニ襲來スルヤモ難計輕機三ヲ有シ警戒ヲ要ス

紅韜（土匪）　三〇

九月二十六日小嶺站北方二粁北溝ニ現ハレ其ノ後半截河子方面ニ移動セルカ本匪ハ新出現匪ニシテ其ノ後ノ行動不明。輕機一ヲ有ス

串山紅（土匪）　二〇

主力ハ趙匪ノ獨立游擊隊トシテ賓縣鳥河（江岸地區）地方ヲ游動シ

アルカ其ノ分散匪ハ小嶺站北方地區ニ頻出シ人質拉致糧食ノ強要等其ノ行動活潑ナリ輕機一ヲ有ス

吉林（土匪）　四〇

九月二十八日王泉站東北方約一〇粁蛤蟆塘ニ現ハレタルカ何レニカ移動セリ。本匪ハ元來純土匪トシテ匪首于九江ニ屬シ阿城站北方地區ヲ行動シアリシカ于九江北上以來窩山鴻、德好、考鳳林匪ト提携シ賓縣內ニ於ケル共匪ノ游擊隊トナリ專ラ人質拉致等ノ積極的匪行ヲ爲シアリ

中山好（土匪）　二〇

十月十五日平山站西南方約一八粁泉眼河附近ニ現ハレ蟠踞中行動不活潑

德來三江好（共匪）　二〇

張系第二國游擊隊ト稱シ帽兒山站北方地區ヲ游動シ金品ヲ強要シツツアルモ行動概シテ不活潑

同好（土匪）　二〇

九月二十六日珠河站南方約八粁珠河縣第一區煤窰ニ現ハレ農民ヲ拉致南方ニ移動セリ。行動不活潑

占林（土匪）　二五

十月十五日帽兒山站東北方約二〇粁二道號叉子ニ侵入衣類糧食ヲ强要シ晝食後北方ニ移動セリ行動不活潑

財旺（土匪）　二〇

九月下旬帽兒山站東南方約三〇粁亮河附近ニ出沒シタルカ其ノ後ノ行動不明

2　拉濱線沿線

双龍（抗日匪）　一二〇

十月十九日安家站南方十二粁金家園子ニ現ハレタルカ其ノ後南下シ二十五日杜家站西南方拉林河中州ニ蟠踞中日軍ノ討伐ニ遭ヒ潰走セリ。本匪ハ東北抗日聯合軍第八軍長ト稱シ五常縣內ヲ地盤トシ其ノ行動活潑。輕機二ヲ有ス

長山好、青山好（土匪）　四〇

52

~~42~~ 50

十月二日背陰河站東方約一五粁小孤子溝附近ニ於テ八家子遊撃隊ト交戰ス行動不活潑

七國、鐵龍、北海（土匪）　三〇

安家站西方地區ヲ上下シ人質拉致、金品ノ掠奪ヲ爲シアルモ行動活潑ナラス。特ニ七國ハ皈順ノ意志ヲ有スト

天柱、天義（土匪）　三〇

十月三日五常站東北方六粁十二戸ニ於テ滿軍ト交戰シ東南方大陽庙方面ニ逃走セリ行動不活潑

3　濱北線沿線

緑林好、海龍、占省、忠厚、占江、青龍、天星、天下好合流匪（土匪）　七〇

九月二十九、三十日海倫南方及西南方ニ於テ日軍ト交戰殲滅的打擊ヲ蒙リ十月一日東邊井、克音河間馮友屯工區附近ニ侵入犯行後北方ニ移動シ七日海倫縣城東北方一五粁馬明ニ蟠踞中又亦討伐ニ遭ヒ綏稜縣城東北方一六粁綏稜閣山方面ニ遁入潛伏シアルモノノ如シ。

53

該匪ハ各二〇名内外ノ小匪ナルモ合流セハ相當侮リ難キ勢力トナリ海倫、張維屯間鐵路地帶ニ出沒シ輕機一ヲ有スルヲ以テ警戒ヲ要ス

張光迪、藍志淵、外合流匪（共匪）　二〇〇

十月三日土匪吳索倫、九占、占中原匪等ト合流シ慶城縣城北方約三五粁伊吉密警察分駐所ヲ襲擊武裝解除シ十二日ニハ綏稜縣城北方長山堡監家燒鍋集團部落ヲ襲ヒ人質拉致、金品強奪ノ上村民ヲ集メ反滿抗日宣傳ヲ爲シ滿警團ニ擊退セラレタルカ該匪ハ東北抗日聯合軍第三軍第六師長及同政治部主任ト稱シ最近慶城、綏稜地區ニ移來シ物資強奪ノ傍、土匪及住民ノ懷柔ニ努メツツアリ、輕機二ヲ有ス

王子禮（共匪）　一五〇

十月四日綏稜縣城東南方張家灣、長山堡ノ中間柴德福滿警分所ヲ襲擊全滅セシメ宣傳單ヲ撒布シ西方ニ移動セリ、本匪ハ元馬占山ノ部下ナリシカ目下趙匪ノ指揮下ニ入リ該地方ヲ行動シアリ

天帮（土匪）　三〇

數箇ニ分散數名宛トナリ克音河、四方臺地方ヲ游動シアルモ最近ノ

行動不活潑

平心　四合（土匪）　四〇

十月十八日豐城縣城西北方約一二粁呼蘭河北岸魏家屯ニ出現・滿警圖ト交戰大打撃ヲ受ク行動不活潑

天助（土匪）　三〇

十月六日望奎縣内ヨリ四方臺站西方紀振東屯ニ移動シタルカ滿警ノ討伐ニ遭ヒ何レニカ逃走セリ行動不活潑

老團長、東來、九江、老警長　掃北、双俠、金山合流（土匪）　三〇〇

九月下旬ヨリ十月上旬興隆鎭站東方龍王廟娘々廟地方ニ於テ皇軍ノ討伐ニ遭ヒ目下巴彦縣下ヲ轉々逃匪中

長山好、平合（土匪）　八〇

十月二十五日興隆鎭站東方龍王廟南方約一二粁煙窩堡附近ニ蟠踞中日軍ノ急襲ヲ受ケ西北方ニ潰走セリ

金甲山（土匪）　二〇

十月十八日呼蘭縣城東南方約四六粁阿家窩堡ヲ襲撃シ人質二五名ヲ拉致、衣類等ヲ掠奪東南方松花江岸ニ逃走シ二十六日大方臺東南方九粁附近ニ現ハル

4 濱洲線沿線

[illegible]的寛、全勝、九江龍、東亜、合流（土匪）　三〇

十月十二日肇洲縣大同鎭附近ニテ軍警ト交戰北方ニ逃走、十三日泰康縣柳化南窩棚ニ出現再ヒ討伐ヲ受ケ其ノ後消息ヲ絶チ居リシカ十七日同縣胡仙堂附近ニ於テ又亦日軍ノ包圍攻撃ヲ受ケ四散セリ

5 京濱線沿線

東成（土匪）　二〇

九月二十九日蔡家溝站南方一粁石家威子南方ニ現ハレ農民四名ヲ拉致シ三十日蘭稜站東南方約七粁双樹泉ニ移動シタルカ其ノ後ノ行動不明

東勝、中山好（土匪）　二〇

十月四日愛里信號站東方約二五滿里許家坡子附近ニ蟠踞セリ行動不活潑

56

54

~~46~~

6 北黑線沿線

中 央 好（土匪） 一三

十月一日清溪站北方二粁砂利取場苦力小屋及驛舍附近ニ來襲分所員ト交戰東北方山林地帶ニ逃走シタルカ十二日ニハ嫩嶺保線工區ヲ襲擊シ金品約八百五十圓ヲ掠奪西方ニ逃走セリ、本匪ハ小匪ナルモ武裝完備シ其ノ出沒敏速ニシテ絕エス清溪、辰清附近ヲ行動驛舍ヲ窺ヒツツアリ警戒ヲ要ス

7 哈同線沿線

趙 尙 志（共匪） 一〇〇

東北人民革命軍第三軍長ト稱シ主トシテ木蘭、鳳山、通河、東興縣內ヲ行動シ時トシテハ湯原、巴彥及江南方面ニ進出スルコトアリ、本匪ハ常ニ一〇〇ヲ越エサル兵力ヲ率ヒ極力討伐ヲ囘避シツツ群小匪ニ號令シ以テ組織、地盤ノ擴大强化ニ努メ各地ヲ游動中ナルカ其ノ行動迅速ニシテ所在ハ詳カナラス、輕機三ヲ有シ最警戒ヲ要ス

夏　雲　楷（共匪）　二三〇

抗日聯合軍第六軍長ト稱シ湯原縣西北方山中烏雲、羅北、三縣境ニ本據地ヲ有シ主トシテ湯旺河以東地區ヲ行動地域トシ各地山塞ヲ有スルモ目下討伐回避ニ懸命ナル爲衣糧極度ニ缺乏シアリ其ノ一部ハ依蘭、樺川方面ヲ横行中ナルカ頗ル活潑ナリ、輕機四ヲ有ス

山鴻、打的好、德　好（共匪）　二〇〇

東北抗日義勇軍トシテ張連科ニ屬シ北上以來賓縣、烏河地方ヨリ縣城南方地區ヲ行動範圍トシテ九月二十八日ニハ烏河西方二〇滿里西拜子溝ヲ襲ヒ部落四五戸ヲ燒却住民一〇名ヲ射殺再三日滿軍警ニ撃退セラル、行動活潑、輕機一ヲ有ス

考　鳳　林（共匪）　一五〇

九月二十八日賓縣枷板站南方九粁馬家屯南側高地ニ陣地ヲ構築中土屋部隊ノ討伐ニ潰走シ十日賓縣城西南方一七粁松樹頂子ニ移動シ再ヒ同部隊ノ討伐ニ遭ヒ西方及南方ニ潰走セリ、本匪ハ東北救

18

國軍第一軍長ト稱シ趙匪ノ指導ノ下ニ山鴻、德好匪ト提携シ最近共產的色彩濃厚トナレリ、輕機一ヲ有ス

張　一　鵬（共匪）　五〇

趙匪ノ部下ニシテ通河、木蘭縣境ニ根據シアリ騎馬匪ニシテ十月六日縣城遠ク突破シ警備手薄ナル通河縣城東門警察分駐所ニ襲來シ兵器、彈藥ヲ強奪シ日滿軍警ニ擊退セラル、行動活潑

于　九　江（抗日匪）　一〇〇

濱縣內ヨリ木蘭縣ニ移動シ蒙古山ニ根據ヲ置キ縣民ニ對シ私稅ヲ強要シアリ、十月二十一日ニハ同縣城西北方三〇滿里希賢村姜書田屯ニ現レ蹯踞中ニシテ趙匪ト連絡シアリ

李　華　堂（共匪）　一〇〇

趙尚志匪ノ獨立支隊長トシテ方正縣下ヲ游動シ諸種宣傳工作ニ奔驅シアリ

大東來、老國長、九江（反滿抗日匪）　二〇〇

巴彥縣龍王廟地方ヨリ巴彥碼頭東北方地帶ヲ轉移シ討伐ヲ遁レツ

58

ツアリ、行動稍活潑、輕機一ヲ有ス

濠地雷、王四海（共匪）　一〇〇

通河、木蘭縣境ニ根據地ヲ置キ趙匪ノ指令下ニ張團長及土匪金花又ハ依蘭方面ノ小匪團等ト提携シ兩縣下ヲ游動シ警備力手薄ナル滿警團ヲ襲撃シ兵器彈藥ノ補充ヲ爲ス

一抹臉、張團長、明月、中山、八河、政國、天照應、三江好、双武（抗日匪）　三〇〇

木蘭縣大貴元寶山方面及東興縣下ヲ行動シ十月四日大貴東北方一五杆吉祥村ニ於テ治安隊ト交戰シ十三日ニハ東興縣第二區新民鎭域內ヲ襲撃シ日滿軍警ノ急追ヲ受ケ屍體三〇ヲ遺棄潰走シ二十二日ニハ同地東方大板窩堡ニ現レ更ニ東方ニ移動セリ、行動活潑、輕機一ヲ有ス

李　化　民（共匪）　八〇

十月四日木蘭西方大河沿木橋ヲ燒却、電線ヲ切斷シ其ノ後齊主任趙匪ト連繫履合流シ架橋工作妨害ヲ企圖シアリシカ二十日白木河

~~50~~ 58

上流方面ニ移動セリ、行動活潑、輕機一ヲ有ス

孟嘗君、北俠、雙北、鳳山、双山、合流（土匪） 九〇

十月十八日呼蘭縣城東方五二粁南房子及鮑家窩堡屯ニ襲來人質一〇数名ヲ拉致南方ニ逃走セリ、該匪ハ呼蘭縣楊木林子営内江岸ニ躊躇シ對岸賓縣内ニ逃避スルコトアリ

雙 霞（土匪） 八〇

十月七日木蘭縣城東北方三五支里吉順村ニ北方山中ヨリ襲來シ洋炮一及人質ヲ拉致シ再ヒ北方山中ニ逃走セルカ行動概シテ不活潑

王〻 陰 武（反滿抗日匪） 一四〇

依蘭縣山中（縣城南方約五〇支里）ヲ根據地トシ目下牡丹江流域四道河子附近山中ヲ轉々同避中ナリ、行動活潑

打一面、北海、三江、双山（土匪） 一〇〇

佳木斯南方ヨリ樺、依、勃、三縣境地方ヲ游動シアリ、行動不活潑

天 元、五〆省（反滿抗日匪） 一〇〇

61

十月一日佳木斯下流二四一。五標附近ニテ聯合討伐隊ノ攻撃ヲ受ケ潰走シ二十日永豐鎭東北方依信子附近ニ現ハレ二十二日哈達密河山塞ニ據レルヲ日軍ノ急襲ヲ受ケ覆滅セラル。該匪ハ謝文東ノ部下三團ニシテ富錦、樺川兩縣下ヲ行動範圍トシ匪首王子孚、日來、王司令等ト合流スルコトアリ

走　字（共匪）　五〇

東北抗日聯合軍第六軍系ニシテ河川縣第二區依蘭縣境曲家營ニ根據シ十月十八日同區黑通滿警分所（佳木斯西方三二滿里）ヲ襲擊シ一二名ヲ射殺、二一名ヲ武裝解除全滅セシメ南方ニ移動シ一九日滿警ノ討伐ヲ受ケ潰走セリ、行動活發

東　勝、九　江（土匪）　六〇

十月二十三日樺川縣第一區馬庫力山（樺川、新城鎭中間）ニ於テ佐藤討伐隊ト交戰六時間ニ亘リ頑強ニ抵抗シタルカ遂ニ屍體一〇ヲ遺棄潰走セリ此ノ戰間ニ於テ合流匪首八河ハ戰死シタル模樣ナリ

~~52~~ 60

蔡主任、全海、全盛（土匪）　一〇〇
依蘭縣第二區牛角溝附近ニ根據シ依蘭、樺川兩縣下ニ出沒シ行動
活潑

青山、黑手、明利（土匪）　五〇
九月末樺川縣魏家店滿警分所ノ襲擊ヲ企圖シタルモ分所員ニ擊退
セラレ、十月十二日佳木斯南方地區ニ於テ討伐隊ト交戰潰走セリ
行動稍活潑

謝文東（共匪）　一〇〇
東北民衆救國軍長ト稱シ十月六日依蘭縣第二區來方河自衛團詰所
ヲ襲擊、團長ヲ拉致、銃器、馬匹多數ヲ強奪逃走後同地方ニ蹯踞
シ金品ヲ強要シアリ行動活潑、輕機三ヲ有ス

東山好、仁義好（抗日匪）　二〇〇
十月二日依蘭縣第四區羅圈河分駐所ヲ襲擊シ逃走ノ途上遇行荷馬
車ヲ襲ヒ馬匹四〇、人質四〇餘名ヲ拉致逃走セリ、輕機二ヲ有ス

東來好、西山（抗日匪）　二〇〇

63

十月九日依蘭縣第六區田家屯南方地區ニ於テ日軍ノ急襲ニ遭ヒ潰走シタルカ十八日同區牡丹江岸大平莊運附近一帶ニ現ハレ蹯踞中輕機二ヲ有ス

大山、四海（土匪）　一〇〇

十月九日依蘭縣第六區西胡家林子附近ニテ東來好匪ト連絡シアリカ十六日依蘭東方第二區陳油房地方ニ移動蹯踞中行動活潑

金　策（共匪）　一〇〇

趙匪系郝貴林ニ屬シ部下ヲ分散依蘭、勃利縣倭肯河沿岸ヲ游動シ一般住民ニ對シ共産主義ノ宣傳竝私稅ノ徵收ニ努メツツアリ

九洲、東洋、尤團長（抗日匪）　三〇〇

十月十三日富錦縣第五區興隆鎭東方ニ於テ治安工作班ト交戰シ十八日樺川縣內ニ移動セリ。輕機一

王子孚、李彥亭（共匪）　一〇〇

九月三十日富錦縣第五區興隆鎭東南方向陽溝ニ出現両部落商務會長ニ軍衣八〇〇着、帽子、靴各五〇〇人分ヲ強要シ其ノ後同地方

~~54~~ 62

一帶ニ蹯踞シアリ、輕機二ヲ有ス

中　俠、助　國（抗日匪）　一〇〇

綏濱縣城襲擊ヲ企圖シ同縣第九區蒲鴨河上流密林濕地帶山塞ニ蹯踞中九月末日軍ノ攻擊ヲ受ケ殲滅的打擊ヲ受ク、行動活潑

天　、占一、公平（抗日匪）　一〇〇

富寶自動車路線、漂筏河、柳太林子及對金山地方ヲ地盤トシ十月四日對金山部落ヲ襲ヒ人馬ノ拉去、射殺等ノ暴虐ヲ爲シ十三日ニハ愛路工作班自動車ヲ襲擊同地南方ニ蹯踞中十九日縣宣撫工作班ト交戰屍體一一ヲ遺棄シ東方頭道林子方面ニ潰走セリ

治　國、天　還（土匪）　七〇

富錦縣第七區頭道林子地方ニ蹯踞シ其ノ行動稍活潑

明山、文武、金山（共匪）　三〇〇

東北抗日聯合軍獨立師ニシテ十月二十四日佳勃線勃利北方三八粁ノ地點ニテ綏局自動車縱列襲擊セリ

李　學　方（共匪）　二〇〇

65

抗日聯合軍第四軍第二獨立師長ト稱シ九月下旬富錦縣第七區張通林子（同江縣境）ニ移來蹯踞セシカ其ノ後國境方面ニ移動セリ

野砲一、輕機一ヲ有ス

64

~~56~~

○牡丹江鐵路局管内

一 一般概況

十月ニ於ケル管内大小ノ匪團ハ永キ東北滿洲冬營ノ準備ニ狂奔シ沿線部落ノ襲撃及專ラ物資ノ掠奪ヲ目的トセル列車襲撃等ヲ企圖シテ其ノ行動活潑ナルモ今夏以來相踵ク日滿軍討匪工作ニ依リ沿線近接ノ蟠踞地ハ概ネ覆滅セラレタルト鐵道沿線警備機關ノ緊張竝機動的討匪軍ノ活動トハ容易ニ大集團ノ行動ヲ許サザル爲小匪團ニ分散シテ各地ニ出沒シ鐵路直接ノ警備上聊ノ偷安ヲ許サザル狀況ニ在リ

二 地區別概況

1 京圖線（敦化圖們間）

敦化地區ハ日滿軍警ノ連續的討伐ト網狀分散配置ニ依リテ匪團ハ今夏以來遠ク安圖撫松縣方面ニ壓迫セラレツツアルモ有力ナル共匪第二軍長王德泰ハ樺甸縣ニ東北義勇軍代理司令吳義成ハ安圖縣方面ニ在リテ北上列車襲撃ノ執拗ナル企圖ヲ有ス

朝陽川地區ハ大集團匪ハ遠ク奧地密林地帶ニ集寨討伐ヲ回避シツツアルモ分散セル鼠賊ノ横行頻發シ時トシテハ大部隊ノ列車襲撃敢行

67

ヲ畫策スルアリ須臾ノ偸安ヲ許サレサルモノアリ
圖們地區ハ概シテ平穩ナリシモ冬營準備ニ必死ノ匪團ハ十月十二日羅子溝米本部隊ノ運搬馬車ヲ襲ヒ糧秣多量ヲ奪取スル事件ヲ惹起シタリ

2 圖佳線（圖們林口間）

鹿道地區ノ匪團ハ奥地散在部落又ハ遠ク他縣ニ糧源ヲ求メテ移動セルモ討伐軍ノ壓迫ニ分散セル小匪ノ沿線横行ハ特ニ活潑ニシテ北部沿線ノ小康ヲ得ツツアルニ比シ南部沿線ノ匪情險惡ニシテ九月下旬鏡泊湖南湖頭灣溝ニ於ケル滿軍武裝解除ニ成功セル方振聲匪ノ沿線進擊ノ虞アルヲ以テ日滿各警備機關協力急嚴戒ヲ期シツツアリ
牡丹江地區ハ恰モ農作物ノ收穫期ニ乘シ奥地ヨリ逃竄シ來レル匪團ハ却テ牡丹江盆地地帶ニ出沒シ十月十三日ニハ約三〇名二十六日ニハ約一〇〇名ノ不明匪牡丹江局宅工事場附近部落ニ來襲スルアリ而モ各匪團ハ何レモ衣食ニ困窮セルト相互ニ緊密ナル連繫ヲ執リツツアル現狀ニ鑑ミ今後其ノ集團的企圖ハ愈濃厚ヲ加フルモノト推測セ

3 林密線（林口密山間）

林口地區ハ情報ヲ綜合スルニ東北抗日聯合軍第五軍ノ巨頭及基幹部隊ハ漸次北上シテ當地區管内ニ在ルモノノ如ク勃利縣ニハ柴世榮及第四軍長李延祿在リテ何レモ南下ノ企圖ヲ有シ林口附近ニ於テ巨匪ノ會合セル事實及列車襲撃ニ關スル企圖等頗ル戒心ヲ要スルモノ在ルヲ以テ嚴ニ彼等ノ動向ヲ監視シツツアリ

密山地區ノ集團匪賊ハ討匪軍ニ依リ多大ノ彈壓ヲ蒙リ或ハ遠ク移動シ又ハ分散セルモ小匪ノ横行不逞分子ノ沿線出沒ハ依然旺ニシテ目下特別治安工作班ト相呼應シ警戒網ノ充實ヲ期シツツアリ

4 濱綏線（一面坡綏芬河間）

横道河子地區中西方地區ハ比較的平穩ナリシモ海林山市附近ノ一〇〇餘名ノ不明匪ハ旺ニ沿線進出ヲ企圖シ特ニ代馬溝穆稜間兩側山嶽地帶ハ最險惡ナル共匪軍蟠踞シ加フルニ北上セル周保中匪ノ再ヒ南下シテ濱綏線列車襲撃説等アリ頓ニ緊張シツツ當月ヲ經過セリ

綏芬河地區ハ阿片收入ノ僅少ト集團部落ノ完成ハ管内弱小匪賊及職業匪ノ越冬ヲ困難ナラシメ漸次投降セムトスル意圖ヲ抱懷セシメツ

ツアルモ東滿路線西方地區ニ蟠踞セル頑強ナル抗日鮮匪竝強キイデオロギーヲ有スル共匪ハ職業匪竝一般愚民ヲ懷柔シテ愈戰線ノ鞏化ヲ加ヘ屢奥地集團部落ノ襲擊ヲ敢行シ列車竝沿線部落襲擊ノ間機ヲ窺ヒツツアリ

5 自動車路線

十月二十三日勃佳線ニ不明匪約三〇〇出現シタル他敦化路線及東寧路線ハ分散匪旺ニ横行シツツアルモ直接的匪害ナク經過セリ

三 主ナル匪賊ノ出沒狀況

1 京圖線

張參謀（共匪） 一〇〇

安圖縣方面ニ在リシモ九月二十五日頭道河子（大石頭南方一〇粁）附近部落襲擊ヲ企圖セシカ其ノ後ノ情況不明

明山好（土匪） 六〇

沙河沿（大橋東北方）東北方山中ニ蟠踞附近住民ヲ脅迫中

安鳳學殘匪（共匪） 二〇〇

十月十七日滿軍第十團ト樺甸縣東淸溝附近ニ於テ交戰南方ニ敗退

セラル
王德泰（共匪） 七〇
十月十三日安圖大沙河口子附近ニテ滿軍討伐隊ト交戰南方ニ移動
吳義成（共匪） 二〇〇
安圖南方地區ヨリ十月二十一日列車襲擊ヲ企圖シ北進セルモノノ如シ
李司令？（共匪） 一〇〇
十月二十七日沙河掌分遣隊ニ來襲北方ニ敗走ス
長江好 一二〇
九月二十七日安圖縣二道白河東北方ニテ滿軍ト交戰西方ニ逃走
共匪 一五〇
九月二十八日安圖縣腰甸子附近ニテ滿軍五〇ト交戰敗走
十月三日同東清溝ニテ日軍ト交戰
2 圖佳線
王潤成（共匪） 七〇
十月十一日羅子溝駐屯米本部隊糧秣輸送中ノ馬車ヲ襲擊皇軍出動

68
~~60~~

71

追撃シ被拉致者二二名牛一七頭馬三頭ヲ奪還セシモ米一〇〇俵砂糖二〇袋ハ奪取セラル

崔仁俊（共匪）　八〇

十月二十五日逮捕密偵ノ自供ニ依リ松乙溝方面ニ蟠踞中日軍ノ為撃退セラル

侯國忠（共匪）　四〇

十月十日東京城南方二粁ノ部落ニ來襲滿軍撃退ス

周賓宋（土匪）　二七

十月十八日青林東方一〇粁ニテ滿自衛團ト交戰北方ニ移動

不明匪　三〇

十月十七日青林東北方一〇粁ノ地點ニ出現西方ニ移動セシ模樣

趙尙志？（共匪）　一〇〇

十月二十七日楚山站西北方地區ヨリ西南方ニ移動ス

周保中（共匪）　一〇〇

十月二十六日林口西北方ニ在リタルモ其ノ後穆稜縣方面ニ南下セルモノノ如シ

楊紹臣（土匪）　四〇

十月十三日龍爪西北方ヨリ來リテ西方ニ移動

3 林密線、

九　龍（土匪）　五〇

九月二十五日楊木北方馬鞍山ニテ林口警務段員交戰、九月二十七日再ヒ同地點ニテ日軍及滿警ト交戰潰走、十月六日林口西北方小盤道ニテ日軍ノ爲匪首以下多數ノ戰死傷ヲ出シ潰滅ス

馮丕讓（土匪）　二〇〇

十月中旬以來奎山楊木站兩側地帶ヲ遊動中ナリシモ十月二十二日周保中ト會見スヘク穆稜縣白礪子方面ニ移動ス

李延祿（共匪）　七〇

九月二十六日皇軍密山段滿鐵自衛隊ト連珠山北方地區ニテ交戰潰走其ノ後密勃縣境ニ移動ス

軍武、金山、明山（共匪）　三〇〇

十月二十三日佳木斯勃利線ニ出現警乘員交戰東方ニ移動ス

4 濱綏線

13

五龍（土匪）　四〇

十月三日葦沙河南方一五粁山中ニ於テ森林警察隊ト交戰痛撃ヲ受ク

傻子（共匪）　一〇〇

青雲北方二〇粁青雲山四四八高地及山麓數箇所ニ山塞アリ目下小數匪ニ分散亞布洛尼青雲附近ニ出沒横行ス

哈天號匪（抗日匪）　一五〇

葦沙河南方ニ蟠踞セルカ如キモ詳細不明

考鳳林（共匪）　五〇

十月十五日亞布洛尼西北方五〇滿里水曲柳溝ニテ北俠匪ト交戰北俠ヲ斃シタリ

心順、振武（抗日匪）　五〇

亮子嶺南方冷山引込線伐採場附近ニ蟠踞セルモ行動活潑ナラス

串山紅（抗日匪）　六〇

行動不詳

青山（土匪）　五〇

窰沙河窩方面南溝附近ニ蟠踞セルモノノ如シ

方振聲（共匪）　六〇

磨刀石南方又ハ海林北方ニ遊動セルカ如キモ詳細不明

平南洋（共匪）　一〇〇

東溝岔附近ニアリタルモ目下代馬溝西南方八九〇高地ニ蟠踞セルモノノ如シ

九　標（土匪）　一〇〇

愛河北方及南方地區ヲ遊動シツツアルモ其ノ行動比較的ニ穩カナリ

金　權（共匪）　一〇〇

新匪ニシテ共產匪ノ見込ナリ、十月二十七日磨刀石南方高地ヲ遊動中詳細調查中

孔太太、閔憲仁（共匪）　七〇

本月二日及十七日穆稜泉眼河ニ現レ附近密林地帶ニ蟠踞中

仁　義（共匪）　七〇

十月十五日武器奪取ノ爲東寧縣城子溝自衛團ニ來襲セルモ撃退サ

25

ル、根據地ヲ二十八道河子附近ニ有シ東滿路線ニ出沒ス

劉三俠（共匪）　八〇

沙河子附近ニ根據ヲ有シ二〇名前後ニ分散シ附近ニ出沒ス

明山、岐山、靠山（土匪）　六〇

穆稜縣秋皮溝附近ニ根據地ヲ有シ胡家店四方臺ニ出沒ス

王德全（共匪）　六〇

十月十日老黑山ニテ皇軍ト交戰逮捕斬首サル、殘匪ハ仁義匪ニ合ス

鮑老五（共匪）　四〇

東寧縣九佛溝、白刀山子、廟嶺附近ヲ遊動ス歸順意志アルモ部下肯セス

焦老五（土匪）　二〇

第二〇號界標附近ニ在リ東北義勇軍系ニシテ小綏芬附近土匪ノ歸順ヲ妨害シツツアリ

○齊齊哈爾鐵路局管內

一 一般概況

本期中當管內ハ鐵道ニ對スル匪害ナク極メテ平穩ニ經過セルモ沿線ニ於ケル匪情ハ農作物ノ收穫ヲ目標トシテ線路近クニ蠢動セルカ各種草木ノ採伐等ニ依リ其ノ行動漸ク掣肘セラルルニ從ヒ隨時分散シ小匪賊ノ横行頻繁ナラムトスル情勢ナルヲ以テ鋭意警戒ノ萬全ヲ期スルト共ニ愛護村民ノ活動ヲ促シ情報網ノ強化ニ努メタル結果客月ニ比シ著シク匪影ノ減少ヲ見タル狀況ナリ

二 地區別概況

1 平齊線（四平街齊齊哈爾間）

本沿線中最匪數多キハ四平街鄭家屯間ニシテ雙一、北俠、長勝、明山、陳字、臣字、交的寬、金局好等之等匪首ノ率ユル約二、三〇名ヨリ成ル各匪團ハ日滿軍警ノ適切ナル治安肅正工作ニ依リ制壓一掃セラレ遠ク匪影ヲ沒シタルモノノ如ク本期間ハ概シテ平穩ニ推移セルモ討伐軍ノ鋭鋒ヲ脫ルルニ巧ナル彼等ハ何日如何ナル手段ヲ以テ沿線近ク出現スルヤ保シ雖タ又鄭家屯以北ハ天邦〻黒虎〻金子〻高崑等ノ率ユル各二〇三〇名ノ匪團横行シ沿線住民ニ對シ暴戾ヲ振ヒタルモ直接鐵道ノ被害ナク平穩裡ニ經過セリ

2　齊北線（齊齊哈爾北安間）
古城站北方地區ニ匪首不明ノ歩匪二五名出現セシモ日軍及路警ノ適切ナル行動ニ依リ何等匪害ヲ蒙ルコトナク經過ス

3　訥河線〻楡樹線
前月ニ引續キ平穩ナリ

4　濱洲線（昂昂溪滿洲里間）
從來若干匪賊ノ出現シタル昂昂溪以東ヲ哈爾濱鐵路局ニ移管シタル爲管内本區間ニハ匪影ナク平穩ナリ

5　白溫線
二〻三小匪賊ノ出現ヲ見タル外注目スヘキ匪團ク横行ナク平穩裡ニ推移ス

6　大鄭線（鄭家屯通遼間）

匪首吉星〃齋北ノ率ユル歩匪竝匪首不明ノ二〃三〇名ノ匪團出現シ沿線住民ノ拉致〃物品ノ強奪等アリタルモ前月ニ比シ匪害半數以下ニ低減シ概シテ良好ナル經過ヲ示セリ

7 自動車線

訥黒線ニ匪首不明ノ土匪出現シタル外平穩ニ經過セリ

三 主ナル匪賊ノ出没狀況

1 平齊線

北俠〃長勝（土匪） 三〇

十月五日傳家屯站南方一一支里北五里窪子ニ蟠居中滿警ノ討伐ヲ受ケ西方ニ逃走シ更ニ同月八日三江口站東方三〇支里太平山屯ニ蟠居中日滿軍警ノ討伐ニ遭ヒ東方ニ逃走ス

雙一〃金局好（土匪） 四〇

十月十一日三江口站東北方四〇支里葛家窪屯ニ蟠居中滿警及自衞團ノ討伐ヲ受ケ四散ス

老北山〃交的寬（土匪） 二〇

十月十八日傅家屯站南方八支里前四家子ニ侵入シ金品ヲ强奪シ西北方ヘ逃走ス

海龍。天星（土匪）　三〇

十月二十四日三江口站北方二十支里玉東法屯ニ侵入シ金品及馬ヲ强奪シタル後東北方ヘ逃走ス

雙一。發山。吉興（土匪）　四〇

十月二十四日傅家屯站北方二五支里小窩堡ニ蟠居中滿警ノ討伐ヲ受ケ北方ニ逃走ス

老北山一、二。匪首不明一〇（土匪）　二二

十月二十二日傅家屯南方中五里窪子及後二合屯ニ侵入シ金品ヲ强奪逃走セリ

黑虎。金字（土匪）　二〇

十月一日金山站東南方一七支里高家窩堡ニ出現シ東方ニ逃走ス

崑子（土匪）　二〇

十月一日茂林站東方四五支里八付梨杖ニ出現シ東方ニ逃走ス

78

~~70~~

天邦（土匪）　三〇

騎馬ニシテ十月十日保康站東方四支里中心屯ニ出現東方ニ逃走ス

高崑（土匪）　五〇

騎馬匪ニシテ十月十八日茂林站東方八支里魏家窩ニ出現東方ニ逃走ス

占中天（土匪）　一六

十月一日通遼站東方二五支里長嶺縣三十號屯ニ侵入シ馬二百頭ヲ掠奪シ村長ヲ射殺村民五名ヲ拉致シ東南方ニ移動ス

匪首不明（土匪）　一〇

十月七日太平川東方八支里賈家窩堡ニ出現シ馬九頭騾馬一頭ヲ掠奪東方ニ移動セリ

東來好（土匪）　一〇

九月二十八日李家店站西南方二〇粁周章窩堡屯ニ蟠居中ヲ警察隊自警團ノ出動ニヨリ東方ニ逃走ス

2　大鄭線

81

吉星・掃北（土匪）　二〇

九月二十五日通遼西北方一五支里兩棵樹ニ又同月二十八日大林站北方一三支里馬家窩堡ニ出現シ物品ヲ強奪逃走ス

匪首不明（土匪）　三〇

九月二十五日通遼東南方一二支里大席棚ニ蟠居中討伐隊ノ出動ニ依リ西方ニ逃走シ更ニ同月二十七日通遼東方一五支里鐵路附近ヨリ北方六支里好家窩堡附近ニ出現シ農民ヲ拉致逃走ス

匪首不詳（土匪）　二〇

九月三十一日通遼西方一〇支里・兩棵樹ニ及十月一日錢家店站西南方八支里印軍窩堡附近ニ於テ自警團及警察隊ノ討伐ニ遭ヒ逃走ス

3　白温線

匪首不明（土匪）　一〇

十月二十七日二十三時西口東方明水河子ニ出現ス

4　齊北線

80

~~72~~

匪首不明（土匪）　　二五

九月二十六日古城站北方地區ニ蟠居中日軍及路警ノ討伐ニ遭ヒ西方ニ潰走ス

83

○南満社線管内

一　一般概況

先月来稍少康ヲ持續シタル管内匪情ハ秋季治安工作ノ開始ニ伴ヒ日満討伐軍ノ鋭鋒ヲ回避スル爲其ノ游動ハ勢ヒ頻繁トナリ往々鐵道愛護地帶ニ出没スルコトアリ。本月中ニ於ケル匪賊ノ概數ハ匪首九。匪賊實數五〇六ニシテ出現回數七七回此ノ延人員五四九〇ヲ算シ全ク楽觀シ得サル情勢ニ在リ

二　地區別概況

1　安奉線

本地區ハ社線中最危險地域ニシテ共匪朱海樂ヲ始メ揚國長。天義。双合等ノ抗日匪及匪首不明ノ土匪撫順。本溪縣下ニ蟠踞シ主トシテ石橋子驛ヲ中心ニ出没横行シ警備ノ間隙ニ乗セムトシツツアリ。分散セル數名ノ匪賊ハ本月三日及五日ノ二回ニ亘リ安東起點五七粁附近設置ノ鐵道電話ヲ破壞シ非常通信妨害ヲ企圖シ或ハ同月十日安東起點五九粁附近線路上ニ數箇ノ石塊ヲ放置シアリタルヲ巡察兵發見

~~74~~ 82

之ヲ除去シ幸ニ列車運行ノ障害ナキヲ得タルカ四圍ノ情勢ハ寸時モ偸安ヲ許サザル實狀ニ在リ

2 連京線

奉天以南ノ沿線ハ主トシテ湯崗子遼陽間ニ少數匪ノ出沒スルコトアリ遼陽縣下ニハ抗日匪仁義、土匪天祐ノ小匪團出現セルモ日滿討伐隊ノ活動ニ依リ全ク制壓セラレ殆ト蠢動ノ餘地ナク、又奉天以北ノ沿線ハ鐵嶺縣下ニ極メテ微力ノ土匪出沒スルコトアルモ鐵路地帶ニ接近スルノ機會ナク平穩ニ經過シツツアリ

3 其ノ他ノ支線

撫順支線ニハ朱海樂一味ノ分散匪時ニ出沒スルコトアルモ其ノ行動ノ見ルヘキモノナク概シテ平靜ヲ維持シアリ

三 主ナル匪賊ノ出沒狀況

1 安奉線

朱海樂（共匪） 三〇〇

撫順、本溪、遼陽縣境地區ニ蹯踞シ楊國長、夜合匪等ト連絡シアリ

85

テ[illegible]沿線近ク二出没シ行動活潑ニシテ相當警戒ヲ要ス

汲　　合（抗日匪）　　八〇

撫順縣後樓子溝地區ニ蟠踞シ朱海樂匪ト連絡シ常ニ鐵道沿線近クヲ横行シアリテ警戒ヲ要ス

楊　　園　長（抗日匪）　　一〇〇

撫順縣第七區牛溝、窩棚溝附近ヲ横行シ朱海樂匪ト連絡行動活潑ニシテ警戒ヲ要ス

不　　明　匪（土匪）　　六〇

石橋子驛西南方紅旗溝附近ヲ横行シ常ニ鐵道沿線近クニ出没シアル爲警戒ヲ要ス

不　　明　匪（土匪）　　五〇

本溪、遼陽縣縣境ニ於テ日滿軍警ノ討伐ヲ受ケ石橋子奎頭山間鐵道ヲ横斷シ北方ニ移動セリ注意ヲ要ス

天　　義（土匪）　　一〇〇

撫順縣後樓子溝ヲ根據トシ楊園長、朱海樂匪ト常ニ連絡鐵道沿線近

86

クヲ横行行動活潑ニシテ相當警戒ヲ要ス

2 撫順線

不明匪（土匪） 六〇

瓢兒屯信號所南方地區ヲ横行シアリテ鐵道沿線近クニ出沒警戒ヲ要ス

3 連京線（奉天—新京）

本地區ハ平穩ニシテ特記スヘキ匪賊ナキモ三、四名ヨリナル强盜的職業匪アリテ屢鐵道附屬地內外ニ出沒シアリテ其ノ數少キモ注意ヲ要ス

4 連京線（奉天—大連）

仁義（抗日匪） 二〇

右ハ遼陽縣二臺子附近ヲ横行朱海樂匪ト連絡離合シ安奉沿線近クニ出沒ス匪數少キモ相當注意ヲ要ス

天祐（土匪） 二〇

本匪ハ常ニ仁義ト連絡シアリテ相當注意ヲ要ス

87

~~77~~ 85

不明匪（土匪）　二〇

湯崗子驛西北方老古屯附近ニ蟠踞シアリテ常ニ鐵道沿線近クニ出沒シ相當警戒ヲ要ス

○建設線管内

一　一般概況

建設線及其ノ附近一帶ニ於ケル匪狀ハ引續ク日滿軍警ノ討匪工作ト總局自衞隊及其ノ他各警備機關ノ緊密ナル連繫工作ニ依リ逐日好轉ヲ辿リツツアルモ冬期ヲ控ヘテ物資ノ窮乏ニ喘キツツアル匪賊ハ今ヤ高粱其ノ他諸作物ノ收穫期ニアルヲ以テ巧ニ討伐隊及治安工作班等ノ警戒網ヲ潛リテ物資ノ掠奪ニ汲々タル狀況ニ在リ

本月建設線（梅通線外九線延長一、〇五六粁三）及其ノ附近一帶ニ於ケル（概ネ建設線兩側一五粁以内）匪賊ノ出現回數ハ一六件ニシテ前月ニ比シ六件ヲ減シ實害件數モ亦前月ノ一九件ニ比シ一二件ヲ減シタルカ主ニ匪襲ヲ受ケタルハ通輯線（通化輯安間）ノ八件ニシテ最匪襲ヲ蒙リツツアリシ梅通線ハ本月一件ノ匪襲ニテ前月ノ六件ニ比シ五件ヲ減シ又一時匪襲ノ増加ヲ見ツツアリシ義邱、邱立ノ兩線モ本月ハ一件モナク平穩ナルヲ得タルカ其ノ他ノ諸線ハ概ネ前月ト大差ナシ尚之カ箇所別被害件數ハ會社關係二、自衞隊關係一、請負人關係一、其ノ他關係三ニテ最被害ヲ蒙リツツアリシ請負人關係ノ被害ハ右ノ如ク僅ニ一件（前月ハ八件）ニテ近時漸減シツツアリトハ雖嘗テ見サル減少ナリ之カ原因ハ例年本季節ヨリ匪賊カ冬期物資ノ獲入ヲ目的トシテ請負關係人ノ工事現場或ハ詰所等ヲ襲撃スルノ事例アルニ鑑ミ軍及會社各警備關係機關ニ於テ特ニ嚴重ナル警戒ニ任シツツアルニ因ル而シテ本月ノ被害內容ハ別表ニ示ス如ク依然トシテ人命殺傷（會社關係滿人死亡一、其ノ他關係滿人死亡二、請負人關係負傷一）、人質拉致（請負人關係滿人三〇其ノ他關係滿人一）及物資ノ掠奪等ナルカ主ニ物資ノ被害ヲ蒙リタルハ其ノ他關係ニ於ケル部落民ナリ

右ノ如ク匪賊ハ冬期ヲ控ヘテ寒氣一際加フルト共ニ物資ノ掠奪ヲ目的トシテ其ノ行動ハ日ニ尖鋭化スルノ傾向ニ在ルヲ以テ自衛隊及關係機關ハ益日滿軍警トノ連絡ヲ緊密ニシ嚴重ナル警戒ノ下ニ作業ノ進捗ヲ計リツツアリ

本月中ニ於ケル主ナル被害次ノ如シ

1 會社關係

90

通輯線

二日第一測量隊（長以下九名滿人測量工六名）四粁北方一粁附近ニテ測量中一三時三〇分頃突如約四〇名ノ匪賊ヨリ一齊射擊ヲ受ケ滿人測量工傭員土木手喬世國ハ頭部貫通銃創ヲ負ヒ殉職ス

綏佳線

二十九日第二測量隊中心班一〇二粁附近ニテ作業中十二時三〇分頃約七〇名ノ匪賊ト遭遇シ掩護隊及自衛隊協力之ト交戰約二〇分ニシテ擊退ス當方被害測量工具ノ一部ヲ紛失セリ

2 自衛隊關係

林佳線

二日閻家驛附近ニ宿泊中ノ自動車連絡班一九時一〇分頃約二〇〇名ノ匪賊ヨリ襲擊ヲ受ケ自衛隊員五名之ト交戰二時間ニシテ擊退セルモ當方小銃一破損。電話線四箇所切斷サル敵ノ損害暗夜ニテ不明ナルモ相當アル見込。尚本戰鬪ニ於テ當方ノ射耗彈數ハ輕機及小銃、拳銃彈合計一、五八〇發ナリ

3　請負人關係

林佳線

九日二九〇粁附近鹿島組苦力小屋ニ一三時頃約六〇名ノ匪賊來襲シ衣類五〇着現金七五圓煙草二五ボール麥粉四五袋曹達一五〇斤掠奪サレ苦力三〇名拉致サル

二 地區別狀況

1 錦州管内

義邱、邱立線

前月來一般農家ノ收穫期ニ入リタルニモ拘ラス沿線一帶ノ匪害ハ著シク減少セリ尚日滿軍警ニアリテハ有力匪團ノ逸隊地區ニ蟠踞セルニ鑑ミ本月遼西地區一帶ニ亘リ大討伐敢行セラレ今ヤ沿線附近ハ全ク匪影ヲ見サル狀態ナリ

2 白城子管内

興溫、魯北、訥壘、壘鷗線

各沿線トモ何等蠢動ノ兆ヲ認メス且情報モナク極メテ平穩ナルモ更ニ各警備機關トノ連繫ヲ密ニシ萬全ヲ期シツツアリ

3 四平街管内

梅通、通輯線

沿線ニ於ケル匪賊侵入情況ハ日本軍竝滿洲國軍ノ分散配置ニ依ル徹底的討伐ノ斷行竝匪賊蟠踞ノ據點トナルヘキ無住地帶家屋ノ覆

93

滅及集團部落ノ完成等ニ依リ日毎ニ其ノ數ヲ減シ前月ニ比シ著シク平穩ナル狀態トナリ其ノ大部分ハ小部隊ニ分散シ僅ニ深山ノ山塞ニ潜伏シ機ヲ見テ敏速ナル行動ニテ沿線ニ出沒スル有樣ニシテ一段ト衣食住ニ困窮セル彼等ハ次第ニ潜行的行動ニ移リツツアリ都市部落等ニ潜カニ侵入シテ不穩文書ノ散布ヲ爲シ思想宣傳ノ內部的組織擴大ヲ畫策シツツアル機運見受ケラレルニ付各機關總動員ノモトニ之等匪團ノ畫策ヲ根底ヨリ打破スヘク都市部落等ノ出入者ヲ嚴ニ點檢シ不良分子ノ取締ヲ斷行シツツアリ凡有行動ヲ抑制サレツツアル彼等ハ既ニ自滅ノ外ナカルヘク嚴寒時ヲ目前ニ控ヘテ如何ナル最後ノ足掻キヲ爲サムトモ計リ難キヲ以テ工事測量現場員等ハ警戒ニ一層ノ注意ヲ爲シツツアリ梅通線沿線ニテハ柳河縣第六區附近並通化東北地區同通化南方輯安縣境附近ニ分散匪團アルモノノ如ク通輯線熱水河子近傍ニハ尙小匪團ノ蟠踞甚シク十月二日ノ如キハ測量現場ノ襲擊アリ滿人職工一名ノ犧牲者ヲ出シタルカ其ノ他ノ直接的被害ハナカリシモ前述セル如キ情況ナル

ヲ以テ各關係機關トノ連絡モヨリ一層密接ニシ匪賊被害ノ防止ニ努力中ナリ

4 牡丹江管内

林佳、密虎、綏佳、汪寧線及春陽林區

本月出現件數七件實害件數三件ニシテ前月ニ比シ出現數ニ於テ三件ヲ減シ實害件數ニ於テ六件ヲ減シタリ之カ原因ハ被害件數ノ最多カリシ林佳線ノ勃利佳木斯間ノ路盤工事完成シ工事請負者現場ヲ引揚ケタルニ依リ彼等ノ最要求スル衣類食糧品等ノ掠奪ヲ爲シ得サル現況トナリタルト日滿軍ノ治安工作並秋季討伐著々其ノ效ヲ奏シツツアルニ因ルヘク本月中被害ノ主ナルモノハ林佳線ニ於テ鹿島組苦力三十名拉致二十八名逃亡諸物品ヲ掠奪サレタル外其ノ軍隊及自衞隊匪賊ト交戰撃退セシモノニテ直接ノ被害ハ僅少ナリ

三 各線別匪害概況

梅通線

被害關係別	月日	時刻	場所	概況
其ノ他	一〇、八	〇、三〇	梅通線 夾皮溝	匪首韓運長以下三〇餘名上記部落ニ來襲シ村公所家屋三間ヲ燒却、人質一名ヲ拉致シ八日零時半其ノ南方四粁轄安小葦沙河ニ移動セリ

通輯線

會計關係	一〇、二	一三、三〇	通輯線四粁 北方一粁	二日早朝前夜來ノ雨ノ止ムヲ待チ掩護兵一九名ト共ニ第一測量隊長以下九名滿測工六名ハ自動車四臺ニ分乘シ八時熱水河子出發頭道江（通化停車場附近）警察署ニテ晝食ヲ取リ掩護班長岡田軍曹、丸子伍長打合ノ上自動車四臺ハ岡田軍曹以下九名掩護ノモトニ二道江渡場ニ止マリ測量隊員ハ徒歩ニテ丸子伍長以下九名ノ掩護ノモトニ測量ヲ開始シ通化北方三粁ノ地點ノ高臺ニ至ル、時ニ一三時半、今迄快晴ナリシ天候ハ遽ニ降雨トナリタル爲

~~86~~ 94

高臺前方ノ一軒家ニ避ケムトスルトキ該家屋裏ノ山上約二〇〇米ノ（上記附近）地點ヨリ突如一齊射撃ヲ受ケタルヲ以テ我カ掩護隊ハ直ニ散兵ヲ敷キ之ニ應戰ス測量隊員金田啓八、高橋敏之及滿人土木手番世國ノ三名ハ急ヲ二道江岡田軍曹ニ報告スヘク迂廻前進中番世國ハ頭部ニ貫通銃創ヲ受ケ殉職セリ

尚右ノ報告ヲ受ケタル熱水河子水上小隊長ハ部下一七名、滿軍四〇、警察隊一〇名ヲ率ヒ直ニ現場ニ急行シタルモ該匪ハ高力道（一軒家西北方四粁）方面ニ逃走後ナリ

因ニ該匪ハ保龍外一、二匪首ノ率ユル約四〇名ナルモノノ如シ

軍隊關係

一〇、二五

二一、三〇

通輯線
錢廠子西方
約三粁
捧撫砬子

二一時三〇分頃上記部落附近洞穴ニ匪首不明ノ土匪約二〇名潜伏中トノ報ヲ得タル在熱水河子日本軍福田小隊長以下二〇餘名ハ直ニ出動該地ニ至リシモ該匪ハ既ニ逃走セシ後ナリシヲ以テ附近ヲ掃蕩ノ後二六日一時頃歸隊セリ

97

軍隊關係	一〇、一四	一〇、〇〇	通輯線一七粁北方五粁水洞溝	西山好匪一〇時頃上記附近ニテ滿軍ニ探知撃破サレ潰走ス
其ノ他	一〇、五	六、〇〇	〃 鐵廠子西方北三粁抽水洞子溝門	六時頃上記部落ニ土匪三名來襲部落民二名ヲ射殺シ金錢ヲ強奪シ西方ニ逃走セリ
〃	一〇、一三	四、〇〇	〃 四一粁五〇〇米西方一〇粁大西岔	上記附近ニ在リシ張科長匪ハ討伐隊ノ來ルヲ看破シ一三日四時何レカヘ逃走セリ
〃	一〇、一六	二三、〇〇	〃 二〇粁東北方一三粁五道溝	二三時頃匪首不明ノ約二〇名上記部落ニ來襲部落民ノ馬一、騾馬一ヲ掠奪シ北方ニ逃走セリ
〃	一〇、二二	一〇、〇〇	〃 七一粁南方四粁	匪首王鳳閣衛隊第三連長ノ率ユル三〇餘名上記附近ニ蟠踞中ナルヲ探知セル輯安警察隊六〇名一〇時頃之ヲ攻襲セシニ賊ハ山寨ニ據リ頑強ニ抵抗セルモ交戰約二

98

			干溝子	時間ニシテ賊ハ北方十三道溝方面ニ逃走セリ 敵ノ遺棄死體一 捕虜二
其ノ他	一〇、二五	一〇、〇〇	通輯線 一七粁北方 五粁 水洞溝	四道溝下四平街駐屯滿軍敎導隊何營長以下約一〇〇名ハ匪首孫委員以下約一〇〇名ト上記附近ニテ遭遇交戰三〇分ニシテ之ヲ西北一六粁大龍瓜溝方面ニ擊退セリ
林佳線				
自衞隊關係	一〇、二一	九、一〇	林佳線 閻家驛附近	閻家驛ニ宿泊中ノ自動車連絡班ハ約二百名ノ匪賊ヨリ襲擊ヲ受ケ自衞隊員五名之ト交戰二時間ニシテ擊退ス尙千振守備隊長以下七六名自衞隊員四名應援ニ來タルモ匪賊ハ逃亡後ナリ 當方被害小銃一破損電話線四箇所切斷サル射耗彈輕機及小銃拳銃彈合計一、五八〇發敵損害暗夜ニテ不明ナルモ相當アル見込
〃				砂利線測量現場警備中ノ永豐鎭自衞隊員四名ハ擧動不審ノ滿人二名（中一名ハ馬

98

自衛隊關係	一〇、八	九、〇〇	永豐鎮追分間二九〇粁附近	ヲ携行）ヲ發見彼等ハ當方ヲ目撃スルヤ一目散ニ山地ニ逃亡セルヲ以テ之ヲ追撃一名ヲ逮捕シ調査ノ結果匪賊ナルコト判明身柄ヲ永豐鎮守備隊ニ引渡セリ
請負人關係	一〇、九	一三、〇〇	林佳線二九〇粁附近	永豐鎮工區員四名自衛隊員四名鹿島組員二名ハ砂利線測量作業歸途二六八粁附近ニテ匪賊約六〇名ト遭遇交戰四〇分ニテ東方ニ撃退ス當方被害測量器械二箇破損滿人測工一名右足ヲ捻挫セリ尚同匪ノ爲砂利線附近鹿島組苦力小屋匪襲ヲ受ケ苦力三〇名拉致サレ二二八名逃亡ス衣類五〇着現金七五圓煙草二五ボール發粉四五袋遭達一五〇片掠奪サル（鹿島組ノ被害總千百九圓）
密虎線				
軍隊關係	一〇、五	二二、〇〇	密虎線輝崔西北方約一粁附近	上記地點ニ約四〇名ノ武裝匪集結シアルヲ同地守備隊及自衛隊員協力之ト交戰約二〇分ニシテ撃退ス當方被害ナシ
〃				上記附近ニ於テ滿軍騎兵ハ約四〇名ノ匪賊ト交戰約二〇分ニシテ撃退ス保線作業

100

~~909~~8

軍隊關係	一〇、一九	一五〇〇	一一三粁附近	中ノ現場員ハ一時作業ヲ中止シ黑咀守備隊ト連絡守備隊長以下二三名出動之ヲ追擊セリ當方被害ナシ
綏佳線				
會社關係	一〇、二九	一三、三〇	綏佳線一〇二粁附近	第二測量隊中心班作業中約七〇名ノ匪賊ト遭遇掩護隊自衛隊協力之ト交戰約二〇分ニシテ擊退ス當方被害測量工具ノ一部ヲ紛失セリ敵損害不明
春陽林區				
自衛隊關係	一〇、二四	二一、二〇	春陽林區高麗村	上記附近ニ數不明ノ匪賊來襲銃聲ヲ聞キシ同地自衛隊ハ非常警戒ヲ爲シ春陽ニ連絡同地ヨリ守備隊七名自衛隊員六名領警一名出動匪賊三名ヲ逮捕セリ當方被害ナシ

101

（附表二）

建設線匪賊被害件數（十月）

種別＼線別	匪賊件數 會社關係	匪賊件數 自衛隊關係	匪賊件數 請負人關係	匪賊件數 軍隊關係	匪賊件數 其ノ他	匪賊件數 計	實害件數 會社關係	實害件數 自衛隊關係	實害件數 請負人關係	實害件數 軍隊關係	實害件數 其ノ他	實害件數 計
梅通線					一	一					一	一
通輯線	一			二	五	八	一				二	三
林佳線		二	一			三		一	一			二
密虎線				二		二						
綏佳線	一					一	一					一
春陽林區		一				一						
合計	二	三	一	四	六	一六	二	一	一		三	七

註一　實害件數トハ建造物人畜金品ノ被害ヲ謂フ

二　其ノ他欄ハ主トシテ建設線附近部落ニ於ケル被害ナリ

100

~~92~~

（附表二）

建設線匪賊被害件數累計（自四月至十月）

線別＼種別	匪賊件數 會社關係	匪賊件數 自衛隊關係	匪賊件數 請負人關係	匪賊件數 軍隊關係	匪賊件數 其ノ他	匪賊件數 計	實害件數 會社關係	實害件數 自衛隊關係	實害件數 請負人關係	實害件數 軍隊關係	實害件數 其ノ他	實害件數 計
義邱線	五		一	一〇	六	二二	三		一	四	四	一二
邱立線	四		二	六	二	一四	四			一	二	七
魯北線			一		一	二			一		一	二
(3) 四西線				二	二	四					二	二
梅通線	三		二〇	一七	二一	六一	二		二〇	五	九	三六
通輯線	一			二	五	八	一				二	三
(6) 寧林線					二	二					二	二
林佳線	一〇	六	二二	三	四	四五	七	三	二二	三	四	三九
(6) 林密線	一		二	五	一	九	一		三	二	二	八
密虎線	一		九	八	一	一九	一		九	五	一	一六
綏佳線	一					一	一					一
春陽林區		三	五		一	九			四			四
墨歐線	一					一	一					一
合計	二七	九	六二	五三	四六	一九七	二一	三	六〇	二〇	二九	一三三

註　線別欄上記載ノ( )內數字ハ本年度既引繼ノ月ヲ示ス

103

101

~~98~~

（附表三）

建設線死傷並拉致人員（十月分）

線別 \ 被害種別	死亡 會社	死亡 其ノ他	負傷 請負	拉致 請負	拉致 其ノ他
梅通線					1
通輯線	1	2			
林佳線			1	30	
合計	1	2	1	30	1

備考　アラビヤ數字ハ鮮滿人

104

~~98~~ 102

（附表四）

建設線死傷並拉致人員累計（自四月至十月）

被害種別		線別	義邱線	邱立線	(8) 四西線	梅遜線	通輯線	(6) 寧林線	林佳線	(6) 林密線	密虎線	春陽林區	合計
死亡	會社						1						1
	請負		一			1							1 一
	軍隊		2			二			二〇	5	㊀ 一		㊀ 7 三
	其ノ他		2	2		6 九	2		一				12 一〇
負傷	自衛隊								一				一
	請負		一						119				119 一
	軍隊		3 二	一		5 三			八	4 一	七		12 二二
	其ノ他		1			8 二					一		9 三
拉致	會社								1				1
	請負					7			45	105 一	16	7	180 一
	其ノ他		2		5	21		13	6	34	4		85

備考一　アラビヤ數字ハ鮮滿人〇内數字ハ滿軍内日人ヲ示ス

一　線別欄上記載ノ（）内數字ハ本年度既引繼ノ月ヲ示ス

105

昭和一一年一〇月中匪賊ニ因ル被害事故調

所局別	線別	發生月日時	場所	件名	概況
奉天鐵道事務所	安奉	一〇月三日一時〇分	張家堡驛北方安東基點五七粁附近	施設物破壊	匪首不明ノ匪一〇餘名ハ電柱司令電話ボツクスヲ破壊シ電話機ヲ窃取シアルヲ愛護村員發見誰何セル處拳銃數發亂射シツツ西方ニ逃走セリ尚同地點ノ境界標ヲ拔取ラムトセシ形跡アリテ線路妨害ヲ企圖シアリタルモノノ如シ
		一〇月五日一時〇分	張家堡驛北方安東基點五七粁附近	施設物破壊	前記同一司令電話ボツクスヲ破壊シアル匪八九名ヲ同地巡察中ノ夜警外三名發見驛ニ急報セルニ依リ直ニ現地急行調査セル處電話機ヲ窃取シアリタル外連行

106

~~96~~104

		錦縣
		大鄭
	一〇月一〇日一時三〇分	一〇月一七日一三時一〇分
	鳳凰城張家堡間 安東起點五九。五粁	大虎山北方一三七 一三八粁中間 馮家窩鋪章古臺間
	運輸妨害	其ノ他
妨害等ノ形跡ナカリシモ同記匪賊ト同一匪ノ行爲ト推定セラル	守備兵數名警戒ノ爲モツロ使用鳳凰城出發後上記地點ニ差シカカルヤ線路上ニ二箇所各數箇ノ石塊置キアルヲ發見直ニ停止セムトシタルモ當時霧深ク二米以上ノ見透シ困難ナリシ爲發見シタルハ該地點直前ナリシトテ速度大ナリシ爲其ノ儘進行前部車輪ノ一部ヲ破壞シタル外幸ニ被害ナシ	天下好青林ノ合流匪約一〇〇八日軍ノ急追ヲ受ケ上記地點ヲ通過ノ際工務段苦力二一名ヲ拉致西方ニ移動一三時

107

哈爾濱

				五〇分雨著ニ、時計三ヲ掠奪ノ上放還セリ
奉吉	一〇月二五日 二一時〇分	營盤西方 石門基工區	施設物破壞	匪首不明匪四侵入電話機ヲ破壞同工長以下四名ノ身分證明書、作業衣等ヲ掠奪逃走ス
	一〇月二五日 一九時一〇分	營盤章黨間 奉天起點 七三。二八粁	運轉妨害	石四個、犬釘二本ヲ軌條ニ挿入運轉妨害シアルヲ發見除去シ被害ナキヲ得タリ、諸情報ヨリ判斷スルニ匪賊ノ行爲ト思料セラル
濱北	九月二九日 一六時三〇分	張維屯克音河間 三棵樹基點 一八五。一七粁	其ノ他	馬家店保線工區線路司長孫萬田ハ海倫ヨリハンドカーニテ歸途匪二名ニ襲ハレ公金三六一。八五圓ヲ强奪セラル
北黑	一〇月一二日 一八時三〇分	辰清清溪間 腰嶺保線工區 宿舍		中央好匪一〇數名襲來電話機ニ外局用品其ノ他金品等約八五〇圓ヲ掠奪逃走ス

108

富寶	一〇月一三日九時五〇分	富錦南方三〇粁漂筏河北方一五〇米	自動車襲撃	愛路工作班自動車ハ上記地點ニ於テ突如頂界線ニ散開セル不逞、占一ノ合流匪約一〇〇ヨリ射撃ヲ受ケタルモ交戰ニ時間半ニシテ之ヲ東南方ニ撃退ス彼我損害ナシ、尙自動車路線暗橋半燒却セラル
通輯	一〇月二日一三時三〇分	通輯線四粁北方一粁[illegible]	從事員死傷（會社關係）	第一測量隊ハ軍隊ノ掩護ノ下ニ測量ヲ開始シ通化東方三粁ノ高臺ニ至リタル時降雨ノ為高臺前方一軒屋ニ入ラムトセル時該家屋後方山上ヨリ突如一齊射撃ヲ受ケタルヲ以テ掩護兵ハ直ニ之ニ應戰撃退セルモ戰闘中測量隊員三名ハ連絡ノ為迂廻前進中滿人土木手一頭部ニ貫通銃創ヲ受ケ即死ス

108

建設事務所				
林佳	一〇月二日 一九時一〇分	林佳線閻家驛附近	其ノ他 (自衛隊關係)	閻家驛宿泊中ノ自動車連絡班ハ不明匪約二〇〇ノ襲撃ヲ受ケ交戰二時間ニシテ撃退シタルモ匪ハ襲撃ニ先チ電話線四箇所ヲ切斷シアリタリ
	一〇月八日 一九時〇分	永豐鎭間追分二九〇粁附近	其ノ他 (自衛隊關係)	砂利線測量現場警備中ノ永豐鎭自衛隊員ハ擧動不審ノ滿人二ヲ發見逃亡スルヲ追撃一名ヲ逮捕シ訊査シタル處匪賊ナルコト判明セルヲ以テ身柄ヲ守備隊ニ引渡セリ
	一〇月九日 一三時〇分	林佳線二九〇粁附近	其ノ他 (請負人關係)	永豐鎭工區員四、自衛隊員四、鹿島組員二ハ砂利線測量作業ノ歸途二六八粁附近ニテ不明匪六〇ト遭遇交戰撃退ス尚同匪ノ爲鹿島組苦

~~100~~ 108

				力三〇名拉致其ノ他衣類金品等多數掠奪セラル
春陽林區	一〇月二四日二一時二〇分	春陽林區高麗林	其ノ他（自衛隊關係）	數不明匪襲來自衛隊ハ直ニ非常警戒ヲ爲シ守備隊、領警ト協力出動匪三ヲ逮捕ス
佳綏	一〇月二九日一二時三〇分	一〇二粁附近	其ノ他（會社關係）	第二測量隊中心班作業中不明匪七〇ト遭遇交戰擊退シ測量工具一部紛失セル外被害ナシ

111

111

本書發送先　各鐵路局長　各鐵路監理所長　總裁室文書課長　同弘報課長　同監査役　各經理部長　東京支社長　新京事務局長　各鐵道事務所長　各建設事務所長

鐵總督三六第六八號一九

昭和十二年二月二五日

鐵道總局

鐵道警務局長

本社經理部長

經理部長　庶務課長　主計課長　會計課長　第一豫算係　庶務係

全滿鐵道沿線匪賊情況及警備對策竝鐵道自動車事故調送付ノ件

客年十一月中ニ於ケル首題ノ件別册送付致シマス

114

112

昭和十一年十一月

全满铁道沿线匪贼情况及警備對策竝鐵道自動車事故調（月報）

鐵道總局

105

目次

114

○牡丹江鐵路局管内
一 一般概況
二 地區別概況
三 主ナル匪賊ノ出沒狀況
○齊齊哈爾鐵路局管内
一 一般概況
二 地區別概況
三 主ナル匪賊ノ出沒狀況
○南滿社線管内
一 一般概況
二 地區別概況
三 主ナル匪賊ノ出沒狀況
○建設線管内
一 一般概況
二 本月中主ナル被害狀況

117

三　地區別匪賊概況
四　各線別匪害概況
附表　十一月中匪賊被害件數
四月以降匪賊被害件數累計
十一月中死傷拉致人員
四月以降死傷拉致人員累計
〇十一月中全管内匪賊ニ因ル被害事故調
〇附圖　十一月中全管内匪勢概況
十一月中全管内匪害事故一覽

118

116
1

○一般概況

前月來收穫物ヲ目的トシテ活氣ヲ呈シタル管内ノ匪賊ハ日滿軍警ノ倦マサル肅正工作ノ進展ニ依リ鐵路地帶ニハ集團的匪團ノ影ヲ潛メタルモ數名乃至十數名ニ分散セル少數匪ハ潛行的ニ警備ノ間隙ニ乘シ愛護地帶ニ侵入シテ馬匹其ノ他金品ノ掠奪ヲ敢行シ冬營準備ニ焦慮シツツアリ、一般匪情ハ討匪工作必然ノ效果トシテ著シク頹勢ヲ示シツツアルモ執拗ナルソ聯及中共黨ノ使嗾煽動ニ踊ル共產匪ハ此ノ苦境ヲ利用シ群小ノ土匪團ヲシテ共匪ニ轉向ヲ慫慂シテ自己ノ傘下ニ糾合シ或ハ凡ユル手段ヲ弄シテ地方農民ニ對シ反日滿主義ヲ鼓吹シ共產思想ノ誘致激發ニ努メ反滿抗日戰線ノ擴大強化ニ狂奔シツツアルヲ以テ遽カニ樂觀ヲ許ササル狀況ニ在リ

各線別ノ匪勢ハ各路局別記述ノ通ニシテ大體錦縣鐵路局管內ハ依然奉吉線及山通自動車線ニ多數ノ土匪及抗日匪路線近クニ蹯踞出沒ヲ續ケツツアルモ其ノ他ノ路線ハ極メテ少數ノ分散匪出沒スルノミニシテ匪情ハ概シテ平穩ニ向ヒツツアリ

118

然ルニ本月二十六日葉峰線天義站ニ於テ巡察警戒中ノ路警突如數名ノ匪賊ニ一齊射撃ヲ受ケ遂ニ貫通銃創ヲ負ヒタルカ此ノ種四散セル匪徒ノ潜行的犯行ハ警戒却ツテ困難ナルモノアリ

吉林鐵路局管內ハ拉濱線五常ヲ中心トスル兩側地區ニ天明陽、天崗、長山好等ノ土匪團往々鐵路地帶ニ出沒スルコトアルモ其ノ都度日滿軍警ノ猛撃ニ遭ヒ潰走シ、哈爾濱鐵路局管內ハ帽子山ヲ中心トスル濱綏線兩側地區ニ老鳳林、愛民等ノ共匪及抗日匪團蹯踞シアルモ警備嚴重ナル爲鐵路ニ接近シ得ス然ルニ松花江流域ニハ趙尚志、夏雲楷等多數ノ強力ナル共匪團蹯踞シ警備ノ間隙ニ乘シテ活潑ナル行動ヲ續ケツツアルヲ以テ船舶及自動車ノ警備ハ一層努力ヲ要スルモノアリ

牡丹江鐵路局ハ全管內中最危險地區ニシテ下城子ヲ中心トスル濱綏線、鹿道ヲ中心トスル圖佳線及林虎線北部ニ多數ノ共匪蹯踞シ鐵道襲撃ノ機會ヲ窺ヒツツアルモ至嚴ナル警備ニ依リ少康ヲ保持シアリ、齊齊哈爾鐵路局管內ハ團體的匪團ノ動キナク鐵路地帶ハ全ク平穩ヲ維持シアリタルカ本月十六日濱洲線ニ於テ保線監工所ニ匪襲事件ノ發生アリ之

118

~~3~~

等ハ分離四散セル匪徒數名ノ犯行ナルカ討匪行動ノ進捗ニ伴ヒ漸次此ノ種解散匪賊ノ出沒ハ必然的ニ増加ノ傾向アルヲ以テ斷シテ晏如タルヲ得ス、社線方面ハ前月來討伐ニ追ハレ鐵道地帶ノ出沒匪賊ハ著シク減少シツツアリ、建設線ハ日滿軍警ノ肅正工作ニ依リ漸次減少ヲ示シツツアルモ僻陬ノ地點ハ討伐ノ鋭鋒ヲ避ケツツ執拗ナル行動ヲ續ケ本月ニ於テハ密虎線ニ於テ自衞隊員巡察警戒中數名ノ匪賊ヨリ襲撃ヲ受ケ林佳線ニテハ通信妨害ノ目的ヲ以テ電線ヲ切斷セラルル等寸時ノ偸安ヲ許ササル實狀ニ在リ

匪情右ノ如ク漸次發展ノ兆アリ本月中國線ニ於ケル匪賊概數ハ出現回數四九六回匪賊實數匪首二八四名匪賊一一、八六六名延人員二三、六二五名ニシテ前月ニ比シ著シク減少セリ

(21)

119
4

○警備對策

一 匪襲ニ因ル列車事故防止對策

本年九月濱綏線代馬溝附近ニ於ケル軍隊搭載列車ノ匪襲事件ニ鑑ミ軍事輸送ノ絕對的確保ヲ期スル爲線區司令部ヨリノ提案ニ基キ關係者出席協議會ヲ開催シ之カ防止ニ關スル具體的事項ニ付協議研究シ其ノ結果直ニ現場機關トシテ實施ヲ要スヘキ事項ハ夫々各鐵路局ニ通牒シ至急具體的對策ヲ實施シ警衛上遺憾ナキヲ期シタリ

二 鐵道警備演習實施

哈爾濱鐵路局ニテハ左記箇所ニ於テ守備隊及鐵道各機關ト協同綜合鐵道警備演習ヲ實施シ多大ナル效果ヲ收メタリ

自十一月七日至十一月九日　哈爾濱、帽兒山
十一月七日　綏化
十一月十六日　雙城堡
十一月十九日　哈爾濱、三棵樹

三 錦縣鐵路局警務巡閱實施

122

120

~~5~~

錦縣鐵路局ニ於テハ各警務段現在ニ於ケル實務ノ狀況ヲ巡閲シ併セテ幹部ノ教育狀態及一般業務ノ指導ヲ爲シ之カ實績ノ向上ヲ計ル爲十一月四日ヨリ二十九日ニ亘リ警務巡閲ヲ實施シタリ

四　防護施設

1　瀋綏線各站ノ防護施設中射撃設備ハ十一月中旬完了ス

2　京圖線各站防護施設（鐵條網及掩體）補修工事ハ新京警務段ヲ除キ完了セリ

五　通信施設

齊齊哈爾鐵路局ヲ除ク各局ニ於テハ携帶電話機備附ナキ段アルヲ以テ警備ノ萬全ヲ期スル爲各段及必要ト認メラルル分所ニハ少クモ一個宛備附方各路局ニ通牒ス

六　傳書鳩

飼育訓練ハ概ネ順調ニシテ壹闘鳩ハ自動車線ヲ始メ全線ニ使用セラレ最效果的ニ實績ヲ擧ケツツアリ

夜間鳩ハ未タ訓練中ニアルモ錦縣局ニ在リテハ目下兩隣接站迄ノ訓

123

練ヲ略終リ實用期ニ入リ訓練ヲ兼ネ實用ニ供シツツアリ吉林局ニ於テモ亦成績頗ル良好ニシテ薄暮訓練中期ニ在リ十二月末迄ニハ二粁―八粁程度ノ完全ナル實用通信可能ノ現況ニ在リ

本月ニ於テハ滿溝自動車線開始ニ伴ヒ滿溝分所ニ二〇羽熱河自動車線用トシテ赤峰警務段ニ四〇羽ヲ新ニ配屬セリ

七　警備犬

飼育訓練共ニ概ネ順調ニシテ訓練モ前月ニ比シ一歩ヲ進メ能力向上ノ跡ヲ認メラレ衛生狀態ハ錦縣局保管犬中輕微ナル皮膚病犬二頭循環器系病犬若干アルモ概シテ良好ナリ

122

7

○錦縣鐵路局管內

一 一般概況

本期管內ニ於ケル匪團ハ前月來引續ク日滿軍警ノ討伐ニ依リ益行動ノ自由ヲ失ヒ隨所ニ大打擊ヲ受ケ全線ヲ通シ思想系特殊匪團ヲ除キ大部分ハ一〇—二〇ノ小匪ニ分散或ハ四散ノ狀態ニ陷リ又ハ歸順セルモノ等續出シ前月ニ比シ治安ハ漸次良好ニ向ヒツツアリ殊ニ山通線、安城線沿線方面ニ於テ猛威ヲ逞シウシアリシ思想匪モ其ノ根據地ヲ掃蕩セラレ今ヤ逃避ニ汲々タル有樣ニテ目下ノ所概シテ路線遠ク橫行シツツアリ然レ共熱河線赤峰以北ノ匪團ハ相當活潑ニシテ依然總局自動車ヲ窺ヒアリ、北覇天匪以下約一〇〇名ハ本月四日赤林線四道高嶺ニ於テ軍用自動車ヲ總局自動車ト誤認シ襲擊シタルニ圖ラスモ日本軍ナリシ爲極度ニ狼狽シ交戰三十分ニシテ逃走セルカ行動頗ル執拗ナル爲自動車ノ運休セルコト再三アリ、匪情ハ未タ豫測ヲ許ササルヲ以テ現場各警務段ヲ督勵スルト共ニ愛護村ノ活躍ヲ促シ關係警備機關ト緊密ナル連絡ヲ執リ警備ノ萬全ヲ期シツツアリ

125

~~8~~

二　地區別概況

1　奉吉線地區

本地區ニ於ケル匪情ハ引續ク日滿軍警ノ討伐ニ依リ各匪共全ク行動ノ自由ヲ失ヒ二、三ノ匪團ヲ除クノ外ハ逃避ニ汲々タル有様ニシテ前月ニ比シ行動著シク緩慢トナリ之ヲ計數的ヨリ見ルモ殆ト半減ノ狀態ニシテ營盤南方地區ニ一〇〇名內外ノ匪團三、四蟠踞シアルモ之又討伐ニ依リ纔ニ餘命ヲ保チツツアル狀態ナリ

然シ乍ラ本月末頃ヨリ日滿軍ノ一部逐次引揚ケツツアルヲ以テ全線ヲ通シ之カ警戒ニハ一段ノ注意ヲ要スル現況ニアリ

2　山通線自動車路地區

本地區ニ於ケル各匪團ハ今期ノ討伐ニ依リ其ノ大部分ハ根據地ヲモ掃蕩セラレ各所ニ於テ交戰大打擊ヲ受ケ本期ニ入リ其ノ大部ハ消息全ク不明トナリタルモ元來匪賊的策動ヲ續ケ來レル彼等ノ反滿抗日意義ハ頗ル執拗ナルモノアリ、目下日滿軍ニ於テハ引續キ徹底的討伐中ニ付警局ニ於テモ現場各警務段ヲ督勵警備機關ト

126

ノ連絡ハ勿論沿線愛路村民ヲ指導督勵シ自動車ノ安全運行上最大ノ努力ヲ拂ヒツツアリ、而シテ從來本沿線ニ於テ最活潑ナル行動ヲ續ケ居タリシ共匪張科長以下七〇名遂ニ本月歸順セリト

3 奉山、大鄭、河北線及民營自動車路地區

本地區ハ今期討伐中相當ノ效果ヲ收メ從來盛ニ出沒シアリタル奉山沿線ノ匪情モ全ク四散シ消息不明ニシテ匪首老梯子ハ北支方面ニ逃走セリトノ情報アリ青林匪又討伐ニ依リ斃死シ本期中ニ於ケル匪賊ノ出現回數僅カニ五回延人員六六名ニシテ頗ル平穩ニ經過スヲ得タルモ警備ニ就テハ毫モ忽諸ニセス依然嚴重警戒ニ當リツツアリ

4 錦承、葉峰線及熱河自動車路地區

錦承、葉峰沿線ニ於ケル匪情ハ前月末盛ニ出沒シツツアリタル大明字、明山ノ合流匪討伐ニ依リ四散シ引續キ治安ハ良好ニ向ヒツツアリ、又熱河線特ニ赤林線ニ於テハ上旬頃ニ出沒横行シ最警戒ヲ要シタル北鎮天匪モ討伐隊ノ急追ニ依リ林西北方ニ移動シ行動

127

活潑ナラサルモ常ニ總局自動車ヲ覘ヒアリ、又唐三營兩個、四官營子東方林西北方ノ匪團ハ何レモ思想的色彩ヲ帶ヒ自動車襲撃ノ機會ヲ窺ヒアルヲ以テ相當警戒ノ要アリ

5 安城自動車路地區

本地區ノ治安ハ前記山通線同樣大部ハ思想的匪賊ニシテ日滿軍警ノ討伐ニ依リ大打撃ヲ受ケ逃避ニ汲々トシアルヲ以テ何時何處ニ現出スルヤモ計リ難キニ付現場ニ於テハ各機關ト連絡シ一層迅速確實ナル情報ノ蒐集ニ努メ匪情ニ依ル事故絶滅ニ邁進シツツアリ

6 奉鄭線自動車路地區

本沿線ニハ金好、海龍ノ土匪出沒シツツアルモ大ナル顧慮ヲ要セス概シテ平穩ナリ

三 主ナル匪賊ノ出沒狀況

1 奉吉線方面

吉勝會三〇、德林一〇、文武俠二〇（以上土匪） 六〇

右各匪ハ營盤南錯木北方ヲ出沒シツツアリ、文武俠匪ハ前月五〇

126

~~11~~

ヲ算シタルモ本期ニ入リ四散シ二〇ニ減シタルモノナルカ何レモ
相當警戒ヲ要ス
好樂一〇、王麻祿五〇、金龍祿二〇、九勝軍二〇、
占山好二〇、紅局好五〇（以上土匪）　一七〇
右ハ清原北方地區鐵路近ク出沒シツツアリ、就中紅局好、九勝軍
ノ兩匪ハ特ニ行動活潑ナリ
金山好（抗日匪）　四〇
引續ク日滿軍ノ討伐ヲ巧ニ避ケ目下鐵路北方地區ヨリ闘虎屯南方
ニ移動出沒シツツアリ警戒ヲ要ス
双全一〇、文山二〇、大家好一〇、振字二〇、東山好四海一〇
平北一〇、審松三〇、小德字五〇（以上土匪）　一六〇
右各匪ハ營盤北三家南方鐵路概ネ一五粁以內ヲ四沒シ巧ニ討伐ヲ
避ケツツ掠奪拉致ヲ爲シツツアリ
天良三〇、飛勝軍一〇〇、安國軍、德字八〇、海字、成國軍一
五〇（以上抗日匪）　三六〇

128

右ハ營經南方ヲ横行シ目下討伐隊ノ鋭鋒ヲ避ケツツ縦シテ僻路遠ク興京縣東方地區ニ出沒シツツアリ思想的色彩ヲ帶ヒ行動最活潑ナルヲ以テ注意ヲ要ス

白飛、楊國長（共匪）　一二〇

本匪ハ討伐隊ニ追ハレツツ桓仁縣方面ヨリ興京縣内ニ侵入シ來リ日下ノ所行動活潑ナラサルモ注意警戒ヲ要ス

2

山通自動車路線方面

殺營長四〇、保中國三〇、王鳳閣一〇〇（以上抗日匪）一七〇

紅軍（共匪）　二〇〇

右ハ討伐隊ト各所ニ於テ交戰シツツ相當ノ打撃ヲ受ケ目下通化、臨江、輯安縣境ヲ横行シアリ警戒ヲ要ス

長勝（土匪）　一〇

本匪ハ通化縣第七區西方八杆附近ニ出沒セルモ行動活潑ナラス

西來順（土匪）　二〇

右ハ五道溝西方ニ現出セルモ身ヲ以テ討伐隊ノ鋭鋒ヲ避ケツツアリ

130

以上ノ如キ状況ニシテ目下本路沿線ハ日滿軍ノ徹底的討伐中ニシテ各匪團ハ四散逃避シ從來出沒シツツアリタル各匪ノ行動判明セサルニ付相當注意ヲ要ス

3 奉山、大鄭、河北線及民彰自動車線方面

青金財（土匪） 一〇

右ハ章古臺東方一五粁附近ニ現出セルモ行動活潑ナラス

五點（土匪） 三〇

本匪ハ新立屯西方阜新縣内ニ現出セルモ目下ノ所其ノ消息不明ナリ

4 錦承、葉峰線及熱河自動車線方面

北平、一五、長江、文字（土匪） 一〇

本匪ハ金嶺寺、北票東北方地區ヲ出沒シツツアルモ日滿軍討伐隊ノ掃蕩ニ依リ行動意ノ如クナラス目下山中ニ潛伏シ討伐ヲ避ケツツアルモノノ如シ

馬祥、瘸孤子二〇、快爪子一〇（土匪） 三〇

右ハ朝陽北方金溝南方ニ現出シ本月上旬ニ於テハ相當活潑ナリシカ下旬ニ至リ山中ニ潜伏消息不明ナリ

四海（抗日匪）　一〇〇

本匪ハ上谷北方地區ニ蟠踞シ上谷、小寺溝間鐵路ヲ横斷南下セシカ討伐隊ノ急追ヲ受ケ漸次南方ニ逃走シ目下平泉、青龍縣境山岳地帶ニ在リテ軍討伐隊引揚ノ機ヲ窺ヒアリ注意ヲ要ス

六娘子（抗日匪）　七〇

本匪ハ女匪ニシテ唐三營東方三〇粁附近ヲ出沒シツツアリ討伐隊ヲ巧ニ避ケ人質拉致掠奪ヲ敢行シツツアリ絶滅ヲ要ス

報字（抗日匪）　七〇

右ハ張三營東方地區ニ蟠踞シ六娘子ト連絡アルモノノ如ク注意ヲ要ス

王虎頭五〇（抗日匪）　五〇

右ハ唐三營西方二五粁附近ヲ出沒シアリ目下討伐ノ爲行動活潑ナラサルモ相當注意ノ要アリ

130

15

趙德勝（土匪）　三〇

本匪ハ營房東北方地區ヲ横行シツツアリタルモ討伐以來其ノ消息不明

包一面一〇、占北二〇、東來盛二〇（以上抗日匪）　五〇

右各匪ハ依然凌南線四營子東方地區ニ時々出沒シツツアリ警戒ヲ要ス

榮子、常興（土匪）　一〇

右ハ老虎山南方路線近ク出沒シツツアリ匪數少ク且土匪ナルモ警戒ヲ要ス

曹老士一〇（土匪）　一〇

右ハ天義、沙海西方線路近ク出沒シツツアリ十一月二十六日ニハ巡邏中ノ路警射撃セラレ負傷セシ事件等アリ相當注意ヲ要ス

北覇天一〇〇、黑龍五〇（抗日匪）　一五〇

右ハ上旬ニ於テハ烏丹城南方地區路線近ク出沒横行シ爲ニ線局自動車運休ノ已ムナキニ至リタル等其ノ行動活潑ナリシカ本期日滿

133

匪ノ積極的討伐ニ依リ目下林西以北ノ地區ニ壓迫セラレ逃避行動ヲ續ケツツアルモ常ニ自動車ヲ窺ヒアリ警戒ヲ要ス

5 安城自動車路線方面

春山青一〇〇、秋春好、華北軍二〇（抗日匪） 一二〇

本匪ハ依然鳳城東方縣境附近ヲ主トシテ出沒シアリ上旬ニ於テハ相當其ノ行動活潑ナリシカ目下日滿軍討伐中ナルニ依リ逃避シツツ各匪トノ連絡ヲ保持シツツアルモノノ如ク警戒ヲ要ス

閻生堂、自俊實、秦廣生（抗日匪） 一一〇

閻生堂ヲ除ク外小匪ニ分散セルモ依然閻生堂ト連絡ヲ採リツツ鳳大綱、紅旗、龍王廟ヲ中心ニ横行シツツアリ行動又活潑ニシテ嚴戒ヲ要ス

鐵中山一〇、大山五（土匪） 一五

右ハ莊河北方一五粁附近ヲ出沒シツツアリ大山ノ部下永勝、勝林平山、久合ノ四名ハ各自長銃携行莊河縣警務局ニ歸順セリ

九點（土匪） 二〇

132

~~17~~

海城東方地區ニ現出セルモ行動活潑ナラス

6 奉鄭線方面

海龍、全好（土匪）　一〇

右ハ法庫以南ノ地區ヲ出沒行動活潑ナリシカ目下ノ所影ヲ潛メ消息審カナラス

135

133

~~18~~

○吉林鐵路局管内

一　一般概況

本期間ニ於ケル管内ノ治安ハ秋季以來日滿軍警ノ討伐ニ依リ匪團ハ鐵道沿線ヨリ逐次追詰ラレ隨時隨所ニ蟠踞地ヲ破碎潰滅セラレ殆ト活動ノ餘地ナク殘匪ハ山岳地帶ニ遁入シ殊ニ共匪安鳳學歸順後思想匪ハ頓ニ衰ヘ歸順匪ノ續出、周太平ノ死亡說等傳ハリ匪數ハ前月ニ比シ著シク減少シ鐵道ニ對スル匪害皆無ニシテ治安ハ極メテ平穩ニ經過セリ

然レ共分散潰走セル小匪ノ越冬ノ爲都市又ハ鐵道沿線ニ潛入ヲ企圖シ鼠賊的活動ハ却テ增加ヲ豫想セラレ一方思想匪ノ地下工作ハ決シテ樂觀ヲ許サザルモノアリ尙鐵道ハ特產ノ出廻リニ直面シ輸送最盛期ニ入ルヲ以テ關係各機關トノ協調連絡ヲ一層緊密ニスルト共ニ各段ヲ督勵至嚴ナル警戒ヲ實施スルト共ニ愛路工作ノ徹底ヲ期シ愛護村背後地帶ノ情報ノ擴充ヲ圖リ以テ鐵道運營ノ完璧ヲ期シツツアリ

二　地區別概況

136

134

~~19~~

1 京圖線（新京敦化間）

日滿軍警ノ治安肅正工作ニ依リ匪團ハ糧道ヲ斷タレ漸次奥地山岳地帶ニ遁走或ハ解散シタル爲前月ニ比シ出現數著シク減少シ新京吉林間ハ匪團ノ出現ナク依然平穩ナルモ六道河北方、黃松甸敦化間ニハ尚一〇數名ノ小匪團橫行シアルニ鑑ミ愛路工作ニ依ル一日一信主義ヲ督勵シ積極的警戒ニ努メツツアリ

2 拉濱線（新站五常間）

五常及杜家ヲ中心トスル地帶ハ管內中最匪團ノ橫行頻繁ナリシカ日滿軍警ノ積極的討伐ニ依リ殊ニ十月下旬日軍ニ於テ實施セラレタル杜家西南方拉林河三角洲ニ蟠踞中ナリシ雙龍匪團一味ノ徹底的討匪行動ハ匪團ノ巢窟ヲ覆滅一掃シ爾來各匪團ハ北方山岳地帶ニ逃走シタルモノノ如ク匪影稀ニシテ概ネ平穩ニ經過シツツアリ

3 奉吉線（吉林棐山間）

日滿軍ノ討伐ト併行シテ集團部落ノ建設ハ著々進捗シ今ヤ匪團ノ活動地域著シク縮小セラレ奥地ニ遁入或ハ解散ノ已ムナキニ至リ

137

十月下旬變盛、占東邊等ノ歸順後ハ僅ニ數名乃至二〇名以下ノ小匪團ノ出沒スルニ過キス極メテ平穩ナリ

4 平梅線

天德、石嶺附近ニハ匪首不明ノ二〇―三〇ノ小匪團今尚横行シ部落民ヨリ金品ノ掠奪強要ヲ敢行シ冬營準備ニ狂奔中ナルモノノ如ク警備上相當注意ヲ要スルモノアルモ沿線鐵路地帶ハ幸ニ平穩ヲ維持シアリ

5 京白線

各地ニ横行シタル數名乃至三〇ノ匪團モ本期ニ入リ其ノ行動意ノ如クナラス匪團ヲ解散良民ヲ裝ヒ各都邑ニ潜入シアルモノノ如ク出現僅ニ七囘ニ過キス沿線ハ極メテ平穩ニ經過シ治安狀態概ネ良好ナリ

尚七月以來發生シタルペストモ漸ク終熄シ十一月十七日ヲ以テ列車乘客ニ對スル制限ハ全般的解除セラルルニ至レリ

6 自動車路線

136
~~21~~

各路線共平穩ニシテ特記スヘキモノナシ

三 主ナル匪賊ノ出沒狀況

1 京圖線

紅好（土匪）　二〇

十月二十七日江密峰東北方四道溝ニ現ハレ滿警ニ擊退セラレ更ニ十一月七日六道河北方ニ出現日滿軍警及自衞團ノ攻擊ヲ受ケ匪首以下七名射殺セラレ四散セリ

不明匪（土匪）　一七

威虎嶺西南方ニ蟠踞中南方ニ移動シ其ノ後ノ行動不明

合義軍（共匪）　一五

秋梨溝西南方迷魂陣ニ蟠踞中滿軍並自衞團ノ攻擊ヲ受ケ遺棄死體三ヲ殘シ逃走セリ

2 拉濱線

天明陽　天岡（土匪）　一五〇

十月二十六日西方ヨリ移動シ杜家東方一粁ノ地點ニ現ハレ日滿軍

131

警ノ討伐ヲ受ケ東南方ニ逃走セリ

不明匪（土匪）　四〇

五常守備隊ト遭遇交戦西北方ニ逃走ス

占林（土匪）　一〇

十月三十日杜家西南方ニ現ハレ東方ニ移動シ其ノ行動不明

福山　青山（土匪）　二〇

五常西方代家屯ニ於テ同地自衛團ト交戦西方ニ逃走セリ

長山好（土匪）　三六

五常東北方孫家窩棚ヲ襲ヒ自衛團ニ撃退セラレ逃走ノ際民家ヲ焼却洋炮一、長銃二ヲ掠奪逃走セリ

3 奉吉線

五龍（土匪）　一二

十一月十二日煙筒山西北方ニ現ハレ警察隊ト交戦逃走セリ

不明匪（土匪）　四〇

十一月二十一日取柴河西北方一二粁附近ヲ游動中ナリ

4 平梅線

不明匪(土匪) 三〇

十月二十六日石嶺西北方劉梁坊屯ニ現ハレ夕食ヲ強要シ西方ニ逃走セリ

不明匪(土匪) 三〇

十一月六日平崗西南方房身村ニ蟠踞中ノ處東南方ニ移動目下消息不明ナリ

5 京白線

天天好(土匪) 七

十月二十七日前郭旗西方劉家園子部落ニ侵入馬及金品ヲ強奪西方ニ逃走セリ

青龍 占山(土匪) 二〇

十月二十六日大賚城東方五棵樹綱房子ニ現ハレ南方ニ移動其ノ行動活潑ナラス

141

○哈爾濱鐵路局管內

一　一般概況

管內匪賊ハ嚴寒來ト共ニ愈峻烈ナル日滿軍警ノ討伐並宣撫諸工作ニ依リ概ネ根據地ヲ覆滅セラレ行動範圍ヲ局限セラレタル爲物資ノ補給益困難トナリ冬營全ク不可能ニ陷リ辛シテ保身ノ地ヲ邊境ニ求メ或ハ解團都市潜入ヲ企圖シ或ハ歸順ヲ哀願スル等ノ頽勢ニアルヲ以テ管內ノ治安ハ概ネ良好ニ維持セラレタリ

然レ共哈同線地區ニ於ケル共匪趙尙志、夏雲楷系匪ノ行動ハ依然活潑ニシテ恰モ封江期間ノ躍動ヲ期待シアルカノ如ク各方面ニ亘リ密接巧妙ナル連鎖ヲ保チ共產思想ノ普及ト勢力ノ擴大强化ニ躍起シ次第ニ江北ニ溢出シ一部ハ既ニ濱北線ヲ北上シ通北山中ニ移動セル爲同方面ノ治安ハ再ヒ攪亂セラレムトスルノ情勢ニアリ又匪情稍ニ減少シタル濱綏線地區モ當月中旬ニ入リ帽兒山、蜜蜂、平山鐵路兩側地帶ニ流入セル共匪ノ蠢動漸ニ活氣ツキタル傾向アリ一方京濱線拉林河方面ノ四季好匪ノ動向及濱洲線自動車路線松花江岸ノ匪情亦偸

140

~~25~~

安ヲ許サザルモノアリ他面相次テ歸順ノ情勢ヲ醸致シアル拉濱線方面ノ匪賊モ現下ノ苦境ヲ脱セムカ為當面ヲ糊塗セムトスルモノナシトセス時恰モ各線自動車運營ノ開始期ニ入リ各地ノ交通漸ク頻繁タラムトシ匪賊ノ行動目標モ自ラ警備薄ニシテ物資豐富ナル往來途上ニ集中スルヲ豫想セラルルニ鑑ミ關係諸機關ト益協調ヲ密ニシ的確迅速ナル匪情ノ蒐集ト相俟テ至嚴ナル警備ヲ實施シ管內ニ於ケル不逞分子ノ根絶ヲ期シツツアリ

二 地區別概況

1 濱綏線地區（哈爾濱ー一面坡）

日滿軍警ノ分散配置ト不斷ノ討伐ニ隨伴スル治安及宣撫諸工作ニ依リ管內ノ匪情ハ先月來著シク減少シ治安ハ急進的恢復ヲ見ルニ至レリ然リト雖賓縣內奥地ノ討伐ニ追ハレタル共匪考鳳林ハ路南ニ活路ヲ求ムヘク部下ヲ四五〇名ニ分散シ蜜蜂。小九間鐵路ヲ横斷再ヒ舊地盤ニ復歸シ物資ノ補給ニ專念シアリ又兇匪海交ハ依然帽兒山北方珠河縣內ヲ轉移シ一方賓縣城南方地方山塞ニ蟠踞中ナリシ强力匪

143

山紅、德好及道德綠匪ハ慶山塞根據地ヲ覆滅セラレ概ネ其ノ逃走路ヲ遮斷セラレタル爲分散シ鐵路地帶ニ流入セムトシ當月ニ入リ之等流匪ノ蠢キ稍頻繁トナリツツアリ

2 拉濱線地區（哈爾濱－五常）

今期ノ肅正工作ニ依リ當區間ニ跳梁スル匪賊ハ概ネ其ノ行動ヲ阻止セラレ加フルニ寒氣ト糧食難ニ抗シ得ス逐次歸順ノ情勢ニ趨キ或ハ密ニ匪團ヲ解散哈市其ノ他部落ニ潜入スルモノ相次テ檢擧セラルルノ狀況ニシテ現在ノ處鐵路ニ危害ヲ及ホスカ如キ形勢ナク平穩裡ニ經過シツツアリ然レ共安家東方地區ニハ今尚執拗ニ冬營準備ニ奔走スル長山好及考鳳林匪ノ一味彷徨シアリ又接壤地五常管內ニハ窘竄セル天論、雙龍綠匪潜在スルヲ以テ未タ樂觀ヲ許サザル狀態ニ在リ

3 濱北線地區（哈爾濱－北安）

當月鐵路地帶ニハ全ク匪影ヲ見ス管內ハ至極平靜ニ經過シタルカ先月來綏稜、慶城方面ニ移來セル趙系匪約三〇〇名ノ行動ハ其ノ後漸次尖銳化シ來リ卽チ監師長ハ北上以來其ノ據點ヲ海倫附近ニ置キ所

142
~~27~~

在ノ土着匪ヲ殆ント懐柔シテ其ノ傘下ニ統合シ巧ニ宣傳ヲ行ヒテ民心ノ收攬把握ニ努メ從ハサレハ武力ニ訴フル等頗ル積極的ニシテ當月ニ入リ遂ニ通北縣下ニ進出セル為民情未タ不安定ナル同方面ノ治安ハ悪化ノ虞アリ。亦尚南部巴彦縣内ニハ老國長匪蟠踞シ勢力ノ擴大強化ニ奔走シツツアルヲ以テ當地區ノ匪情益警戒ノ要アリ

4　濱洲線地區（哈爾濱ー昂昂溪）

當月當區間ニハ集團匪ノ横行皆無ニシテ唯數名ノ鼠賊鐵路地帶ニ二三回出現シタルノミ先月ニ引續キ一般平穩ナリ。然レ共當月ヨリ安達。滿溝ヲ起點トスル濱江。龍江。吉林三省ニ亘ル自動車ノ運營ヲ見ルニ至リ旅客物資ノ輸送漸ク頻繁トナリタルニ依リ之ヲ目途トスル不逞徒輩ノ潛入モ必然的ニ豫想セラルルヲ以テ背後地殊ニ松花江方面ノ匪情ニハ特ニ警戒ノ要アリ

5　京濱線地區（哈爾濱ー新京）

當區間鐵路地帶ニハ匪賊ノ出沒皆無ニシテ管内治安ハ極メテ良好ニ推移シツツアリ。然シ乍ラ背後地雙城楡樹縣境及拉林河口方面ニ潛

145

在スル常耀武及五洋、傾王、四季好ノ集團匪ハ寧日ナキ日滿軍警ノ急追ヲ受ケ目下逃避ニ懸命ナルヲ以テ何時鐵路地帶ニ流入スルヤモ難計特ニ蔡家溝蘭稜間拉林河附近ハ匪團ノ通路ナルニ依リ警戒ヲ要ス

6 北黑線地區（北安－黑河）

繁茂期以來辰淸淸溪附近ニ出沒相當敏活ナリシ中央好匪ハ當月ニ入リ沿線ヨリ影ヲ沒スルニ至リ唯當月上旬龍鎭東方愛護村ニ數名ノ鼠賊一回出現シタルノミニシテ一般概シテ平靜ナリ、然リト雖封江期ニ入リ江岸方面ノ交通頻繁トナレル折柄趙系匪ハ德都、龍鎭方面擾亂ヲ企圖シ漸次北上シツツアリ又久シク所在不明ナリシ抗日匪平康德ノ歸來説アリテ寸時ノ偷安モ許サレサル狀況ニアリ

7 哈同線地區（松花江沿岸）

當區間ノ匪賊ハ寧日ナキ日滿軍警ノ討伐ニ依リ根據地ヲ徹底的ニ擊滅セラレタル爲概ネ僻陬地ヲ回避シツツアルノ情勢ナリ、斯カル窮境ニ在ルトハ謂ヘ趙尙志夏雲楷、謝文東等ノ思想乃至政治匪ハ陰然

144

~~20~~

タル蘇聯勢力ヲ背景ニ封江後ニ於ケル跳梁ヲ期待シ依然執拗悪辣ナル策動ヲ續ケアリ最近ニ至リテハ所在ノ土著匪ヲ殆ント其ノ傘下ニ統制セリ。今ヤ哈同線長途自動車運行期ニ當リ之等匪團ノ動向ニハ一層注意警戒ノ要アリ

三 主ナル匪賊ノ出沒狀況

1 濱綏線沿線

考 鳳 林（共匪） 一五〇

十月中賓縣內ニ於テ再三日滿軍警ノ急襲ニ殲滅的打擊ヲ蒙リ其ノ後漸次南下シ十一月中旬四五〇名宛ニ分散シ密蜂小九間ノ鐵路ヲ横斷路南ニ移動シ目下烏吉密站南方約十五粁土山頭附近ニ蟠踞中ニシテ往來途上ノ車馬ヨリ私稅ヲ强徵シアリ又一味ハ拉濱線方面ニ移リ冬營準備ニ奔走中ニシテ當沿線中最警戒ヲ要スヘキ匪團ナリ

呂 營 長（抗日匪） 七〇

十一月上旬考鳳林匪ト合流シ帽兒山站北方約二十粁三道河子附近ニ蟠踞シアリシカ十一日同匪ト分離シ賓縣城東南方約二十粁爐拉子附

147

近ヲ移動中日軍ノ討伐ヲ受ケ死者約二〇名ヲ遺棄潰走セリ其ノ後一〇數名ニ分散平山站北方ヲ轉移シアルモ行動不活潑

金　龍（土匪）　三〇

十一月三日賓縣砂佗子附近山塞ニ根據中日軍ノ急襲ヲ受ケ潰走セリ行動不活潑

山紅、德好、天意合流（共匪）　二〇〇

十一月十七日賓縣大猪圏附近ノ山塞ニ根據中日軍ノ包圍攻擊ヲ受ケ死者三五ヲ出シ十八日ニハ盤道嶺南方地區ニ於テ再ヒ山塞ヲ覆滅セラル、本匪ハ各所ニ於テ根據地ヲ衝カレ冬營全ク不可能ニ陷リ目下賓縣中部地區ヲ轉々死物狂ノ迯避ヲ續ケツツ二十四日ニハ帽兒山北方三十支里腰四道河子ニ現ハレタルカ何時沿線ニ流入スルヤモ難計警戒ヲ要ス

道德、占九洋、東勝、占中華（抗日匪）　二〇〇

賓縣城西南方地區ニ於テ日滿軍警數次ノ討伐ニ遭ヒ殆ト潰滅セリ

戰　林（土匪）　二〇

146
~~81~~

蜜蜂站北方約三十支里附近山中ニ根據シ鐵路地帶ニ出沒人質ヲ拉致
シアリ行動不活潑

五　龍（共匪）　一〇〇

十一月十三日賓縣城東西方紗窩子ニ蟠踞中日軍ノ討伐ヲ受ケ屍體三
五ヲ遺棄潰走セリ。目下積極的行動ナク逃避ニ懸命ナル狀態ナリ

海　交（抗日匪）　八〇

珠河縣第六區楊家店附近ニ根據シ同地方一帶ノ部落ニ出沒糧食、私
税ヲ强要シツツアリ
當期間ノ行動不活潑ナリシカ其ノ動向ハ警戒ヲ要ス

吉林、吉興、紅桃（土匪）　五〇

賓縣第二區二十五戸方面ヲ中心ニ賓、阿城兩縣境ヲ分散游動シ人質
拉致衣糧ヲ强要シツツアリ

金山好、常山好（土匪）　四〇

十一月八日雙城賓縣境（平山站西南方約三十粁）ニ於テ雙城界遊動
自衞隊ト交戰シ南方ニ潰走セルカ其ノ後解團シ各地ニ四散シタルモ

149

147

~~32~~

ノ如シ

愛　民（共匪）　五〇

十一月二十五日蜜蜂站南方十八粁十三保及西蜜蜂園子附近一帶ニ蟠踞中、本匪ハ反滿抗日第三團ト稱シ考鳳林ト提携シアリ

2　拉濱線沿線

長山好（土匪）　三〇

背陰河站東南方約二十粁楡樹山ニ根據シ考鳳林ノ一味ト合流分散各地ニ出沒シ糧食、衣類ヲ强奪中十一月二十三日安家站東方約十二粁孫家火窩棚及劉家窩棚ヲ襲撃銃器ヲ掠奪逃走セリ行動活潑

候　貫（土匪）　四〇

十月末安家站東北方約五粁桃山東方漠泥河畔ニ蟠踞シ安家地區部落ノ襲撃ヲ揚言シアリシカ其ノ後行動不明

綠林好、福山（土匪）　五〇

十一月四日安家站西方約九粁河船口、拉林河畔ニ蟠踞中日滿軍ノ包圍攻擊ヲ受ケ四散五常與地山中ニ逃入潛伏中行動不活潑

150

金　山　芳（土匪）　三〇
安家站西方約十三粁深井崗附近ニ蟠踞シ食糧ヲ强要中ナルカ該匪ハ最近歸順ノ意ヲ漏シアリ

濱北線沿線

3

監　師　長（共匪）　二五〇
十月二十五日慶城縣八道崗陳好義屯ヲ襲擊、馬匹三八及銃器、金品多數ヲ掠奪、放火、拉致ヲ敢行シ逃走シタルカ日滿軍警ノ追擊ヲ受ケ各地ヲ游動中十一月十三日再ヒ皇軍ノ急襲ニ遭ヒ屍體二八ヲ放棄四散潰走シ其ノ後漸次北上シ二十日通北縣内ニ進出同縣森林警察隊ヲ襲擊セリ、本匪ハ隨所ニ於テ殲滅的打擊ヲ蒙リツツモ今尚執拗ナル宣傳工作ヲ繼續シ逐次北進シツツアリ警戒ヲ要ス

綠林好、青龍、占省、九江（土匪）一二〇
十一月九日綏稜縣王淸屯（縣城北方約四十粁）ニ綏稜閣山北方ヨリ襲來掠奪ヲ開始セルモ滿警團ノ猛擊ニ遭ヒ四散北方ニ潰走セリ行動稍活潑

151

天　帮（土匪）　二〇

十一月九日望奎縣乾宇四井附近部落ニ於テ馬匹三〇餘頭ヲ掠奪、綏稜縣方面ニ移動シタルモノノ如ク行動不活潑

老團長、青山、江北（土匪）　一〇〇

十一月十日東興縣内ヨリ巴彦縣砲手鎭東南方八粁强云分屯ニ移來セルカ再ヒ東興縣境方面ニ移動セリ。情報ニ依レハ老團長ハ目下巴彦縣柱脚溝附近山中ニ於テ所在ノ土匪約二〇〇名ヲ糾合部隊ノ編成中ナリト

金甲山（土匪）　三〇

十一月十八日呼蘭縣城東南方五六粁田家窩堡附近松花江岸ニ於テ自衞團ト交戰西方ニ逃走セリ行動不活潑

4　濱洲線沿線

助　國（土匪）　一五

十月三十一日安達站南方十支里葛家園子屯ニ侵入シ馬十九頭、衣類金品ヲ掠奪逃走シ其ノ後分散シテ同地南方地區ヲ徘徊中ナルモノノ

150

~~35~~

如キモ行動不活潑

5 京濱線沿線

懶王、五洋（土匪）一〇〇

十月末哈爾濱上流約四十粁洛洲西方大明泡附近ニ於テ安達井上部隊ノ討伐ヲ受ケ其ノ後同地方ニ潛在シアルモノノ如キモ行動不活潑

四季好（土匪）八〇

十一月十八日蔡家溝站西北方約四十粁楊家窩棚附近ニ於テ日軍ト交戰潰走シタルカ二十六日蔡家溝東方地區ニ現ハル

6 北黑線沿線

東山好（土匪）一〇

十一月九日龍鎮站東方七粁六馬架愛護村ニ侵入掠奪東方山中ニ遁入セリ、行動不活潑

7 哈同線沿線

趙尙志（共匪）一〇〇

木蘭、東興、通河及其ノ對岸地帶ニ亘リ轉々根據地ヲ移シ巧ニ日滿

153

軍警ノ討伐ヲ逃レツツ自家勢力ノ强化ニ奔走中

李　化　民（共匪）　一〇〇

通河木蘭縣境蒙古山ヲ根據トシ木蘭縣下ニ於ケル最モ優勢ナル匪團ナリシカ十月末ヨリ十一月初ニ亘リ皇軍數次ノ討伐ニ殲滅的打撃ヲ蒙リタル爲匪勢著シク減少セリ

一　抹　臉（共匪）　八〇

木蘭縣第一區大河沿娘々廟三角地帶ヲ根據トシ目下馬鞍山南麓地帶ヲ趙尙志、李化民ト合流行動シアリ

大　東　來（共匪）　一二〇

蒙古山附近ニ根據シ李化民、一抹臉匪ト連絡行動シアリ

張團長、九江（共匪）　一〇〇

木蘭縣元寶山、馬鞍山ヲ根據地トシ附近一帶ヲ横行シアリ行動稍活潑

滾　地　雷（共匪）　七〇

木蘭縣大哈塘附近ヲ根據トシ大河沿五站間路線附近ヲ行動シ時ニ八

152

~~37~~

依蘭縣方面ニ進出小匪ト合流スルコトアリ

王　四　海（共匪）　五〇

木蘭縣五站ヲ中心トスル地域ヲ行動シ目下濃河鎮北方通河縣境ニ蟠踞中

五省、順江（共匪）　六〇

木蘭縣第一區、二區ヲ行動範圍トシ常ニ王四海其ノ他ノ小匪ト合流行動シアリタルモ目下通河縣境ニ逃避中ナリ

耀中國、李四海（土匪）　一〇〇

通河縣西方哈同線林子河北方地區ヲ根據トシ新立屯附近ヲ行動シ時ニハ王四海匪ト合流スルコトアリ

明　　山（共匪）　二〇〇

東北抗日聯合軍獨立師長ト自稱シ根據地ヲ依蘭縣第三區ニ置キ趙尙志、謝文東ト連繫シ思想分子ノ獲得ニ奔走シ時ニハ富錦樺川方面ニ進出スルコトアリ行動活潑

均平耀三省（共匪）　五〇

155

153

~~38~~

通河縣三站祥順山淸河鎭一帶路綫附近ヲ行動シ居タルカ討伐隊ニ追ハレ鳳山縣方面ニ逃走セリ

東　來　好（共匪）　一二〇

李華堂匪ノ團長トシテ依蘭、方正縣ニ根據シ兩縣下ヲ行動シアリ。本匪ハ李華堂ヨリ輕機二ノ分配ヲ受ケテヨリ行動頗ニ活潑トナレリ

李　華　堂（共匪）　一二〇

方正、依蘭縣境ヲ根據トシ主トシテ牡丹江沿岸ヲ行動ス抗日軍支隊長ニシテ東來好、金山其ノ他小匪ト合流スルモ目下逃避ニ懸命ナル狀態ナリ

自來好、闖團長（共匪）　一三〇

謝文東系匪ニシテ依蘭縣第四區二道河子附近ニ潛在中行動不活潑

滕　松　柏（共匪）　一〇〇

依蘭縣第六區方面ニ根據地有スルモノノ如ク趙尙志ノ指揮ヲ受ケ勃利樺川縣境ヲ行動シアリ

大山、秦主任（共匪）　一三〇

156

154
~~39~~

依蘭縣第六區圍山鎮地方ニ根據ヲ有シ東部一帶ヲ行動シアリ（大山ハ小匪ニ射殺セラレタル說アリ）

謝　文　東（抗日匪）　二〇〇

反滿抗日軍總司令ト稱シ目下依蘭縣第六區胡家抹子ニ蟠踞シ反滿抗日思想宣傳ニ奔走シアリ。本匪ハ最近東北反日聯合軍第九團長ニ任命セラレタリトノ說アリ

天　下　好（抗日匪）　八〇

依蘭縣第六區ニ蟠踞中ニシテ謝文東ノ指揮ヲ受ケ李華堂、東來好匪ト連絡シアリ

夏　雲　楷（共匪）　二〇〇

湯原、蘿北縣境ニ根據ヲ有シ富錦、樺川縣內一帶ニ出沒依然活潑ナル匪行ヲ繼續シアリ。本匪ハ最近蘇聯ヨリ彈藥、軍資金ノ補給ヲ受ケアリトノ情報アリ、行動最活潑

陳　紹　賓（共匪）・一五〇

湯原綏濱縣境ヲ根據トシ二道河子附近一帶ヲ行動シアリ

157

天元、五省（共匪）　一五〇

樺川縣第五區東柳河子一帶ヲ根據地トシ富錦、樺川縣下ヲ横行シアリ、行動活潑

占江好、走字兒、北海（共匪）　九〇

日滿軍警ノ討伐ニ追ハレ依蘭、樺川縣境山中ヲ回避中ナリ

李學萬、東海勝（共匪）　三〇〇

饒河縣第二區四合頂子附近山岳地帶ニ據點ヲ置キ蘇聯ト密接ナル連絡ヲ保チツツ國境地帶ヲ行動シアリ

天崗、占一（共匪）　一〇〇

富寶自動車路線漂筏河附近一帶ヲ地盤トシ常ニ路線襲擊ノ氣勢ヲ揚ケツツアリ、警戒ヲ要ス

九洲、中央（共匪）　七〇

富錦縣第六區山岳地帶及樺川縣境一帶ヲ行動シ時ニハ寶清縣内ニ侵入スルコトアリ

中俠、除國（抗日匪）　七〇

綏濱縣下ヲ轉々逃避中ナリ、行動不活潑

156

○牡丹江鐵路局管内

一　一般概況

十一月ニ於ケル當局管内ノ匪團ハ引續ク日滿軍警ノ長期ニ亘ル不斷ノ討伐ト至嚴ナル警戒トニ依リ大ナルモノハ概ネ鐵路遠ク奥地ニ遁竄シ沿線ヲ覬覦スルノ遑ナキモ我カ鋭鋒ヲ廻避セル小匪ハ沿線各所ニ出沒彷徨シ衣食金錢乃至ハ銃器、彈藥ヲ漁リ專ラ越冬準備ニ汲々トシ管内出現總數約七十回ニ達スルノ狀況ニシテ機ヲ見テ進ンテ列車襲撃其ノ他鐵路ノ運營妨害ヲ企圖シアルモノノ如シ

敍上ノ情勢ニ鑑ミ日滿軍警ト緊密ナル連絡協調ヲ計ルト共ニ管下各警務段ヲ督勵シ至嚴ナル警戒ヲ實施シ鐵路警備上萬遺憾ナキヲ期シツツアリ

二　地區別概況

1　京圖線（敦化圖們間）

敦化地區ノ各匪團ハ間斷ナキ日滿軍警ノ討伐及集團部落ノ完成ニ依リ其ノ根據地ハ悉ク潰滅的打撃ヲ受ケ當管内ハ概ネ小康ヲ保持

シアルモ安圖撫松縣方面ニ横行中ノ共匪團ハ日滿軍警ノ討伐ヲ巧ニ潜リ游動中ニシテ越冬準備ノ為衣食ノ補給ニ勃々タルモノアリ又抗日軍ノ一部ハ南湖頭方面ヘノ移動説アリテ一刻ノ偸安ヲ許ササル現況ニアリ

朝陽川地區附近ノ匪團ハ日滿軍警ノ徹底的討伐掃蕩ニ依リ遺憾ナク撃破セラレ殆ト其ノ根據地ヲ覆滅セラレタルモ殘匪ハ迫ル饑餓ト嚴寒ニ耐ヘ難ク小匪團ニ改編諸所ニ出没シ主トシテ衣食ノ強奪ニ沒頭スル狀況ニ在リテ愈斷末魔的狂暴カ鐵道地帯ヘノ潜入ヲ懸念セラレ目下不斷至嚴ナル警戒ニ任シツツアリ

圖們地區ハ前月大荒溝羅子溝間ニ於テ日軍ノ糧秣輸送馬車襲撃セラレ糧食ノ補給ヲ得テ相當活潑ナル行動ヲ續行スルニ非ラスヤト思料シアリタルモ積極的日滿軍警ノ討匪工作ト之ニ併行シテ各機關ノ村民ニ對スル宣傳宣撫工作トニ依リ匪團ノ行動愈困難トナリ四煩八苦ノ狀態ニアリ目下ノ處幸ニ小康ヲ得ツツアリト雖何時不時襲來ハ圖リ難ク一刻ノ偸安ヲモ許ササル現況ニアリ

158

~~43~~

2 圖佳線（圖們林口間）

鹿道管内ハ豫テ執拗不斷ノ抵抗ヲ繼續シアリタル各匪團モ日滿軍警ノ峻烈ナル討伐ト鐵道沿線警備各部隊ノ至嚴ナル警戒ニ依リ大部ハ擊滅セラレ殘匪ノ行動モ意ノ如クナラス一時討伐隊ノ鋭鋒ヲ逃避シ衣食ノ補給ニ勃々タルモノアリテ愈疲勞困憊飢餓線上ニ彷徨シアリ又各匪團ノ一部ハ一時解散シ鐵道沿線ニ良民ヲ装ヒ潜入シアルカ常ニ諜者ヲ沿線ニ派シ種々劃策シ日滿軍警ノ虚ヲ窺ヒアルモノノ如ク寸刻ノ偷安ヲモ許ササル現況ニアリ

牡丹江地區ノ匪情ハ寧安地區ニ蟠踞シアリタル匪團中匪ハ日滿軍警ノ討伐ニ依リ其ノ根據ヲ擊滅セラレ北上シ林口磨刀石附近ヲ横行濱綏線圖佳線ノ列車襲擊ヲ企圖シアルモノノ如キモ我カ軍警ノ至嚴ナル警備ト情報網ノ強化確立ニ依リ其ノ企圖ヲ達シ得サルノ情況ニアリ

又方振聲（？）匪ハ牡丹江西北地區ニ於テ日滿軍警ニ擊破セラレタルコト屢ナルモ今月十二、三日ニ至リ又々鮮滿人ヨリ編成セル

161

有力ナル兵備ヲ整ヘ良民ヲ襲ヒ金品強奪人質拉致ヲ恣ニセルハ極度ノ衣食難ト迫ル臨冬越冬準備ニ喘キツツアルモノノ如シ

3 林密線（林口密山間）

林口地區ノ各匪團ハ頭初ヨリノ日軍秋季討伐ニ依リ何レモ奥地深ク逃避シ一時其ノ影ヲ潜メタルモノノ如ク其ノ出現回數稍減少シ且分散的行動ヲ爲シツツアリ、然レトモ佳勃自動車路沿線ニ於ケル各匪團ノ活動ハ相當熾烈ニシテ殊ニ本路線ニ跋扈シアル匪團ノ多クハ騎馬匪ニシテ其ノ俊敏ナル行動ハ特ニ監視ヲ要スルモノアリ

密山地區ニ於ケル匪團ハ相續ク日滿軍警ノ討伐ニ依リ鐵道沿線ニ近接セル集團匪ハ概ネ殲滅セラレ一時小康ヲ得タルモ越冬準備ニ狂奔セル匪團ハ日滿軍警ノ三段ナル警戒網ヲ巧ニ潜リ屢沿線近クノ部落ニ襲來シ居ル狀勢ニシテ寸毫ノ偷安モ許サザル現況ニアリ

4 濱綏線（一面坡、綏芬河間）

横道河子地區ノ匪團ハ日滿軍警ノ徹底的討伐ニ依リ土匪ハ稍ネ衰

160

~~45~~

徵セリト雖抗日思想匪ハ益隱密巧妙ニ活動ヲ續ケ其ノ主力ハ慶鐵道線路附近ニ出沒シ警備ノ隙ヲ窺ヒ機ニ乘セムトスカノ傾向濃厚ニシテ寸毫モ偷安ヲ許ササルノ狀態ニアリ

綏芬河地區ハ日滿軍警ノ間斷ナキ猛討伐ト治安肅正工作ニ依リ各大小匪團ハ其ノ根據地ヲ轉滅セラレ解散ノ已ムナキニ至リ一般ニ鐵路遠ク逃避シ沿線一帶大匪團ノ出沒ナク靜穩ニ經過シ稍小康ヲ保持シツツアルモ二十名內外ヨリ成ル小匪從ハ依然管內ヲ徘徊シ寸刻ノ偷安ヲモ許ササル現況ニアリ

三　主ナル匪賊ノ出沒狀況

1　京圖線

北來好（土匪）　一五

頭道河子（大石頭南方七粁）及哈爾巴嶺南方地區ヲ游動ス

王團長（共匪）　四〇

十一月三日鏡泊湖方面ヨリ南下シ大石頭北方一〇粁黃秀子附近ニ蟠踞

163

王景春（共匪）　一〇〇
十一月十二日茶條溝ニ於テ逮捕セル王景春密偵ノ自供ニ依リ茶條溝北方地區ニ移動シ來リ蹤跡中

合發軍（共匪）　一五
十一月十七日秋梨溝西南方約一五粁迷魂陣北側ニ於テ協軍ト交戰西南方ニ潰走ス（後ニ北戰闘ニ於テ暁斉合發軍ハ戰死セルコト判明）

吳義成（共匪）　三〇
十月二十八日安圖縣頭道磊子東北方七粁放木頂子山中ニ於テ日軍ニ其ノ根據地ヲ衝カレ東北方ニ敗走

2 圖佳線

九、勝（土匪）　三〇
十一月十四日東京城東南方一六粁白花大郎ニ現ハレ西南方ニ移動十五日鏡泊湖南端大荒溝ニ於テ三合、双勝等ト會合識（匪總數一〇〇）ヲ爲ス

162

~~47~~

周保中（共匪） 一〇〇

十一月上旬一部ヲ密山縣ニ派遣シ東寧縣老黒山ヨリ天橋嶺（寧安縣）綏子溝（汪清縣）ヲ游動ス

平南洋、柴世榮（共匪） 一八〇

寧安縣花臉溝ヨリ東寧縣老黒山ニ移動セルカ十一月初周保中ノ指令ヲ受ケ密山縣ニ移動セルモノノ如シ

崔仁俊（共匪） 七〇

南湖頭東南方一〇粁楊樹子溝附近ニ潜伏中ナルカ十一月七日日軍ニ向ヒ十六日治軍ト交戦シ痛撃ヲ受ク

王潤成（抗日匪） 七〇

汪清縣綏子溝、樺皮甸子附近ニ蟠踞シ糧秣掠奪ノ擧企圖ヲ有ス

許子章（抗日匪） 三〇

十一月十六日東京城東南方六粁磨盤山ヨリ石頭西方四粁臥龍河南山ニ移動

165

王汝起（共匪）　四〇

寧安縣萬丈溝ニ蟠踞中ナリシカ十一月二十一日第八區横道河子（山市西南方約三〇粁）方面ニ移動セリ

方振聲（共匪）　七〇

十一月初旬鏡泊湖南湖頭附近ヨリ北進寧蕈縣境南部老黑山ニ移動ス

方振聲（自衛）（共匪）？　七〇

十一月十二日牡丹江西北方四〇粁横山子ニ集結シ翌十三日白石頭溝（牡丹江西方五粁）ニ來襲シ人質ヲ拉致ス

3　林密線

不明匪（共匪）　五〇

十月二十八日白石磖子ヨリ線路ヲ横斷北進シ馬鹿溝方面ニ移動ス多分僞匪ニ非スヤト思料セラル

不明匪（土匪）　五〇

十一月九日馬鹿溝方面ヨリ南進線路ヲ横斷シ白石　子ニ移動

164

~~49~~

吳蒙驛（共匪） 四〇
十一月十日麻山西方西安村ニ投宿翌朝日軍（警務分所員協力出動ス）ノ攻擊ニ遭ヒ潰走ス

楊紹臣（共匪） 二〇
十月十三日向陽站東北方小龍爪溝溝口ニ現ハレ北方ニ移動ス

不明匪（土匪） 三五
麒麟北方四粁大通溝ニ現ハレ日軍ノ急襲ヲ浴ヒ北走ス

馮丕讓（共匪） 五〇
楊木北方地區ニ在ルモノノ如シ

李延祿（共匪） 九〇
十月三十日遙珠山北方七粁石灰窯ニ現ハレ十一月二日滴道北

不明匪（土匪） 四〇
秋皮溝ヲ通過東北方頭道嶺子方面ニ移動ス

占高山（共匪） 二〇
十月三十日滴道北方四〇粁關門磖子ニ來襲シ北方ニ移動

167

十月二十八日熱鑫東北方四粁搭頭湖ニ來襲人質二〇ヲ拉致シ馬、衣糧ヲ掠奪北方ニ逃走ス

4 濱綏線

考鳳林（共匪）　八〇〇

十月二十五日德林匪ニ呼應シテ蓮沙河南方ヲ通過シ拉濱線襲擊ヲ企圖シテ移動セリト

心　順（抗日匪）　五〇

十一月八日亞布洛尼南方一二粁ノ地點ニテ抗日匪三〇ト交戰東南方ニ移動

張俊峯（抗日匪）　一五〇

十一月三日穆稜站南方泉眼河自衛團ヲ襲擊セルモ敗走ス

九　標（抗日匪）　九〇

愛河北方大青背、愛河南方斗溝子附近ヲ游動セルモ行動振ハス

金　福（共匪）　八〇

愛河南方斗溝子附近ニ蟠踞シ共產宣傳ニ努ム

166

~~51~~

朴源奎（共匪）　四〇

愛河南万斗溝子附近ニ根據シ行動活潑ニシテ共産宣傳ニ狂奔ス

抗日軍　八〇

穆稜縣城西方四方臺、偏臉河、蓮花泡附近ヲ徘徊ス

仁義、饒老五、孔太太（共匪）　一〇〇

小綏芬南方二道崗附近ニ散在セシ仁義、饒老五ハ討伐ノ鋭鋒ヲ避ケ十一月下旬孔太太匪ト合流シテ二十八道河子ニ移動シ附近山中ニ蟠踞ス

劉三俠（抗日匪）　七〇

其ノ主力ハ寧安縣花臉溝方面ニ在ルモノノ如クナルカ一部ハ小綏芬北方九里地附近ニ山寨ヲ構築ス

姜継泉（共匪）　五〇

王徳全死後之ニ代リ東寧縣老黒山附近ニ在ルモノノ如シ

閔憲仁（共匪）　五〇

伊林南方楊木橋子附近ニ在ルモノノ如シ

168

167

~~52~~

劉洪、瑞、劉炮（共匪）　一〇

共ニ歸順ノ意思ナルカ現在細鱗河北方密林地帶ニ在リ

三鳳山（抗日匪）　五〇

穆稜縣泉眼河附近ニ蟠踞シ抗日軍ト連絡ス

170

168
~~58~~

○齊齊哈爾鐵路局管內

一 一般概況

本期管內匪情ハ平齊線南部ニ於テ自他共ニ其ノ鋭鋒ヲ誇リツツアリタル匪首大明山ヲ八面城守備隊ニ於テ逮捕シタル外匪首李的寬及雙一カ部下ト共ニ歸順ヲ申出タルカ之偏ニ日滿軍警不斷ノ努力ニ外ナラス、而シテ之カ附近匪團ニ與ヘタル反響ハ名實共ニ大ナル效果ヲ擧クルニ至リ從テ出沒匪賊ノ如キモ前月ニ比シ格段ノ減少ヲ呈シタル狀況ナリシカ之ニ反シ從來平穩ニシテ匪影全ク沒シタカ如キ感アリタル齊洲線土爾池哈第三保線工區宿舍ニ土匪ノ襲擊事件アリ被害程度僅少ナリト雖誠ニ遺憾トスルトコロニシテ尚又齊北線北部鐵路近キ通北縣山林地帶ニ思想匪趙尚志、草上飛ノ合流匪約七、八百名蟠踞中ナル現狀ニアリ何時管內ニ侵入スルヤモ圖リ難キニ付益關係各機關ト密接ナル連絡協調ニ留意シ特ニ愛護村民ニ對スル鐵路精神ノ強調普導ニ努力シ警備ノ萬全ヲ期シツツアリ

二 地區別概況

171

1 平齊線

四平街及鄭家屯管内鐵道沿線近クニ出沒シ相當暴威ヲ振ヒ居タル匪首大明山ハ八面城守備隊ニ逮捕セラレ匪首雙一ハ其ノ部下十名ト共ニ梨樹縣警務局ニ歸順シ交的寬亦八面城守備隊ニ歸順シ其ノ他二、三ノ匪團モ日滿軍警ノ討伐ニ四散潰滅シタルカ爾來小鼠的匪賊ノ出現アリシモ注目スヘキ匪團ノ出沒ヲ見ス幸ニ平穩裡ニ經過スルヲ得タリ

2 大鄭線（鄭家屯、通遼間）

客月迄本沿線ヲ横行シ相當住民ヲ惱シ居タル掃北、吉星、林字匪等モ本期ニ入リ其ノ足跡ヲ絕チ匪影ヲ認メス至極平穩ニ推移セリ

3 白溫線

二、三小匪賊ノ横行ヲ見タルモ鐵道ニ對スル被害ナク平穩ニ經過セリ

4 齊北線、訥河線（齊齊哈爾、北安、訥河間）

引續キ平穩ニ經過シタルモ先般濱江省松花江北方ニ於テ日滿軍警

170

~~55~~

ノ討伐ニ遭ヒ敗退シタル思想匪首趙尚志及草上飛等北方ニ移動シ目下通北縣山林地帯附近ニ蟠踞中ナルヲ以テ何時鐵路沿線ニ侵入スルヤモ圖リ難ク些ノ偷安ヲ許サザル状態ニアリ

5 濱洲線（昂昂溪滿洲里間）

本沿線ニ於テハ最近殆ト匪害皆無ナリシカ本期中土爾池哈附近ニ於テ土匪ノ工區宿舍襲撃事件アリタルヲ以テ前轍ヲ踏マサル如ク警務段員及愛護村民ヲ督勵シ線路巡察ヲ頻繁ニ實施シテ事故ノ未然防止ニ努メツツアリ

6 自動車線

イ 通經線

本年九月道德營子附近ニ於テ總局自動車ヲ襲撃シタル匪首林宏ハ本期開魯警察ニ於テ逮捕サレ現在取調中ニシテ其ノ他特ニ注目スヘキ匪団ヲ見ス平穩ニ運行シアリ

ロ 拜泉線（拜泉、克山、明水、海倫間）

客月ヨリ運行ヲ開始シタル本區間ハ爾來平穩ニ經過シ居ルモ目

173

下通北縣內及海倫縣內ニ蟠踞中ナル趙尙志匪カ何時出現セムト
モ圖リ知レサルニ依リ鋭意警戒中

三　主ナル匪賊ノ出沒概況

1　平齊線

雙一（土匪）　三〇

本期中數回ニ亘リ三江口站ヲ中心ニ出現沿線住民ヲ惱マシ居タル
カ日滿軍警ノ討伐ニ堪エ兼ネ遂ニ十一月十九日三江口警察隊ニ其
ノ部下一〇名ト共ニ歸順シ殘餘ノ匪團ハ遠ク逃走シタルモノノ如
ク其ノ後匪影ヲ認メス

林中勝（土匪）　二〇

十一月十七日三江口站東北方五〇支里柴家窩堡ニ侵入セムトシタ
ルモ三江口警察隊ト遭遇シ交戰四散セリ

2　大鄭線

特記スヘキ匪團ナシ

3　白溫線

174

不明（土匪） 一〇
十一月三日十時頃西科前旗第三査哈門溝仁義村ニ匪首不明ノ滿軍服類似ノ服裝ヲ著用シタル騎馬匪出現馬匹四頭其ノ他多數ノ物品ヲ掠奪西南方ニ逃走セリ

不明（土匪） 七
十一月二十二日十八時頃索倫街ニ歩匪七名出現滿人雜貨店ニ侵入物品及金錢多數ヲ掠奪ノ上東方ニ逃走ス

4 齊北線、訥河線、楡樹線
新屯附近ニ三、四名ノ小匪ノ出現ヲ見タルモ特記スヘキ匪團ナシ

5 濱洲線
不明（土匪） 八
十一月十六日土爾池哈第三保線工區宿舍ニ侵入局用電話線ヲ切斷金錢及衣類多數ヲ掠奪逃走セリ

6 自動車線
特記スヘキ匪團ナシ

○南滿社線管內

一　一般概況

本期管內ノ匪賊ハ日滿軍警討伐ノ進展ニ依リ隨所ニ其ノ根據地ヲ覆滅セラレ集團的行動ノ不利ニ陷リタル爲極メテ少數匪ニ分散シ討伐ノ眼ヲ遁レテハ鐵道愛護地區ニ接近シ農家ヲ急襲シテ衣類其ノ他ノ金品及馬匹等ヲ掠奪シ越冬準備ニ狂奔シアリ。本月中ニ於ケル匪賊概數ハ匪首一三、匪賊實數四五〇、出現回數四六回、此ノ延人員一、一七四名ニシテ前月ニ比シ著シク減少ヲ示シ治安ハ良好ニ經過シツツアリ

二　地區別概況

1　安奉線

本沿線ノ匪賊ハ天嶮ヲ利用シ出沒自在ナル爲其ノ行動頗ル執拗ナルモノアリ。前月ニ引續キ撫順縣下ニ共匪朱海樂ノ一團今猶横行ヲ續ケ更ニ本溪撫順縣境地區ニハ共匪王司令及楊團長、双合等ノ抗日匪出沒横行シツツアルモ日滿軍警ノ急追ヲ受ケ本期鐵道直接

174
~~50~~

ノ被害ナカリシモ地理的關係上遽ニ樂觀ヲ許サザル狀況ニ在リ

2 遼京線

本沿線ハ前月遼陽縣下ニ匪首仁義、天祐等ノ出沒ヲ見タルモ日滿軍警ノ討匪肅正ニ依リ何レカニ姿ヲ沒シ本月ニ入リテハ土匪長好ノ一味遼陽縣第六區方面ニ出沒シツツアルモ其ノ行動ノ見ルヘキモノナク全線ハ至極平靜ニ經過シツツアリ

3 其ノ他ノ支線

撫順支線ハ撫順本溪縣下ニ蟠踞スル匪團ノ游動スルコトアルモ鐵路地帶ニ侵入シタルコトナク特記スヘキモノナシ

三 主ナル匪賊ノ出沒狀況

1 安奉線

王司令（共匪） 一五〇

撫順、本溪縣境地區ヲ根據トシ楊國長、朱海樂匪ト常ニ連絡シ安奉線沿線近クニ出沒横行ス行動活潑ニシテ相當警戒ヲ要ス

楊國長、天意、四海（抗日匪） 一五〇

171

撫順縣第七區湯牛溝、東臺溝地區ニ蟠踞中日滿軍警ノ討伐ヲ受ケ東北方ニ潰走セルモ奉鐵路沿線附近ヲ横行シ行動活潑

双合（抗日匪）　一三

石橋子驛東北方三那里平安嶺地區ヲ横行匪數ハ少ナキモ常ニ各匪團ト連絡行動シツツアルヲ以テ警戒ヲ要ス

朱海樂（共匪）　一五〇

依然撫順縣役橋子溝附近ニ蟠踞シ日滿軍警ノ討伐ヲ避ケツツ鐵路沿線近クヲ横行シ他匪トノ連絡ヲ密ニシ時折離合ス行動活潑ニシテ嚴戒ヲ要ス

大遠字（土匪）　二〇〇

撫順縣第八區地帶ニ蟠踞シアリタルモ日滿軍警ノ討伐ヲ受ケ南下シ本溪縣第一區七家溝ニ逃避シ目下該地附近ニ蟠踞中

不明匪（土匪）　一三

石橋子驛東方黄櫨子附近ヲ横行鐵道沿線近クニ出沒シ常ニ物資ヲ强要シツツアリ

178

176

~~61~~

2 遼京線

長好（土匪） 一七

遼陽縣第六區大河峪地區ニ蟠踞出沒シ常ニ物資ヲ強要シツツアリ

注意ヲ要ス

179

○建設線管内

一　一般概況

建設線（梅輯線外九線延長一、〇五六粁三）及其ノ附近一帯ニ於ケル匪賊ノ出現ハ概ネ本季節ヨリ例年漸減ノ傾向アルニヨリ肅正工作ト相俟ツテ前月ニ比シ減少ヲ豫想シタルモ尚出現回數一四件（中實被害件數七件）ニ達シ凡ソ前月ト大差ヲ見サリシカ之ハ東邊道一帯ニ亘リ尚有力匪團ノ横行甚シキモノアリシニ依リ前月來日本軍指導ノ下ニ滿洲國軍ノ精鋭ナル大部隊ニヨリ討伐敢行セラレ之カ爲一部殲滅ヲ免レシ匪賊カ沿線附近ヲ潛行シタルニ因ルモノノ如ク、本月主ニ出現ヲ見タルハ梅輯拉濱兩線ノ各四件ヲ最多トシ林佳線ノ三件之ニ次キ其ノ他ノ諸線ハ前月ト大差ナク尚匪襲ヲ減シツツアリシ錦州管内義邱、邱立ノ兩線及白城子管内ニアリテハ狀況益安定シ引續キ一件ノ出現ヲモ見ス平穩ナル狀態ナリ

右ノ如ク沿線ハ漸次平穩ナル狀態ニ向ヒツツアレ共隣線ノ建設ハ漸次僻陬地域ニ向ツテ進捗シツツアリ警備力ノ薄弱ナル地域ハ未タ彼

178
~~63~~

等ノ努力全ク根絶セラレタルニ非サレハ一時ノ少康ニ安スルコトナク自衛隊ヲ督勵シ各機關ト一層緊密ノ連絡ヲ執リ警戒ヲ嚴ニシ工事ノ進展ニ努メツツアリ

二　本月中主ナル被害状況

本月個所別實被害件數ハ會社關係一、軍隊關係三（中滿軍關係二）及其ノ他關係ノ三件ニテ被害ハ軍隊關係中滿軍ノ戰死者三名負傷者十一名（梅通、通輯線沿線ニテ）及其ノ他關係ニテ滿洲國警察隊戰死一名、部落民被拉致者三名ニテ人命損傷ノ被害多ク物資掠奪等ノ被害ハ前例ニ比シ各關係共輕少ナルヲ得亦最物質的被害ヲ蒙リツツアリシ請負人關係者ノ被害ハ引續キ皆無ナルヲ得タルカ本月中ニ於ケル主ナル被害次ノ如シ

1　會社關係

林佳線

閻家、千振間ノ通信電線路電柱電線一條ペンチニテ電柱際ヨリ切斷サレ居ルヲ二十一日七時頃發見シ十時三十分復舊ス

(8)

179

~~64~~

2 軍隊關係

通輯線

イ 匪情捜索中ノ滿軍靖安軍九日十時三十分頃五〇粁東方一〇粁一四三四高地ニテ王鳳閣補隊ノ約一〇〇名ト遭遇激戰數時間ニシテ死體數個ヲ遺棄セシメ潰走セシメタルモ本戰鬪ニ於テ左ノ死傷者ヲ出セリ

滿軍戰死 一 負傷 六名

ロ 十五日五三粁西方四粁一一二〇高地附近ニ匪首王鳳閣ノ率ユル約一五〇名侵入セルヲ探知セル在八道濠滿軍第二旅第二團ノ三個連ハ五時三十分頃同地ニ於テ該匪ト遭遇シ交戰六時間半ニシテ之ヲ南方ニ潰走セシメタルモ本戰鬪ニテ左ノ死傷者ヲ出セリ

滿軍戰死 二 負傷 五名

三 地區別匪賊概況

1 錦州管內

182

義邱、邱立線

秋期大討伐ノ結果沿線一帶ニ蠢動セル小匪團ハ漸次四散敗走シ今ヤ全ク其ノ影ヲ見ス

各種宣撫工作ト相俟チ治安概ネ平常化シ幸ニ本月中匪害皆無ノ狀態ニテ工事モ豫定通進捗シツツアリ

2　白城子管内

興溫、魯北、訥墨、墨鷗線

各沿線トモ一件ノ情報モナク極メテ平穩ナルモ掩護隊、自衛隊ニ於テハ萬全ヲ期シ嚴戒中ナリ

3　四平街管内

梅通、通輯線

日本軍指導ノ下ニ滿洲國軍ノ精鋭大部隊ニ依リ敢行サレツツアル東邊道一帶ノ大討伐ニ依リ沿線ニ於ケル匪賊ハ次第ニ其ノ勢力ヲ失墜シ僅ニ山寨ニ立籠リ鋭鋒ヲ避ケ居タルモ討伐軍ノ寧日ナキ捜索ニ依リ其ノ唯一ノ頼ミトセル山寨サヘ次第ニ燒キ拂ハレ討伐軍

トノ通過交戰毎ニ彈藥ヲ消耗シ其ノ補給ノ道モ困難トナリ今ハ全ク小部隊ニ分散潛伏シ極力追擊ヲ逃レツツアル狀態ナリ、殊ニ通化東南部一帶ヲ有力ナル根據地トセシ王鳳閣匪ノ如キハ山寨ノ徹底的覆滅ヲ受ケ其ノ活動頓ニ衰ヘタルモノノ如シ

一方東邊道治安肅正特別工作班ハ通化ニ其ノ本部ヲ置キ各僻陬地方ニ至ル迄隈ナク協和精神ノ徹底ヲ期スヘク工作ニ奮鬪中ニシテ今期長期大討伐ト併行シテ行ハレツツアル此ノ種工作等ニ依リ匪團ノ活動モ漸ク活潑性ヲ失ヒ次第ニ自滅ノ外ナカルヘシト思惟サル

工事測量現場ニ於ケル本月中ノ匪賊出沒件數モ極僅少ニシテ會社請負人側ノ直接被害ハ一件モナカリシモ日本軍ニ於テ梅通線通溝嶺分遣隊三浦上等兵ハ右手ニ重傷ヲ負ヘリ

前記ノ如キ狀況ニシテ沿線ハ極メテ平穩ナル狀態ニ向ヒツツアレ共永年ノ間ニ相當根強ク植付ケラレタル彼等ノ勢力ハ未タ全然樂觀ヲ許サザルモノアルニ付日本軍並各機關トノ連絡ヲヨリ一層緊

184

182

~~67~~

密ニシ剿匪ノ進展ニ努力中ナリ

4　牡丹江管內

本月匪團ノ出現件數六件實害件數一件ニシテ出現並實害件數共引續キ減少ヲ見タリ實被害件數ノ一件ハ林佳線閻家附近ニ於ケル通信線ノ妨害（電線ノ切斷）ニテ他ハ軍隊及自衛隊關係ニ於ケル匪賊トノ交戰ナルカ幸ニシテ直接ノ被害ハ輕微ナルヲ得タリ近時管內ニ於ケル匪狀好轉ノ原因ハ各警備機關ノ嚴重ナル警戒ト情報ノ蒐集適切ニシテ彼等ヲシテ乘セシムルノ隙ヲ與ヘサルニ依ルモノト思料スルモ路線ノ工事ハ漸次僻陬ノ地域ニ向ツテ進捗シ然モ國境ニ近接シアル等ニ因リ毫モ晏如ヲ許ササル狀況ニアルヲ以テ各機關ト連繫シ益嚴密ナル警戒ニ任シツツアリ

185

四．各線別匪害狀況

梅通線

被害關係別	月日時刻	場所	概況
軍隊關係	一一、二〇　一四三〇	梅通線一〇〇粁附近通溝嶺東方五〇〇米	一四時三〇分頃通化山本部隊通溝嶺分遣隊ハ同地東方數百米ノ高地附近ニ於テ敵發ノ銃聲ヲ聞キタルヲ以テ同分遣隊司令三浦文三郎上等兵ハ直ニ部下五名及建設自衛隊員三名並榊谷組警備員一名ヲ合セ指揮シ同分遣隊東方五〇〇米附近ニ至リ匪情ヲ探索セシモ發見スルニ至ラサリシ爲威嚇ノ爲榊谷組警備員ノ所持セシダイナマイトニ點火投擲セントセル際發火シ右手ヲ切斷顔面其ノ他ニ負傷セリ
其ノ他	一一、三　五〇〇	通化東方一〇粁馬當溝嶺	五時頃通化治安隊相馬教官以下二〇名ハ上記附近交界ニ於テ張科長以下一五、六名ノ匪賊ト遭遇交戰一時間ノ後之ヲ東南六粁青溝子方面ニ擊退セリ、彼我ノ損害、我戰死一名（治安隊）彼不明

其ノ他	一、一五	一〇、〇〇〇	通化東方一二三粁北方八粁大楂道河子	一〇時頃上記附近部落ニ土匪海龍以下七名來襲シ部落民二名ヲ拉致逃走セルモ二名共無事逃レ歸レリ
其ノ他	一、一五	二〇、〇〇〇	〃一一五粁西南八粁金斗火烙北溝	上記附近ニ二〇時頃系統匪首不明ノ匪團六〇名移動シ來リタリトノ報ニ接セル快當茂子警察署員八隊員九、國軍百〇、干溝子滿軍一箇連ト共ニ之カ討伐ノ爲出動セルモ匪情ヲ得ス歸還セリ
通輯線				
軍隊關係	一、一五		通輯線三〇粁西方八粁附近大砬子溝	上記ニ蟠踞中ノ張科長匪歸順ノ意志アルモノノ如クナルヲ以テ過般來通化工作班ハ之カ口作ニ任シアリタルモ彼等ノ眞意ニ疑問ヲ生シ（武器提供其ノ他ノ要求ニ應セサリシ爲）タルニ依リ山本部隊ハ之カ殲滅ヲ期シ四日行動ヲ開始シ和田及福田部隊ヲ以テ之ヲ包圍シ五日拂曉攻撃ヲ開始セシモ早クモ之ヲ探知セル該匪ハ其ノ東北方ニ逃走セリ

(187)

軍隊關係	一一、九	一〇、三〇	通輯線五〇粁東方一〇粁一四三四高地	匪情捜索ノ爲出動セシ滿軍（靖安軍）ハ一〇時三〇分頃上記高地ニテ王鳳閣衛隊ノ約一〇〇名ト遭遇激戰數時間ニ及ヒ該匪ハ死體數個ヲ遺棄シ逃走セリ、本戰鬪ニ於テ、滿軍ノ戰死一名、負傷六名
軍隊關係	一一、一五	五、三〇	〃五三粁西方四粁一一二〇高地	上記附近ニ匪首王鳳閣ノ率ユル一五〇名（輕機三、自動短銃二ヲ有ス）侵入セルヲ探知セル在八道溝滿軍第二旅第五團ノ三個連ハ五時三十分同地ニ於テ之ト遭遇交戰六時間半ニシテ之ヲ南方ニ潰走セシメタリ、尚本戰鬪ニ於テ滿軍戰死二名、負傷五名ヲ出セリ、賊ノ損害不明
其ノ他	一一、一八	三、〇〇	〃二〇粁東方五粁四道溝	三時頃系統匪首不明ノ匪賊約二〇名上記部落ニ來襲シ住民一名ヲ拉致シ逃走セリ
其ノ他	一一、二五	一〇、〇〇	〃三五粁東方一〇粁四道陽岔	通化縣第三區四道江警察署員三四名ハ匪情捜索中上記地點ニテ王鳳閣匪高紹官以下三〇餘名ト遭遇交戰一時間ノ後之ヲ其ノ東南七道陽岔地方ニ撃退セリ

186

自衛隊關係	一一、一六	二〇〇〇	密虎線 婁德	自衛隊員警備巡察中驛附近ニ於テ六、七名ノ匪賊ヲ發見之ヲ射撃シ北方ニ撃退ス尚興凱守備隊ヨリ長以下四名自衛隊員二名モーターカーニテ應援ノ爲出動同地附近ノ非常警戒ヲ爲シ十七日一時三十分歸滑セリ常方被害ナシ	密虎線	彼我ノ損害、我方ナシ、敵匪ハ遺棄死體一、負傷四、鹵獲品 小銃二 小洋砲一 刀一 槍一六 一重軍服三

林佳線

被害關係別	月日	時刻	場所	概況
會社關係	一一、二〇	二二、〇〇	林佳線閻家千振間	上記區間通信電線路七八號電柱電線一條ペンチニテ電柱際ヨリ切斷窃取サレ居ルヲ二一日七時頃發見一〇時三〇分復舊ス原因匪賊ノ通信妨害ト思料ス
自衛隊關係	一一、二四	一六、〇〇	〃杏樹北方四粁小蓮珠河附近	上記附近ニ金山、四好、文武ノ合流騎馬匪約七〇名（輕機三、各人長銃携行、拳銃三ヲ有ス）集結中ノ報ヲ得タルヲ以テ杏樹自衛隊出動之ヲ大青山方面ニ撃退セリ當方被害ナシ
軍隊關係	一一、二五	四、〇〇	〃匪河東方約六粁附近	上記地點滿人民團駐屯地附近ニ反滿抗日第五軍ノ武裝騎馬匪約一五〇來襲民團之ト交戰撃退ス匪河分遣隊出動セシモ匪賊ハ逃走後ニシテ匪影ヲ見ス歸還セリ

188

~~78~~

綏佳線

被害關係別	月日	時刻	場所	概況
軍隊關係	一一、二〇	一六、〇〇	綏佳線湯原縣城西北方一二粁附近	第一測量掩護隊ノ一部ハトラツクニ臺ニ分乘シ湯原縣城西北方約一二粁附近ニ於テ滿軍警ヲ應援シ夏雲階ノ指揮スル騎馬匪約七〇名ト交戰撃退ス該匪ハ滿軍制服ヲ著用シ輕機三ヲ有スルモノノ如シ敵ノ損害負傷七八名、馬四頭射殺、一頭捕獲詳細ハ暗夜トナリ不明

春陽林區

自衛隊關係	一一、五	一四〇〇	春陽林區二九粁附近山頂	上記地點ニ擧動不審者ヲ發見唐石溝自衛隊出動之ヲ逮捕シ小梨樹溝ニ於テ日軍宮本討伐隊ニ引渡セリ

(191)

（附表第一）

建設線匪賊被害件數（十一月）

種別／線別	匪賊件數 會社關係	匪賊件數 自衛隊關係	匪賊件數 請負人關係	匪賊件數 軍隊關係	匪賊件數 其ノ他	匪賊件數 計	實害件數 會社關係	實害件數 自衛隊關係	實害件數 請負人關係	實害件數 軍隊關係	實害件數 其ノ他	實害件數 計
梅通線				一	三	四				一	二	三
通輯線				二	二	四				二	一	三
密虎線		一				一						
林佳線	一	一		一		三	一					一
綏佳線				一		一						
春陽林區		一				一						
合計	一	三		五	五	一四	一			三	三	七

註一 實害件數トハ建造物人畜金品ノ被害ヲ謂フ

一 其ノ他欄ハ主トシテ建設線附近部落ニ於ケル被害ナリ

190

（附表第二）

建設線匪賊被害事件數累計（自四月至十一月）

線別＼種別	匪賊件數 會社關係	匪賊件數 自衛團關係	匪賊件數 請負人關係	匪賊件數 軍隊關係	匪賊件數 其ノ他	匪賊件數 計	實害件數 會社關係	實害件數 自衛團關係	實害件數 請負人關係	實害件數 軍隊關係	實害件數 其ノ他	實害件數 計
義邱線	五		一	一〇	六	二三	三		一	四	四	一二
邱立線	四		二	六	二	一四	四			一	二	七
魯北線			一		一	二			一		一	二
四西線 (8)				二	二	四					二	二
梅通線	三		二〇	一八	二四	六五	二		二〇	六	一一	三九
通輯線	一			四	七	一二	一			二	三	六
寧林線 (6)					二	二					二	二
林佳線	一一	七	二二	四	四	四八	八	三	二二	三	四	四〇
林密線 (6)	一		二	五	一	九	一		三	二	二	八
密虎線	一	一	九	八	一	二〇	一		九	五	一	一六
綏佳線	一			一		二	一					一
春陽林區		四	五		一	一〇			四			四
壘鴎線	一					一	一					一
合計	二八	一二	六二	五八	五一	二一一	二二	三	六〇	二三	三二	一四〇

註　線別欄上記載ノ（）内數字ハ本年度既引繼ノ月ヲ示ス

（附表三）

建設線死傷竝拉致人員（十一月分）

被害種別／線別	死亡		負傷	拉致
	軍隊	其ノ他	軍隊	其ノ他
梅通線		1	一	
通輯線	3		11	1
合計	3	1	11 一	1

備考　アラビヤ數字ハ鮮滿人

192

~~??~~

（附表四）

建設線死傷並拉致人員累計（自四月至十一月）

線別＼被害種別	死亡 會社	死亡 請負	死亡 軍隊	死亡 其ノ他	負傷 自衛隊	負傷 請負	負傷 軍隊	負傷 其ノ他	拉致 會社	拉致 請負	拉致 其ノ他
義邱線		一	2	2		一	3 二	1			2
邱立線				2			一				
(8) 四西線											5
梅通線		1	二	7 九			5 四	8 二		7	21
通輯線	1		3	2			11				1
(6) 寧林線											13
林佳線			二〇	一	一	119	八		1	45	6
(6) 林密線			5				4 一			105 一	34
密虎線			㊀ 一				七	一		16	4
春陽林區										7	
合計	1	1 一	㊀10 二三	13 一〇	一	119 一	23 二三	9 三	1	180 一	86

備考一　アラビヤ數字ハ鮮滿人、〇内數字ハ滿軍内日人ヲ示ス
一　線別欄上記載ノ（ ）内數字ハ本年度既引續ノ月ヲ示ス

185

昭和十一年十一月中匪賊ニ因ル被害事故調

局所別	線別	發生月日時	場所	件名	概況
錦縣局	葉峰	一一月二六日二時三〇分	天義站構内ポイント附近	從事員死傷	木下巡長ハ満人巡警一ヲ帯同構内巡察中上記地點ニ於テ突然三名ノ匪賊ヨリ射撃ヲ受ケ左大腿部ニ貫通銃創ヲ受ケタルモ屈セス之ニ應戰西南方ニ撃退セリ
吉林局	奉吉	一一月一〇日	沙、河間梅河口	其ノ他	工務段満人一八電話線補修ノ為巡視中匪賊三ニ襲ハレ國幣六圓ヲ強奪セラル
哈爾濱局	松花江岸	一〇月二八日二〇時三〇分	通河碼頭上流一一粁蠟河碼頭附近	船舶襲撃	碇泊中ノ廣州號ニ匪首不明匪約二〇名小舟二艘ニ分乗襲来セルヲ以テ警乗員ハ之ト交戰四〇分ニシテ現場ヲ離脱セリ我方被害ナシ

186

194

齊齊哈爾局	濱州	一一月一六日 二三時	土爾池哈第三保線工區宿舍(哈爾濱起點三一四粁)	其ノ他	匪首不明歩匪八名侵入シ局用電話線ヲ切斷工頭外三名ヨリ現金七〇圓衣類一〇數點ヲ掠奪逃走セリ
牡丹江建設事務所	林區	一一月五日 一四時〇分	春陽林區二九粁附近	其ノ他(自衛隊關係)	上記地點ニ擧動不審者ヲ發見唐石溝自衛隊員出動之ヲ逮捕シ日軍ニ引渡セリ
	密虎	一一月一六日 二〇時〇分	裴德驛	其ノ他(自衛隊關係)	自衛隊員巡察中驛附近ニ於テ六、七名ノ匪賊ヲ發見之ヲ射撃シ北方ニ撃退セリ
	林佳	一一月二〇日 二二時〇分	閻家 千振間	電線被害(會社關係)	通信電線路七八號電柱電線一條ペンチニテ電柱際ヨリ切斷竊取セラル
		一一月二四日 一六時〇分	杏樹北方四粁地點	其ノ他(自衛隊關係)	金山、西好、文武ノ合流匪七〇(騎機三、各人長銃携行)集結中トノ報ニ依リ杏樹自衛隊出動之ヲ大青山方面ニ撃退ス

187

197

本書發送先　各鐵路局長　各鐵路監理所長　總裁室文書課長　同弘報課長　同監査役　經理部長　東京支社長　新京事務局長　各鐵道事務所長　各建設事務所長

經庶庶 36 第 3 號 19

鐵總警三六第六八號二〇

昭和十二年三月十六日

鐵道總局

鐵道警務局長

1 本社經理部長 殿

經理部長

2 庶務課長

庶務係

主計課長

4 第一豫算係

3 會計課長

全滿鐵道沿線匪賊情況及警備對策並鐵道自動車事故調送付ノ件

客年十二月中ニ於ケル首題ノ件別冊送付致シマス

200

198

秘

昭和十一年十二月

全滿鐵道沿線匪賊情況及警備對策竝鐵道自動車事故調（月報）

鐵道總局

201

199

目次

202

200

203

三　地區別匪賊概況

四　各線別匪害概況

附　表

十二月中匪害件數

四月以降匪害件數累計

十二月中死傷竝拉致人員

四月以降死傷竝拉致人員累計

○十二月中全管內匪賊ニ依ル被害事故調

○附　圖

十二月中全管內匪勢概況

十二月中全管內匪害事故一覧

○一般概況

管內ノ集團的匪賊ハ漸次北上シ滿蘇國境接壤地帶ニ移動ノ傾向アリ、殊ニ同方面ニ於ケル匪團ハ殆ト共匪ノ勢力下ニシテ夏雲楷匪ノ如キハ大擧佛山縣城ヲ襲擊シ其ノ傍若無人ノ振舞ハ背後ニ蘇聯ノ援助アリシモノノ如ク其ノ反日滿的行動ハ次第ニ助長シツツアリ、之等ハ畢竟蘇聯及中共黨ノ煽動使嗾ト積極的支援ニ基因スルモノト認メラルル折柄北支ニ於ケル張學良ノクーデタート容共聲明ハ在滿共匪團ヲシテ著シク刺戟セルノ觀アリ、然ルニ日滿軍ノ間斷ナキ掃蕩ニ遭ヒ國境邊僻ノ地點ヲ轉移シツツ執拗ナル蠢動ヲ續ケツツアルモ其ノ他ノ集團匪ノ大部分ハ分離四散シ鐵路地帶ニ於ケル集團的行動ハ殆ト稀ナルカ之等離散セル個々ノ匪賊ハ往々警備ノ間隙ニ乘シ愛護地區內ニ於テ剽盜的匪行ヲ爲スモノ稍增加ノ傾向ヲ示シツツアリ

各鐵路局別ノ匪勢トシテハ錦縣鐵路局管內ハ奉吉線淸原ヲ中心トスル兩側地區ニ依然トシテ執拗ナル蝟集ヲ續ケ警備ノ間隙ニ乘セムトシ、哈爾濱鐵路局管內ハ松花江流域ノ共產匪ハ一層活潑ナル行動ヲ續ケ載

團長等ノ合流匪ノ如キハ本月二十三日滿洲國警察隊ト交戰退却途中三姓發佳木斯行總局自動車ト遭遇スルヤ直ニ襲撃シ來リシカ警乘員ノ勇敢ナル應戰ト臨機ノ措置ニ依リ三姓ニ引返シ被害ヲ免レタリ、又牡丹江鐵路局管內ハ東京城ヲ中心トスル圖佳線、下城子ヲ中心トスル濱綏線及京圖線敦化地區ノ各沿線ハ有力ナル共匪團集結シ虎視眈々タルモノアリ地理的關係上今ヤ抗日聯合軍匪等ノ主ナル共匪團ハ漸次同局管內ニ蝟集シツツアルヤノ觀アリ沿線警備ハ寸隙ヲモ許ササル情勢ニ在リ、吉林鐵路局管內ハ拉濱線五常地區ニ、齊齊哈爾鐵路局管內ハ平齊線鄭家屯地區ニ何レモ少數ノ匪團出沒スルノミニシテ概シテ平穩ヲ維持シアリ、南滿社線ハ前月ヨリ引續キ平靜ニシテ鐵道地帶內ニ於ケル集團匪ノ横行殆トナク、建設線方面モ亦日滿軍ノ肅正討伐ニ依リ幸ニ平穩ニ經過シ得タルモ何分交通通信不便ノ僻地ニ亘ルヲ以テ未タ晏如タルヲ得サルノ實狀ニ在リ

情勢以上ノ如クニシテ管內ノ匪勢ハ討匪行動ノ進捗ニ伴ヒ極度ニ壓縮セラレタルト共ニ冬營期ニ入リタル爲著シク行動ノ活潑性ヲ失ヒ本月

204

3

ニ於ケル國線ノ匪賊ハ其ノ出現回數三八四回ニシテ前月ニ比シ一三二回ノ減少ヲ見其ノ實數ニ於テモ匪首二七六、匪賊一〇五三一、此ノ延人員一八六六八、ニシテ前月ニ比シ何レモ減少ヲ示シツツアリ

207

205

○警備對策

一　年末警戒

年末決算期ノ切迫ニ伴ヒ商取引ノ爲多額ノ現金ヲ携帶スル旅行者遽ニ激增セルニ乘シ之ヲ目的トスル匪賊不逞ノ徒ノ出沒ハ一層激化スルモノト思料セラルルヲ以テ之等旅客ノ安全保護ト匪徒檢擧ノ目的ヲ以テ各鐵路局ニ於テハ特ニ年末警戒ヲ實施シ警務段ヲ督勵シテ列車自動車警乘及各站ニ於ケル乘降客ノ檢問檢索ニ努メタル結果今月中匪首四、副頭目五、平匪六三、通匪二二計九四名ヲ檢擧シ拳銃一〇同彈藥二一七、長銃一七、同彈藥二〇七ヲ押收シ相當ノ成績ヲ收メ得タリ

二　特殊講習實施

1　傳書鳩取扱指導者講習

首題講習ノ爲各鐵路局ヨリ日人巡長二名ツツ計十名ヲ奉天ニ召集シ傳書鳩育成所ニ於テ三週間ニ亘リ鳩ノ訓練飼育其ノ他ノ實務ニ付實習セシムルコトトシ第一回ヲ十二月十七日ヨリ實施セリ

208

5　206

2　輕機關銃取扱講習

齊齊哈爾鐵路局ニ於テハ本年度第二回首題講習ヲ開催シ管内各警務段ヨリ日人巡長二十五名ヲ齊齊哈爾ニ召集シ本月七日ヨリ二週間ニ亘リ實施セリ

三、熱河自動車線警備強化

錦縣鐵路局ニ於テハ赤峰林西間自動車線ノ匪情ニ鑑ミ自動車運行ノ確保ト旅客保護ノ完璧ヲ期スル爲本月三日赤峰警務段ニ對シ左記兵器〃器材ヲ新ニ増配シ自動車警備ニ遺憾ナキヲ期セリ

輕機關銃一　手榴彈一〇

防彈着八　鐵兜一〇

四　通信施設

イ　携帶電話機

錦縣及哈爾濱兩鐵路局ニテハ警備用携帶電話機ノ備附ナキ段所アリタルヲ以テ新ニ所要數ノ配給ヲ爲シ之カ備附ヲ完了セリ

ロ　警備用電鈴

20P

錦縣鐵路局ニテハ豫算ノ關係上本年度ハ最危險地區タル奉吉線ニ十一箇所及大鄭線ニ六箇所ヲ設置スルコトニ決定シ之カ實施ニ著手セリ

五　防護施設

京圖線各站鐵條網及掩體等補修工事中ノ處完了シ更ニ京白、平梅、奉吉線中施設不完全ナルトコロアルヲ以テ目下之カ新設及補修作業實施中ナリ

六　警備犬ノ狀況

飼育訓練概シテ順調ニシテ蕃殖ノ成績又良好ナルカ錦縣鐵路局配給犬中三頭ハ十八頭ノ仔犬ヲ分娩シタルモ中七頭ハ早產其ノ他ノ故障ニ依リ死亡シ他ハ發育頗ル良好ナリ

而シテ各所配備犬ハ線路巡察、集積貨物警戒等ニ使役シ所期ノ成績ヲ擧ケツツアリ

七　傳書鳩ノ狀況

イ　畫間鳩ノ飼育及管理狀態ハ適切良好ニシテ之カ實地ノ運用モ亦

210

208

7

頗ル價値ヲ增大シ現在ニ於テハ既ニ警備上ノミナラス自動車線等ニ於テハ營業用ノ通信ニモ使用セラレアリ將來一層之カ通信距離ノ延長ト利用範圍ノ擴大ヲ計リ實績ノ向上ヲ期シツツアリ

ロ　夜間鳩ノ訓練モ亦順調ニ進捗シ錦縣鐵路局ニテハ既ニ夜間運行列車ニ携行使用セシメアリ、吉林、哈爾濱兩鐵路局ニ於テモ概ネ六―十二粁ニ通信距離ヲ擴張シアリテ近ク實用ニ供シ得ル狀況ナルカ就中危險地區ニ於ケル夜間運行列車警戒ノ爲濱綏線（哈爾濱―一面坡、南牡丹江―穆稜）ニモ之ヲ使用セシメ夜間鳩通信網ノ擴充ヲ圖ルコトニ決定シ差當リ鳩五五〇羽ノ新規購入其ノ他ノ準備ニ著手セリ

241

○錦縣鐵路局管内

一　一般概況

本期上旬沿線ニ於ケル治安概況ハ警備機關ノ討伐竝治安諸工作ノ進捗ニ伴ヒ匪團ハ益鐵路竝自動車路沿線ニ於ケル活路ヲ失ヒ分散シ概シテ奥地山中ニ避難潛伏シ辛シテ餘命ヲ繋キツツアリシカ下旬ニ至リ日滿軍ノ討匪工作ハ益其ノ度ヲ加ヘ從來其ノ威力及ハサリシ箇所迄モ實施セラレツツアルヲ以テ分散潛伏中ノ匪賊ハ逃避ニ追ハレ加フルニ嚴寒ト衣食ニ窮スルノ結果離散セル匪徒ハ盲目的ニ鐵路又ハ自動車沿線ニ近接出沒シ其ノ匪行ハ看過スヘカラサルモノアリ現ニ奉吉線撫順城站ニ於テ路警殉職シ次テ水簾洞分所ニ於テモ路警ノ負傷事件等アリ然ルニ本期末期ニ至リ前記ノ如ク四散潛伏中ノ匪賊ハ漸次從來ノ匪首下ニ走リ集結シ之カ討伐ニ備ヘ併セテ自活ノ途ヲ講セムトスルカ如キ氣運濃厚ナルニ鑑ミ現場各警務段ヲ督勵注意警戒方ヲ命スルト共ニ日滿軍警ト密接ナル連絡ノ下ニ愛護村民ヲ鞭撻シ迅速ナル情報ノ蒐集ニ努ムルト共ニ奉山、大鄭、河北其ノ他ノ地區

212

210

ニハ引續キ檢問檢索ヲ厲行シ遁走匪又ハ通匪者等不逞徒輩ノ檢擧ニ努メ運營ノ萬全ニ努メツツアリ

二　地區別概況

1　奉吉線地區

本期沿線ニ於ケル治安狀況ハ日滿軍ノ間斷ナキ討伐ト不斷ノ諸工作ノ進捗ニ伴ヒ匪團ハ其ノ根據地迄モ覆滅セラレ各匪ノ勢力ハ前期ニ引續キ衰微シ漸ク殘存山寨ニ潜伏シ或ハ土民ヲ裝ヒ越冬ヲ計リアルモノノ如キモ絕エサル彈壓ニ依リ益窮スルニ至リ或ハ投降シ或ハ警備手薄ノ方面ニ遁走セリ然レ共尚一部ノ匪團ハ日滿軍ノ鋭鋒ヲ避ケツツ小匪ニ分散シ鐵路近キ愛護村ニ出沒横行シ日滿軍ノ一部引揚ケ後ニ於ケル本月末期ノ匪情ハ侮リ難キモノアリ小匪ノ潜行的匪行ハ寧ロ警戒困難ニシテ此ノ種匪害ハ全ク看過シ得サル狀況ニ在リ

2　山通自動車路地區

本路線ハ思想匪ノ巢窟ニシテ管内中最危險地區ナルカ前月來ヨリ

213

ノ日滿軍警ノ積極的大討伐ハ從來其ノ威力充分及ハサル偏僻ノ地點ニ迄彈壓ヲ加ヘラレ肅正工作ノ强化ト共ニ各匪ハ其ノ糧食ヲ遮斷サレ遂ニ歸順スル者或ハ良民ヲ裝ヒ部落ニ逃ルル者等續出シ治安ハ概括的ニ前期ニ比シ良好ニ向ヒタルノ感アルモ一部ハ依然潛行的行動ニ依リ日滿軍警ノ討伐網ヲ避ケツツアルヲ以テ未タ樂觀ヲ許ササル狀況ニ在リ

3 奉山、大鄭、河北線及民彰自動車路地區

本沿線ノ匪賊ハ秋期討伐工作ニ依リ殲滅的打擊ヲ蒙リ從來ノ匪團ハ或ハ解散シ或ハ歸順シ又ハ鐵路遠ク逃避シ爾來再ヒ起ツ能ハサルモノアリ從テ特筆スヘキ匪賊ノ行動全ク杜絕シ沿線ノ治安ハ概シテ平穩ニ經過スルヲ得タリ然レ共其ノ反面ニ於テハ數名ヨリ成ル土匪ハ路線近ク出沒シ往々愛護村落ニ於テ强盜的犯行ニ出テ農民ノ被害亦侮リ難キヲ以テ之カ警戒ハ依然忽諸ニ附スルヲ得サル實況ニ在リ

4 錦承、葉峰線及熱河自動車路地區

~~11~~ 212

本沿線ハ秋期粛正工作效ヲ奏シ從來ノ匪團ハ過半四散シ五、六ノ匪團ヲ除キテハ其ノ消息不明トナリ表面治安恢復ノ感アルモ本沿線中今尙林西附近ニハ北覇天、王德盛、其ノ他ノ匪團蟠踞シ唐三營兩側地區ニハ大林子、平西、六嫂子、姚排長等、河湯溝北方ニハ九洲四海、三臺子東方ニハ打一面、保國、愛國等ノ匪團未タ蠢動ヲ續ケ時恰モ歲末ヲ目捷ニ控ヘ居ルコトトテ比較的物資豐富ナル鐵路又ハ自動車路沿線ヲ窺ハムトスルハ必然的ニ豫想セラルルヲ以テ現場各段ヲ督勵シ鐵路竝自動車運輸ノ安全ヲ期シツツアリ

5 安城自動車路地區

本沿線ノ匪賊ハ前期ヨリ引續ク討匪工作ニ依リ歸順或ハ潰滅セラレ又三角地帶ニ於ケル各匪ノ統帥者タリシ閻生堂ハ遂ニ本月中旬中代部隊ノ爲射殺セラレ治安ハ一般ニ恢復セラレツツアルモ大孤山－岫巖ノ自動車運行開始ニ伴ヒ同沿線ニハ二、三ノ有力ナル匪團路線近クニ出沒シ爲ニ自動車運休セルコトアリ鋭意段員竝愛護村民等ヲ督勵シ迅速ナル情報蒐集ト相俟テ至嚴ナル警戒ヲ爲シツツアリ

215

三　主ナル匪賊ノ出沒概況

1　奉吉線方面

金山好（抗日匪）　八〇

右ハ章黨、營盤、南口前北方地區ヲ出沒シ其ノ行動活潑ニシテ今期討伐ヲ巧ニ逃レ興京縣内ニ移動十二月二十一日再ヒ清原闘虎屯間一四〇粁附近ノ鐵路ヲ横斷北上シアリテ嚴戒ヲ要ス

密松、双全（土匪）　三〇

本匪ハ英額門北方一五粁以内ヲ横行シアリ金山好ト常ニ連絡アルモノノ如ク警戒ヲ要ス

九勝軍、双龍（土匪）　四五

右ハ其ノ行動最近活潑トナリ闘虎屯清原北方地區ヲ遊動シアリ警戒ヲ要ス

北斗、大平四〇平北一〇（土匪）　五〇

右ハ西豐縣ヨリ清原縣内ニ移動シ來リ北三家南口前北方地區ヲ出沒中ナリシカ十二月末期ニ至リ開原縣方面ニ移動セルモノノ如シ

216

金龍、九江、東局好四〇占山好三〇（土匪）　七〇
清原、關虎屯北方地區ヲ横斷シアリ特ニ占山好ハ鐵路最近ク出沒其ノ行動活潑ナリシカ日滿軍ノ討伐ニ依リ目下ノ所活潑ナラス

抗日軍（抗日匪）　二〇
本匪ハ東豐縣内ヨリ草市、永綏洞ノ鐵路ヲ横斷南下シ目下英額門南方地區ニアリ反日的色彩ヲ帶ヒ匪數小ナルモ警戒ヲ要ス

九洲一〇、泰山軍二〇、文武俠二〇、保國軍、東山好三〇（土匪）　八〇
右各匪ハ清原、南口前南方主トシテ一五粁以内ヲ出沒シアルモ目下行動活潑ナラス

二拳義二〇、大家好二〇（土匪）　四〇
本匪ニ依ル住民ノ被害頗リ多キモノアリテ警戒ヲ要ス

安國軍、定國軍一〇〇、朝鮮獨立團一〇〇、中國人、大平軍、海字一〇〇（抗日匪）　三〇〇
本各匪ハ反滿抗日系ニシテ大部隊ナルモ目下日滿軍ノ討伐ニ依リ

217

逃避ニ汲々トシ鉄道遠ク出没行動活潑ナラサレ共日満軍一部引揚後ノ折柄警戒ヲ要ス

2 山通自動車線方面

紅軍、五師（共匪）　五〇

右ハ三源堡西南方ニ現出セシモ行動意ノ如クナラス西南方ニ移動セリ

紅軍、四師（共匪）　六〇

右ハ輯安縣内ヨリ北上シ通化、臨江縣境ヲ出没シアリ目下行動活潑ナラサレ共注意ヲ要ス

共産軍（共匪）　四〇

王鳳閣一〇〇魏營長五〇（抗日匪）　一五〇

本匪ハ通化東南方通化、輯安縣境ニ出没シ特ニ王鳳閣ハ十二月中旬ヨリ桓仁方面ニ移動セルモノノ如ク之カ行動ニハ最注意警戒ヲ要ス

3 奉山、大鄭、河北線及民彰自動車線方面

218

本沿線ニ於ケル匪賊ハ全ク五、六ノ土匪ニシテ特筆スヘキモノナキモ往々鐵路ニ近接セルコトアリ不慮ノ被害ヲ惹起スルヤモ計リ難キニ付警戒中

4 錦承、葉峰線及熱河自動車線方面

劉占山（土匪） 三〇

本匪ハ騎馬匪ニシテ十二月三日北票西方四管營子ニ現ハレ礦盤溝方面ニ移動シ其ノ後黑山（北票北方二八粁）方面ニ移動セリ

北海、陳九洲（土匪） 二〇

右ハ十二月中旬葉柏壽東北方二〇粁附近ニ於テ葉柏壽警察隊ト交戰頑強ニ抵抗シ討伐隊ハ戰鬪意ノ如クナラス相當苦戰ニ陷リタルモ建平縣警務局長以下ノ應援出動ニ依リ東方ニ擊退セラレ匪首陳九洲ハ遂ニ十二月二十日逮捕セラレタリ

四海、九洲（抗匪） 六〇

本匪ハ河湯溝北方二〇粁熱水湯附近ニ蟠踞中討伐隊ノ爲行動意ノ如クナラサルニヨリ西方平泉縣方面ニ移動シ匪首四海ハ平泉憲兵隊ノ手ニ逮捕セラレ殘匪ハ目下ノ所活潑性ヲ失ヒタルモ反滿抗日

218

的色彩ヲ帯ヒアルヲ以テ注意ヲ要ス

仁儀軍（抗匪）　三〇

十二月十五日凌南線三臺子東北方ニ蟠踞中ナリシカ派警察隊ノ討伐ニ依リ東方ニ逃走セリ

三合、公平（抗匪）　六〇

右ハ中旬頃三臺子東方地區ニ現出セルモ其ノ後ノ消息不明ナリ

打一面、保國、愛國（抗日匪）　二〇〇

右ハ合流シ凌源第二區鍋溝附近一帶ヲ横行シアリ天兵佛教會ト稱スル邪教團ト連絡策動中満軍ノ討伐ニ依リ分散目下情況不明

占北、東來好（抗日匪）　四〇

本匪ハ凌源、凌南縣境附近ヲ主トシテ出沒シツツアリシカ秋期討伐ニ依リ身ノ危險ヲ感シ東方山地ニ逃走セリ

大林子、平西（抗日匪）　一五〇

本合流匪ハ目下寧城、承德、臨場縣境附近山岳地帶ヲ逃避シ夜間附近部落ニ出テ人質拉致等ヲ敢行ス殆ト騎馬隊ニシテ其ノ行動ニ

~~17~~ 218

ハ相當警戒ノ要アリ

六媽子、姚排長（抗日匪）　四〇

右ハ唐山營東方二八粁紅石拉薬附近一帶ヲ行動シ討伐隊ノ鋭鋒ヲ巧ニ避ケツツ行動シアリ注意ヲ要ス

占東湯（土匪）　二〇

本匪ハ張白灣北方二八粁彼緑諾一帶ヲ出沒シアリ警戒ヲ要ス

北覇天（抗日匪）　一二〇

右ハ十一月頃ヨリ積極的日滿軍ノ討伐ヲ巧ニ避ケ騎馬ニ依リ迅速ナル行動ヲ以テ林西ヲ中心ニ廣範圍ニ亘リ横行出沒シツツアリ末期ニ至リ稍匪數減シタルカ如キモ尚嚴戒ヲ要ス

王德盛四〇、不詳五〇、不詳五〇（抗日匪）　一四〇

本匪ハ五岔地ヲ中心ニ行動シアリ活潑ニシテ諸情報ヨリ判斷スルニ北覇天ト連絡シアルモノノ如キモ詳ナラス目下調査中

5 安城自動車路線方面

闖生堂（抗日匪）　一〇〇

221

右ハ三角地帯各匪ノ統師者トシテ安東鳳城縣下ヲ横行シ活潑ナリ
シカ中代部隊ノ討伐ヲ受ケ遂ニ斃死シ部下ハ離散セルモノノ如シ

紫廣生（抗日匪）　三〇

鳳大線西方地區ヲ行動シアリ警戒ヲ要ス

千同志（抗日匪）　七〇

岫巖南方地區ヲ出沒シアリ行動活潑ニシテ路線近ク横行シ守備隊
及大孤山警備機關ノ追撃ヲ受ケ一時路線遠ク逃避セシカ再ヒ近接
出沒シアリテ嚴戒ヲ要ス

趙同（抗日匪）　七〇

右ハ自動車襲撃ヲ常習トスル匪團ニシテ岫巖北方地區ニ潜伏シア
リ所岫巖大孤山間ノ自動車開通ニ伴ヒ目下岫巖東南方地區ニ移動
シ來リ往々路線近ク出沒シツツアリ嚴重ナル警戒ヲ要ス

九泊（土匪）　二〇

右ハ岫巖目下路線遠ク横行シアリ行動活潑ナラス

吳田臣（抗日匪）　二〇

~~19~~ 220

鳳山（土匪）　一〇

本匪ハ鳳大線龍王廟東方地區ヲ出沒シツツアリ目下ノ所行動活潑ナラス

223

○吉林鐵路局管內

一　一般概況

管內ニ於ケル匪團ハ日滿軍警ノ愈峻嚴ナル討伐ト治安諸工作トニ依リ小數ニ分散シ或ハ解散ノ窮地ニ陷リ殊ニ冱寒加フルニ從ヒ活動意ノ如クナラサルニ依リ山岳地帶ニ潛入シ一般ニ蟄居ノ狀態ニシテ前期ニ比シ出現數更ニ減少ヲ示シ各線共直接鐵道ニ對スル匪害ナク治安ハ概ネ良好ニ推移シアリ。然ルニ沿線一歩遠ク撫松縣方面ノ僻地ニ行動シアル思想匪等ハ極度ノ衣糧難ニ陷リ餓死線上ニ瀕シアルヲ以テ之カ打開ノ爲京圖沿線ニ北上スルノ狀勢ニ在リ前記ノ如ク少數ニ四散セル匪賊ハ警備ノ寸隙ヲ窺キ沿線都市ニ潛入匪行ヲ逞ウスルハ豫想ニ難カラサルヲ以テ關係各機關トノ連絡ヲ一層緊密ニスルト共ニ各段ヲ督勵シ警備ノ强化ヲ計リ年末特別警戒ヲ實施シ以テ鐵道運營ニ遺憾ナキヲ期シツツアリ

二　地區別概況

1　京圖線（新京敦化間）

~~21~~ 222

吉林以西ハ匪賊ノ出現皆無ニシテ依然平穩ナルモ吉林ー敦化間ハ日滿軍警ノ至嚴ナル警戒網ヲ巧ニ潜入シ沿線附近ニ數名乃至十數名ノ小匪團時々出沒シ部落民ニ脅威ヲ與ヘ、又若干ノ反滿抗日匪ハ今猶威虎嶺南方ノ山岳地帶ニ潜在シアル現況ニシテ樂觀ヲ許ササルモノアリ

2 拉濱線（新站五常間）

五常附近ニ於ケル匪團ハ概ネ土匪ニシテ物資比較的豐富ナル鐵道沿線ニ出沒シアリタルモ前月ニ比シ激減シ其ノ行動活潑ナラス然レ共目下河川結氷シ交通可能ナルヲ以テ山岳地帶ニ蟄居中ノ數名組ノ匪賊ハ往々木材運搬者ヲ襲撃シ金品ヲ強奪スルコトアリ斯業者ニ對シ脅威ヲ與ヘツツアリ

3 奉吉線（吉林黑山頭間）

本沿線ノ治安ハ漸次確立セラレ前月以來沿線近ク出沒スル匪團ナク平穩ヲ維持シアリ之畢竟集團部落ノ建設強化ト日滿警備機關ノ警備嚴重ナル結果全ク匪團横行ノ餘地ナキニ至ラシメタルモノト

225

~~22~~ 223

思料セラルルモ最近煙筒山西方地區ニ横行シアリタル五龍匪ハ占北野匪ト合流シ機會ヲ窺ヒ居ル情報アリ楽觀ヲ許サス

4　平海線

各匪團ハ日滿軍警不斷ノ討伐諸工作ノ結果根據地ヲ失ヒ奥地ニ逃走シタルモ衣食ノ缺乏ニ堪ヘス警戒網ヲ脱シ物資豊富ナル沿線附近ニ侵入シ金品掠奪ヲ敢行シアリ、西安―石嶺間ハ數名乃至數十名ノ小匪團頻リニ横行シアルヲ以テ相當ノ警戒ノ要アリ

5　京白線

當地區ハ匪團横行ノ影ヲ沒シ二、三ヨリ成ル鼠賊ノ出現アリタルノミニシテ前期以來平穩ニ經過シ目下憂慮スヘキ匪情ナシ

6　自動車路線

各地共平穩ニシテ特記スヘキモノナシ

226

~~23~~ 224

三 主ナル匪賊ノ出沒狀況

1 京圖線

東邊好。誇河（抗日匪） 五〇

威虎嶺南方双鴨子附近ニ南方ヨリ移動シ來リ家屋ヲ造築蟠踞中ナリト

青山（土匪） 一五

十一月二十八日馬鞍山西南方六人班子ニ現ハレ十一月三十日小站北方ニ移動シ亂柴頂子ニ於テ同地自衞團ト交戰掠奪品ヲ放棄シテ北方ニ逃走セリ

誇和（土匪） 一七

威虎嶺北方小威虎嶺ヨリ鐵路ヲ横斷シ皮河方面ニ移動セルモノノ如ク本匪ハ常ニ威虎嶺ヲ中心トシ游動シアリ

紅軍（抗日匪） 一五

十二月十日黄松甸北方ニ於テ森林警察隊ヨリ發砲セラレ西北方ニ移動十一日意氣溝附近ニ現ハレ蟠踞中

227

忠厚（抗日匪）　二〇
威虎嶺東南方老營溝方面ヨリ双鴨子溝ニ現ハレ漂河方面ニ移動セリ

2 拉濱線

儏參謀（抗日匪）　三〇
杜家東方陵溝子ニ於テ日軍ト交戰シ東南方ヘ逃走セリ

占北（土匪）　一三
五常東北方太陽廟ニ來襲シ馬五ヲ掠奪同地自衛團ト交戰シ北方ニ逃走セリ

上山好（土匪）　九
六道嶺東方葦山河ニ於テ小城自衛團ト遭遇交戰シ多大ノ損害ヲ受ケ西北方ニ逃走セリ

不明匪（土匪）　一〇
馬鞍山東北方卡拉房子附近横行中ナリ

平日軍（抗日匪）　二〇

~~25~~ 226

平安東南方牛心頂子ニ蟠踞中ナリ

3　奉吉線

占東野（土匪）　一〇

双河鎮東方大蔵子部落ニ現ハレ銃器一包米。塩若干ヲ掠奪迯走セリ

4　平梅線

局紅好。春造楊。春造化　四二

平崗西方吉祥村ニ現ハレ西豊縣警察隊ト交戰迯走セリ

不明匪（土匪）　二〇

平崗西南方牛家溝ニ現ハレ通行中ノ馬車夫ヲ襲ヒ馬五ヲ強奪南方ニ迯走セリ

不明匪（土匪）　三〇

石嶺東北方鳳家屯大孤家子部落ニ來襲住民ヨリ馬ヲ強奪東北方ニ迯走セリ

228

○哈爾濱鐵路局管内

一　一般概況

管内ノ匪賊ハ日滿軍警不斷ノ治安肅正諸工作ニ依リ蠢動ノ餘地ナク概ネ僻隅ノ地ニ逃竄斷末ノ一途ヲ辿リ為ニ鐵路地帶ニハ集團匪ノ横行皆無トナリ一般平穩裡ニ經過セリ然レ共江岸地區自動車路線ノ匪情ハ依然險悪ニシテ當月ニ入リ討伐ヲ廻避スル思想系匪ノ横行稍繁多ヲ加ヘ微隙ニ乘セムトスル傾向アリ卽チ管内沿線中依然活潑ナル匪團ハ趙尙志、夏雲楷、謝文東等ニシテ其ノ系統匪ハ概ネ江北及江南兩地區ニ集散離合シ最近頓ニ活氣付キタルノ兆アリ就中鐵驪縣奥地ノ濱、三省境ニ本據ヲ有スル趙匪ハ隷下有力匪ヲ逐次江北ニ集合シ湯旺河上流地方ノ夏匪ト協調シ專ラ紅色地盤及實勢力ノ擴大ニ奔走中ニシテ目下土著匪約一、〇〇〇ヲ糾合シツツアリト稱セラレ之等一部ハ黒龍江ヲ北上シ先月末大擧佛山縣城ヲ襲撃シ當月中旬ニハ遂ニ遜河縣内ニ侵入セリ又匪數稍漸減ノ趨勢ヲ見ツツアル濱綏沿線及拉濱線東部山岳地帶ニハ今尙越冬準備ニ焦慮シアル趙系匪及土著

230

228

匪ノ蜂起蠢動シアリ何時管内ニ流入スルノ虞ナシトセス一方京濱沿線ハ匪團ノ跳梁皆無ニシテ治安ハ概ネ確保セラレアルモ未タ晏如タルヲ得ス時恰モ匪賊ノ跳梁スル舊年末ヲ控ヘ益警戒ヲ要スル時期ナルニ鑑ミ隷下各警務段ヲ督勵シ警備上萬違算ナキヲ期シツツアリ

二 地區別概況

1 濱綏線地區（哈爾濱－一面坡）

管内ニハ集團匪ノ横行ナク一般平穩ニ經過シタルカ賓、延壽、珠河縣奥地ニハ考鳳林、五龍、海交、串山紅、呂紹才、徳好、仁義、傻子來等ノ思想匪及政治匪潛伏シアリ何時討伐隊ニ追ハレ管内ニ流入スルヤモ難計情勢ニ在リ

2 拉濱線地區（三棵樹－五常）

安家東北方會龍山附近一帶ニハ今尚冬營準備ニ焦慮シアル長山好、雲中飛、賓貫匪等蜂起シアリ巧ミニ分散シテ背陰河、安家地區部落ノ襲撃ヲ企圖シ相當警戒ノ要アリ

3 濱北線地區（哈爾濱－北安）

131

鐵路地帶ハ引續キ平穩ニ經過シタルモ背後地鐵驪縣奥地ニ根據ヲ有スル趙尙志及其ノ傍系匪占省、平日軍、大龍、黒龍等ノ土匪ハ絕ヘス綏稜、慶城縣下住民地帶ニ流入シ物資ノ補給ト地盤ノ擴張工作ニ奔走シツツアリ

4 京濱、濱洲線地區（哈爾濱―新京、昂昂溪）

當月上旬雙城堡東北方松花江岸ニ四海匪出現シタルモ其ノ後消息不明ニシテ其ノ他二、三ノ鼠賊數回出沒シタルニ過キス極メテ平穩ニ推移シツツアリ

5 北黒線地區（北安―黒河）

先月末佛山縣城ヲ蹂躪シタル趙尙志匪ノ一味ハ黒龍江岸ヲ北上シ本月中旬遜河縣內ニ侵入セリ又二龍山方面ニハ先月來平康德匪ノ部下糾合中トノ情報アリテ本地區ノ匪情遽ニ頻繁トナレリ

6 哈同線地區（哈爾濱―同江）

當區間ノ匪情ハ依然頻繁ニシテ先月ニ比シ稍増加シタル感アリ卽チ寧日ナキ日滿軍警累次ノ掃蕩ニ巢窟ヲ覆滅セラレタル匪賊ハ一

地方ニノミ蟠踞スル能ハス集團或ハ分散シ保身ノ地ト糧食ヲ求メツツ絶ヘス死物狂ノ逃避ヲ續ケツツ一般ニ江北ニ移動ノ傾向アリ當路線中最匪徒ノ跳梁シタル通河、木蘭地區ハ最近平靜トナリタルカ今尚糧食ニ困窮スル王四海、李化民、一抹臉匪等徘徊シアリ方正縣内ニハ相當强力ナル系統不明匪蟠踞シ時折縣城附近ニ接近スルコトアリ依蘭佳木斯間ニハ趙匪及謝文東系匪劉、戴、馬、李、陳、徐、蕭等ノ各團長及明山、東來好等ノ集團匪路線附近ヨリ對岸湯原縣内ニ亘リ執拗ナル行動ヲ持續シアリ樺川縣内ヨリ富錦縣西部地區ニハ天元、五省、自來好等ノ夏系匪アリテ討伐回避ノ爲頻リニ路線ヲ横斷シアリ富、寶路線漂筏河附近ニハ依然天罡及占一匪蟠踞シ富錦縣下ヲ地盤トスル九洲、孟嘗君、八河匪ト提携シ通行車馬ノ襲撃ヲ敢行シアリ何レモ一層警戒ヲ要スヘキ情勢ニ在リ

三、主ナル匪族ノ出沒狀況

1 濱綏線沿線

考鳳林、双龍（共匪） 一五〇

珠河縣元寶鎭東南方約四〇滿里大青頂子南方山地帶ニ散在スル家屋ヲ利用蟠踞中ナルモノノ如ク行動活潑ナラス

串山紅、双和、愛民（共匪） 一〇〇

本月上旬小九站東北方約一〇粁附近ニ出沒通行車馬ノ妨害ヲ爲シアリシカ日軍ノ追撃ヲ受ケ延壽縣黑龍宮方面ニ逃走シ十五日同地西北方高地ニ蟠踞中滿軍ノ討伐ニ遭ヒ東北方ニ潰走セリ蜜蜂、小九附近ハ警戒ヲ要ス

五龍（共匪） 五〇

本月十三日珠河縣大青山山中ニ土民ヲ裝ヒ潜在中日軍ノ討伐ヲ受ケ死體一五ヲ遺棄潰走セリ行動不活潑

趙尙志第三團（共匪） 五〇

本月三十一日延壽縣城西北方約二〇粁馬大房山寨ニ冬營中日軍ノ

~~81~~
232

急襲ニ遭ヒ東北方ニ四散逃走セリ

德來、三江好（土匪）　二〇

本月十一日平山站東北方約一五粁四道河ニ於テ自衞團ト交戰（德來戰死）逃走シ十三日白帽子北方四粁牛角嶺ヲ襲ヒ再ヒ自衞團ニ擊退セラレタリ行動不活潑

中俠（土匪）　二〇

本月九日平山站南方約一六粁青龍山南方地區ニ於テ滿軍ト交戰南方ニ逃走セリ行動不活潑

占林（土匪）　三〇

十一月末蜜蜂站北方約一〇粁花硐子驛附近ニ出沒シタルカ其ノ後ノ行動不明

愛民（共匪）　二〇

十一月下旬蜜蜂南方地區ヲ游動反滿抗日ノ宣傳ニ奔走セルカ本月上旬路北ニ移動シ串山紅匪ト合流セリ行動不活潑

呂紹才（共匪）　二〇

235

平山站北方約三〇粁賓縣第七區香爐碯子附近山寨ニ冬籠中ナルモノノ如ク積極的行動ナシ

德好（共匪） 四〇

本月二十五日賓縣楊家燒鍋西方約七粁砦石拉子西北方谷地ニ於テ日軍ノ攻撃ヲ受ケ死體一〇ヲ遺棄潰走セリ行動不活潑

2 拉濱線沿線

長山好、雲中飛（土匪） 四〇

安家背蔭河東方地區會龍山ヲ根據トシ冬營準備ノ爲分散沿線ニ出沒シ物資ノ補給ニ奔走シアルモ行動意ノ如クナラス附近小匪ト合流ヲ企圖シアルモノノ如シ警戒ヲ要ス

寶貴（土匪） 四〇

本月二十六日背蔭河西方約一六粁牛頭山ニ蟠踞シ鐵路地帶移動ヲ畫策中ナリシカ其ノ後ノ行動不明

3 濱北線沿線

占、省、双全、忠厚、長海、大龍、黑龍合流匪（土匪）八〇〇

~~33~~
234

該匪團ハ元來純職業匪トシテ主トシテ綏稜、慶城、海倫縣下ヲ行動シアリシカ最近北上セル遊匪ニ懷柔セラレ其ノ傍系匪トナリ目下根據ヲ鐵驪縣奥地ニ置キ常ニ綏稜、慶城地區ヲ横行專ラ掠奪ヲ主トシ傍ラ宣傳文ノ配付ニ奔走中

九團長、二十五團長（系統不明）　一二〇

本月二十日綏稜縣四合西北方約三〇滿里王信和屯ヲ急襲シ牛馬二二頭衣類若干ヲ掠奪土民一名ヲ射殺四名ヲ拉致北方山中ニ逃入セリ

大東來（土匪）　六〇

本月上旬巴彥縣方面ヨリ呼蘭縣大楡樹（松花江岸）附近ニ移來蟠踞中ナリシカ討伐隊ノ出動ニ依リ十七日江南賓縣内ニ逃入セリ行動不活潑

老團長、長山好、平分、江北（土匪）　七〇

主トシテ巴彥縣龍王廟炮手會地方ヲ行動シアルモ累次ノ討伐ニ遭ヒ積極的匪行ノ機ナク目下同縣北部ヲ逃避中。行動不活潑

李團長（共匪）　五〇

237

本月二十三日舒蘭縣城東北方三道河子河谷ニ蟠踞中日滿軍警ノ夜襲ヲ受ケ潰走セリ

4 京濱線沿線

四海（土匪）　三〇

本月八日双城堡西北方約八〇支里松花江岸板子房附近ニ出現シ大豆運搬荷馬車ヲ襲ヒ西北方ニ移動後行動不明

238

~~35~~ 236

5 北黑線沿線

景永安（共匪）　二五〇

十一月三十日佛山縣城襲撃後烏雲縣城襲撃ヲ企圖シ黑龍江岸ヲ上流ニ移動シタルカ討伐隊ノ追撃ニ遭ヒ本月十三日同縣常夏屯分駐所ヲ襲撃シ其ノ後西進シタルモノノ内一五〇名ハ十六日遜河縣城東北方約四〇粁松樹溝ニ於テ急追中ノ日軍ニ撃破セラレ騎馬一〇〇名ハ同日孫呉站東方同縣哈拉氣口子ニ出現セリ

6 哈同線沿線

王四海、順江（土匪）　四〇

先月下旬ヨリ本月上旬ニ亘リ通河縣濃濃河東方ヨリ木蘭縣境方面ヲ路線近ク行動シタルカ討伐隊ノ急追ヲ受ケ江南方正縣內ニ逃避中二十二日再ヒ通河縣興隆屯自動車路線附近ニ侵入セルカ糧食ニ窮缺シ一部ハ湯原縣內ニ移動セルモノノ如ク警戒ヲ要ス

李化民（土匪）　一〇〇

木蘭、通河縣境ヲ根據地トシ趙匪ト提携同地方一帶ニ亘リ悪辣ナル匪行ヲ邀ウセルカ各地ニ於ケル討伐ニ殲滅的打撃ヲ蒙リ先月上旬對岸賓縣大平地附近ニ逃避中ナリシカ本月上旬再起ヲ企圖シ四散セル部下ヲ糾合シ木蘭縣内ニ侵入シ其ノ後再ヒ賓縣大平地附近ニ移動セリ

明耀、冠山？（抗日匪）　一五〇

本月一日方正縣城附近吉利屯ニ襲來シ同地自衛團ヲ武裝解除シ二日小紅旗屯ニ於テ日軍ノ討伐ヲ受ケ潰走シタルカ其ノ後執拗ニ同方面一帶ヲ行動シ縣城襲撃ニ一氣勢ヲ揚ケツツアリ警戒ヲ要ス

齊主任（共匪）　七〇

本月四日濱縣内ヨリ移來シ木蘭縣四區三合村附近ヲ通過北方ニ移動シタルカ中旬再ヒ濱縣内ニ移動セリ

張一鵬（共匪）　四〇

本月一日通河縣三站附近ニ於テ馬匹七ヲ掠奪東北方山中ニ移動セリ行動不活潑

海城（土匪）　三〇

~~37~~ 238

本月八日方正縣大羅勒密西方約一二支里附近ニ於テ滿軍ト交戰東方ニ撃退セラレタリ

天元、五省（共匪）　一〇〇

主トシテ樺川縣第五區柳樹河子附近ヨリ富錦縣第五區方面ヲ行動シ時ニハ劉團長、自來好、陳紹賓匪ト合流新城鎭附近路線ニ進出スルコトアリ、本月九日柳樹河子東方地區ニ集結中日滿軍ノ急襲ニ遭ヒ殲滅的打撃ヲ蒙リ一時江北ニ逃避シアリタルカ中旬再ヒ根據地ニ歸來シ二十二日樺川縣第五區東南方ニ現ハレ更ニ南方ニ移動セリ

九洲、八河、青山、仁義（土匪）　一二〇

本月七日富錦縣第三區ニ於テ通行荷馬車五〇臺ヲ襲撃掠奪シ富賓路線渠稜河附近ニ逃走シタルカ滿警ノ追撃ヲ受ケ十日夜馬庫力附近ヲ通過江北湯原縣內ニ逃入セリ其ノ後再ヒ南下シ占一、孟嘗君匪等ト合流通行荷馬ノ襲撃人質拉致ヲ敢行シアリ

自來好、東洋（共匪）　七〇

241

富錦縣西北地區一帶ニ蟠踞中ナリシカ討伐隊ニ追ハレ本月上旬樺川縣第五區柳樹河子東方ニ逃入シ謝文東、夏雲楷匪ト連繋シ勢力ノ強化ニ奔走中

劉團長、戴團長、馬團長（共匪）　二〇〇

本月上旬富錦、樺川縣境方面ヨリ逃入シ十八日竹簾鎭西南方約一〇粁江岸ニ宿營中日軍ノ奇襲ニ遭ヒ南方ニ潰走シ二十日警察隊ト交戰シ依蘭東方路線ヲ退却中自動車縱列ト遭遇交戰シ竹簾鎭西方路線附近ニ逃走セリ其ノ後樺川方面ニ移動セルカ二十九日頃再ヒ依蘭縣內第二區西湖景附近ニ移來シ私稅ヲ強要中騎馬匪ニシテ行動活潑

謝文東、明山、徐團長、東來好、關團長、藤松柏、蔡主任（共匪）　五〇〇

牡丹江岸依蘭縣內ヨリ樺川、富錦縣境方面ヲ分散行動シ一部ハ依蘭佳木斯間ノ路線近クニ出沒シツツアリ、本匪ハ抗日聯合軍第八軍ト稱シ趙、夏及第五軍系匪ト密絡シ專ラ勢力地盤ノ擴大ニ狂奔

240
~~30~~

中

忠厚（土匪）　四〇

本月二十三日富錦縣第五區興隆鎭西南方謝珍屯ニ出現橇四臺馬一二頭ヲ掠奪逃走セリ

天罡、占一（抗日匪）　五〇

依然トシテ富寶路線漂筏河附近ヲ行動シアリ本月三十日路線ニ於テ馬車七臺、馬二〇頭ヲ掠奪シ東方ニ逃走セリ行動活潑

李團長、陳團長（共匪）　二〇〇

本月下旬ニ入リ佳木斯西方國通（松花江岸）西方地區ヲ游動シアリ騎馬匪ニシテ行動活潑ナルニ依リ自動車縱列ハ嚴戒ヲ要ス

打五省、秦主任、黑龍（共匪）　一三〇

本月二十二日賓縣城東北方約一六粁小城子附近ヲ東南方ニ移動中日滿軍ノ討伐ヲ受ケ死體五五ヲ遺棄潰走セリ

張傳福（共匪）　一二〇

湯原縣北方約二〇支里獨立保部落附近ニ蟠踞中

243

雷平（土匪）　五〇

本月十八日通河東方約四〇粁南崗附近ニ於テ滿軍ト交戰江南沙河子方面ニ潰走シタルカ本月末二道附近ニ現ハル

242

~~41~~

○牡丹江鐵路局管内

一 一般概況

日滿軍ノ第二期後期大討伐ニ因リ管内匪團ハ痛擊ヲ受ケ遠ク背後地ニ逃竄シ或ハ良民ヲ裝ヒ分散シ專ラ討匪軍ヲ回避シ居タルモ當月初旬大討伐ハ概ネ一段落ヲ告ケタリ、討伐ノ痛擊ヲ受ケタル之等窮乏匪團ハ冬營準備工作ニ於ケル甚シキ計畫齟齬ト押迫ル酷寒ノ自然的脅威ニ著シク沮喪セル士氣挽回ヲ劃テ衣糧奪取ヲ目的トセル沿線部落及列車襲擊ヲ執拗ニ企圖シツツアリ、殊ニ近時ソ聯ハ共匪ノ操縱ニ因ル滿洲國擾亂ヲ露骨ニ樹テ爲ニ滿蘇接壤地帶タル管内ニハ漸次遠ク奉吉線輯安線ニ横行シ居タル共匪ノ續々北上シテ移動シ來レルアリ滿洲ニ於ケル最イデオロギーニ於テ强ク行動ニ於テ統制アル共匪並抗日匪ハ殆ト其ノ基幹部隊ヲ當局管内ニ集結シタル觀アリテ情勢須臾ノ偷安ヲ許サレサルモノアルモ他面至嚴ナル警戒、適切ナル檢問檢索ノ勵行、集團部落ノ完成及愛護村情報網ノ强化ハ容易ニ彼等ノ鐵道沿線地帶ニ於ケル蠢動ヲ許サス今月ハ大ナル鐵道匪害事件ヲ

245

惹起スルコトナク經過セリ

二 地區別概況

1 京圖線（敦化圖們間）

敦化地區ノ匪情ハ日滿軍憲ノ討匪工作ノ終熄ヲ俟チテ漸次安撫縣境ヲ中心ニ體勢ヲ整ヘツツアリ之等南方地區匪團ハ鏡泊湖及哈爾巴嶺ノ好餌ノ冬營蟠踞地ニアル北方抗日匪ト緊密ナル連繫ヲ執リ鐵道竝沿線部落襲撃ノ企圖ヲ依然トシテ頑強ニ抱懷セリ本月八討伐ニ依リテ大打撃ヲ受ケタル餘喘分散匪ノ鐵道竝敦海自動車路線出沒旺盛ナルモノアリシモ其ノ都度機敏ナル軍憲ノ積極的出擊ニ遇ヒ重ネテ痛撃ヲ受ケタリ

朝陽川地區ハ相踵ク日滿軍ノ討匪工作竝集團部落ノ完成、鐵道側ノ嚴戒ニ依リ匪團ハ殆ト管內沿線ニ近迫スルヲ得サリシモ安圖撫松縣下ニ在ル匪團ハ冬營準備衣糧調達ニ焦慮シ奧地都市襲擊敢行ヲ揚言シツツアリ其ノ企圖挫折セハ直ニ沿線部落竝鐵道ヲ覬覦スル惧レ多キヲ以テ至嚴ノ警戒ヲ要ス

~~43~~ 244

圖們地區中京圖線沿線ハ小康ヲ持シ來リシモ琿春東寧自動車路線地方ハ南下セル東北抗日聯合軍第五軍ノ一部ノ出沒横行活潑ニシテ襲ニ日軍ノ糧秣ヲ奪取セル王潤成匪ハ再ヒ日滿軍輸送糧秣ノ掠奪ヲ畫策シツツアリ匪團ノ現下窮狀ニ鑑ミ其ノ自暴自棄的行動ハ相當戒心ヲ要シ須臾ノ偷安ヲ許サザルモノアリ

2

圖佳線（圖們林口間）

鹿道地區ノ抗日聯合軍第五軍基幹部隊ハ圖佳線東部地區東寧寧安汪清縣下ヨリ遠ク林口地區龍爪崙嶺ヲ最活潑ニ游動シ常ニ圖佳線西部鏡泊湖附近ノ第二軍一部及京圖線南部ノ吳義成部隊代馬溝北方地區ノ抗日匪團ヲ指令シツツアリテ只管圖佳濱綏兩線日滿軍警ノ間隙ヲ窺ヒテ列車竝沿線襲撃ヲ執拗ニ畫策シツツアリ仍テ恰モ年末年始ト匪團ノ冬營移動期ニ臨ミ警戒ヲ實施シ匪情ノ諜知ニ萬全ヲ期シツツアリ

牡丹江北部地區ハ比較的小康ヲ持シ來レルモ溫春東京城兩側地帶ハ方振擧匪姚司令及土匪ノ横行甚シク近時又皇軍ノ討伐ニ因リ分散セ

247

ル匪徒ハ便衣匪トナリ屢牡丹江寧安等ノ都市ニ遁竄シ年末年始ヲ期シテ種々畫策シツツアリテ其ノ情勢険悪ナルモノアリ

3 林密線（林口密山間）

林口地區ハ林口東南方龍爪嶺ヲ根據トシテ横行シ曾タル抗日聯合軍第五軍ノ主力ハ漸次南下シテ寧安東寧方面ニ移動シ今期上旬ヨリ稍小康ヲ得タルモ中旬ヨリ勃佳線兩側地帯ノ共匪ノ跳梁旺ニシテ依蘭縣方面ニ新ニ編成セラレタル軍長謝文東第八軍ノ有力部隊ハ漸次南進シテ當前管内ニ侵入シツツアリ警戒緊張裡ニ當月ヲ經過セリ

密山地區ノ匪情ハ虎林縣黒咀子附近ニハ客月鄭魯岩ヲ長トセル抗日聯合軍第七軍ノ結成セラレルアリ第四軍長李延祿ノ部隊モ亦屢管内林密線北方地區ニ侵入シ來レルアリ近時管内抗日匪竝共産匪ハ露骨ナルソ聯ノ操縦ニ依存シテ漸次虎林線國境地帯ニ移動セムトスル傾向アリ其ノ情勢眞ニ須臾ノ偸安ヲ許サレサルモノアリ

4 濱綏線（一面波綏芬河間）

横道河子地區ハ葦沙河－冷山間鐵道南方地區ニハ抗日匪考鳳林五龍

246

~~45~~

等ノ合流匪（三〇〇）、士匪心順（約八〇）等ノ部隊游動シ愛河下城子兩側地帶ハ先月ニ引續キ匪徒ノ鐵道横斷及跳梁甚シク加フルニ今月ニ入リテハ便衣匪ノ潛行的蟠踞管内一般ニ亘リテ活潑ニシテ頗ル緊張裡ニ經過セリ

綏芬河地區ハ日滿軍憲ノ討匪工作、匪民分離工作及集團部落ノ結成等著シク管内大小匪團ヲ壓迫シ特ニ弱小匪團ニ至リテハ辛シテ餘喘的存在ヲ保チテ彷徨セルニ過キス當月ニ於テハ弱小匪ノ投降セシモノ及漸次斷頓セムトスル傾向ヲ誘致シ來リタルモ純然タルソ聯系共匪劉三俠、鄒老五、孔憲榮（現在ハ其ノ妻孔太太指揮ス）等ノ巨匪ハ管内嶮峻ノ地帶ヲ回避シツツ最強力ナル裝備ヲ有シ其ノ活動範圍ハ著シク閉塞セラレタリト雖其ノ企圖ト統制アル行動ハ最今後ノ戒心ヲ要スルモノアリ

248

247
~~46~~

三　主ナル匪賊ノ出沒狀況

1　京圖線

仁義軍（抗日匪）　二五

十一月二十九日頃大石頭東南方一三粁三道河子附近ニ移動シ來リ蟠踞ス

全勝軍（土匪）　一七

十二月十一日頃敦化南方一五粁大荒溝附近ヲ游動ス

九勝、占山（抗日匪）　三〇

十二月十四日哈爾愛護村民ノ逮捕セル匪賊ノ言ニ依リ城廠溝（亮兵臺北方七粁）奥地ニ蟠踞中ナルコト判明セルカ十五日敦化牛島部隊吉田隊ノ討伐ニ遭ヒ殲滅ス

王連長（共匪）　二五

十二月初明月溝北方約一七粁牛塔嶺溝附近ヲ游動ス

柳副官（共匪）　二〇

十二月二十八日大荒溝（敦化南方一五粁）ノ滿人宅ヲ襲ヒ東方ニ

250

248
~~47~~

逃走ス

王德泰（共　匪）　三〇〇

匪首萬順、金日成ヲ併セ率ヒテ撫松縣城西南地區ニ蟠踞中ノ如シ

吳義成（共　匪）　一〇〇

撫松縣城東南方約二〇粁大牛溝附近ニ蟠踞中

共　匪（共　匪）　三〇

十一月二十四日大沙河東方九粁（安圖縣城北方約一〇粁）ノ地點ニテ滿軍ノ攻擊ヲ受ケ四散ス

2 圖佳線

全明山（共　匪）

十二月三日馬連河西南方四粁楊木林子西溝ニ現ハレ村民ヲ促ヘ食糧ノ提供ヲ迫レルモ果サズ西方ニ逃走ス

崔仁俊（共　匪）　四〇

十二月七日鏡泊湖東岸穴學店東南方五粁青溝子ニ於テ滿軍ノ攻擊ニ遭ヒ東方ニ潰走ス

251

朱連長（共匪）　八〇
十二月十五日新官地（東京城東方一三粁）ニ來襲シ村民二名ヲ殺害衣糧ヲ強奪シテ南方ニ逃走ス
柴世榮（共匪）　六〇
十一月末寧安縣花臉溝ヲ出發鏡泊湖東岸楊伴子溝ニ移動ス
方振聲（共匪）　一〇〇
十二月十日頃寧東縣境ヨリ寧安縣八道河子、馬連河ヲ通過シ鏡泊湖東岸地區ニ移動赤色抗日運動ニ狂奔中ナルモノノ如シ
平南洋（共匪）　一〇〇
寧安縣八道河子附近密林中ニ在リテ鐵道沿線集團部落ノ懷柔ニ奔走中ナリ
周保中（共匪）　一〇〇
寧安縣東南端地區二道河子、三道河子附近ヲ游動中
王汝起（共匪）　六〇
東京城西北方約五〇粁十道梁子、連家鍋附近ニ於テ活動ス

252

250
~~40~~

姚司令、（共　匪）　一〇〇
十二月二十三日蘭崗東南方八粁馬家屯ニ來襲衣糧ヲ強奪シテ南方ニ逃走ス

不明匪　二〇
十二月十四日南方ヨリ龍爪西北方四粁頭道河子ニ來リ朝食後西北方山東會方面ニ移動ス

不明匪ー抗日第八軍　三〇〇
十二月十五日釋放サレタル青龍部落民ノ言ニ依リ湖水別（林口北西方一三粁）西北方二〇粁盤道ニ蟠踞中ナルコト判明ス

3 林密線

李海龍（土　匪）　一二
密山東北方一五粁地點附近ニ在ルモノノ如クナルモ行動不振ナリ

4 濱綏線

五　龍（共　匪）　七〇
葦沙河南方大鍋盔附近ニ蟠踞ス

213

考鳳林（共匪）　一五〇
葦沙河南方大青頂子附近ニ根據シ常ニ珠河站南方地區ヲ徘徊ス
心順（抗日匪）　五〇
葦沙河南方地區ニ在ルモノノ如クナルカ行動振ハス
抗日第三軍第六連（抗日匪）　三〇
心順匪ト常ニ行動ヲ共ニス
金權　四〇
愛河東南方斗溝子附近ニ在ルモノノ如クナルモ行動不明ナリ
朴元奎（共匪）　四〇
愛河東南方斗溝子附近密林中ニ在リテ抗日赤化運動ニ狂奔其ノ行動活潑ナリ
劉三俠（共匪）　五〇
東汪穆縣境附近ニ山寨ヲ構築越冬ス周保中匪ト連絡アルモノノ如シ
胡仁（共匪）　五〇

252
~~51~~

馬橋河北方五〇粁秋皮溝ニ盤踞中ナルモ行動振ハス

関憲仁（共匪）　五〇

十二月中旬楊木橋子附近ヨリ東穆縣境ニ沿ヒテ南進汪清縣方面ニ移動ス

孔慶和（共匪）　四〇

穆稜縣泉眼河附近ニ在リシカ十一月下旬汪清縣方面ニ移動セリ尚孔慶和ハ孔司令ノ姪ナリ

張俊峯（抗日匪）　二〇

十一月二十三日穆稜縣治安維持會ニ歸順ス

鮑老五（共匪）　五〇

穆稜縣西楊木橋子附近ニ在ルモノノ如シ

孔太太（共匪）　六〇

穆稜縣西楊木橋子附近ニ山寨ヲ有シ盤踞中ナリ

明山（共匪）

十二月三日部下一八名ハ穆稜縣治安工作班ニ歸順ス匪首明山ハ穆

215

稜縣扣河溝附近山寨ニテ負傷治療中火災ノ爲燒死シ殘匪ノ行動明カナラス

5 東滿自動車路線

侯國忠（共　匪）　六〇

十一月二十三日大平溝附近金鑛人夫小屋ニ現ハレ衣糧ヲ強奪西北方ニ遁走ス

○齊齊哈爾鐵路局管内

一　一般概況

本期中管内ニ於ケル匪賊情況ハ引續ク日滿軍警ノ治安肅正工作ト嚴寒トニ封セラレ僅ニ四平街鄭家屯間沿線ニ二、三十名ノ二、三匪團ノ出現ヲ見タルモ强盜的犯行ニ出テタルニ過キスシテ其ノ行動活發ナラス其ノ他ハ何レモ二、三名組ノ匪徒ニシテ注目スヘキモノナク又客月來管内近ク通北縣及海倫縣内ニ蟠踞中ナリシ政治思想匪首趙尙志ノ率ユル五、六百名モ日滿軍警ノ討伐追究ニ堪ヘ兼ネ東北方ニ分散移動シタルモノノ如ク其ノ後一般ニ平穩ニ推移シアリ、而シテ管内ノ匪勢ハ嚴寒期ニ入リタルト警備ノ至嚴ナルトニ依リ到底匪行ヲ續行シ得サルヲ以テ小匪ニ分離シ窃カニ村落或ハ都市ニ侵入スルノ傾向アルヲ以テ一層愛護村民ヲ督勵スルト共ニ之カ索出檢擧ニ一段ノ努力ヲ致シ以テ治安維持ノ確保ニ努メツツアリ

二　地區別概況

1　平齊線

217

南部四平街鄭家屯間沿線ニ匪首林中勝、天彪等ノ率ユル二、三十名横行シ居ルモ僅ニ強盗的行爲ニ過キス、其ノ他ノ出現匪ハ二、三名ノ強盗匪ニシテ注目スヘキモノナク本期中極メテ平穩裡ニ經過スルヲ得タリ

2 大鄭線（鄭家屯通遼間）

引續キ平穩ニ經過シアリ

3 白溫線

窮民ノ匪化セシ小數土匪ノ出現ヲ見タルモ鐵道ニ對スル危害ナク平穩ニ推移セリ

4 齊北線、訥河線

客月來齊北線北部、通北縣山林地帶ニ匪首趙尚志ノ率ユル約五、六百名蟠踞シ相當逼迫セル事態ニアリタルモ其ノ後遠ク移動シタルヲ以テ目下ノトコロ特筆スヘキ匪團ノ出現ナク兩線共平穩ニ經過シアリ

5 濱洲線（昂昂溪滿洲里間）

本期中出現匪ヲ見ス極メテ平穩ナリ

6 自動車線

拜泉線（自拜泉至海倫）間ニ趙尙志匪系ノ一部トモ思料セラルル匪首占省ノ率ユル二十餘名出現シ多數金品ヲ掠奪ノ上東北方ニ移動シタルカ其ノ他ハ二、三小鼠匪ノ出現ヲ見タルニ過キスシテ目下平穩ナリ、其ノ他ノ各線ハ特筆スヘキ匪賊ノ出現ナク平穩ニ運行シツツアリ

三 主ナル匪賊ノ出沒狀況

1 平齊線

北來好（土匪） 一五

十二月八日三江口站北方二十支里漢片泡子屯ニ出現住民ノ大車三輛及馬匹七、八頭ヲ掠奪東北方ニ逃走シタルカ其ノ後匪影ヲ認メス

匪首不明（土匪） 八

十二月九日泉滸站東北方二支里ノ村落ニ侵入金品ヲ掠奪西北方ニ

逃走ス

匪首不明（土匪）　二〇

十二月十二日曲家店北方十五支里夏個子屯外二、三部落ニ侵入馬匹及金品ヲ掠奪西方ヘ移動セリ、本匪ハ或ハ天彪匪ニ非スヤトモ思料セラル

天彪（土匪）　二〇

十二月十四日三江口東南方二五支里龍共家染房ニ侵入シ荷馬車五輛ヲ強奪何レカニ逃走セリ

天九好（土匪）　二〇

十二月十五日傅家屯站南方二二支里楡樹屯部落ニ休憩中ヲ傅家屯警察隊ニ撃退サレタルカ此ノ戰鬪ニ於テ警察隊警長一名ハ壯烈ナル戰死ヲ遂ケタリ

林中勝（土匪）　三〇

十二月十一日傅家屯站東北方二五支里劉家屯部落ニ侵入物品ヲ掠奪ノ上西北方ニ逃走シ其ノ後ノ消息不明

~~57~~
258

八

大拐字（土匪）
十二月十七日開通站東南方衙門中ニ出現シ通行人ヲ拉致ノ上馬匹十二頭ヲ掠奪南方ニ逃走ス

2 大鄭線
當沿線ニハ特記スヘキモノナシ

3 白溫線
二、三名ノ強盜的匪賊ノ出現ヲ見タル外特記スヘキモノナシ

4 齊北、訥河、楡樹線
特記スヘキモノナシ

5 濱洲線
特記スヘキモノナシ

6 自動車線
拜泉線（自拜泉至海倫間）ニ占省匪ノ出現セシ外特記スヘキモノナシ

261

○南滿社線管內

一 一般概況

前月來日滿討伐隊ノ急追ニ依リ凋落ノ一途ヲ辿リツツアル管內匪勢ハ本月ニ入リ一層衰退シ集團匪ハ殆ト四散崩壞シ其ノ大部分ハ遠ク山岳密林ノ僻地ニ遁竄シ辛フシテ冬營ヲ圖リ或ハ無條件歸順ヲ申出ツルモノ等アリテ僅ニ餘喘ヲ保ツニ汲々タル實況ニ在リ。而シテ本月中匪賊ノ出現回數ハ二七回ニシテ前月ニ比シ一九回ヲ減シ概數ニ於テモ匪首一〇、匪賊實數三四〇延人員六五七ニシテ何レモ前月ニ比シ減少ヲ示シツツアリ

二 地區別概況

1 安奉線

本地區ハ依然朱海樂、紅軍匪等ノ共匪ヲ初メ四海・九州・保局好等ノ土匪等撫順本溪鳳城ノ各縣下山岳地帶ヲ彷徨シ僻陬地農民ヲ襲ヒ漸ク餘喘ヲ保チツツアルモ極度ニ衣食ニ困窮シアリ引續ク日滿軍警ノ討匪工作ニ依リ容易ニ鐵路襲擊シ得サルモ窮餘反撥的ニ

~~59~~ 260

地形ヲ利用シ何時不逞ノ匪行ナキヲ保シ難キヲ以テ之等匪賊ノ動向ニ關シテハ猶深甚ナル注意ノ要アリ

2 連京線

本沿線ハ本月ニ入リ遼陽縣下ニ古東、青山、天德好等ノ土匪山岳地帶ニ蟠踞中日軍ノ討伐ニ依リ潰滅シ其ノ後ノ行動活潑ナラス、奉天以北ニ於テハ僅ニ系統不明ノ約一〇名內外ノ匪團昌圖縣下ニ出沒橫行シツツアル外顯著的匪賊ノ消息ナキモ日滿軍警ニ擊破セラレタル四散匪ハ衣食ニ窮スルノ結果巧ニ農夫ニ紛レテ鐵路地帶ニ潛入シ愛護村民ニ匪行ヲ加フルモノ數件ヲ算シタルカ此ノ種ノ匪害ハ各地ニ亘リ次第ニ增加ノ傾向アリ

3 其ノ他ノ支線

特記スヘキモノナク平穩ナリ

263

三　主ナル匪賊ノ出沒狀況

1　安奉線

朱海樂（共匪）　一〇〇

撫順縣後硬子溝ヲ中心ニ蟠踞シ日滿軍警ノ討伐ヲ避ケツツ瀋陽縣第二區田家屯ニ潛伏中ヲ日軍ノ急襲ヲ受ケ四散セルモ依然行動活潑ニシテ常ニ鐵路沿線近クニ出沒スルヲ以テ嚴戒ヲ要ス

四海、九州（土匪）　二〇

本溪縣第二、五區境界老貴嶺附近ニ蟠踞中ヲ淸河城駐屯日軍ニ討伐セラレ匪首四海、九州以下數十名戰死シ殲滅セリ

紅軍匪　六〇

本匪ハ撫順縣樣子嶺ニ蟠踞シ何事カ畫策中ヲ撫順日滿軍警ノ討伐ヲ受ケ四散潰走セルカ行動執拗ナルヲ以テ相當警戒ノ要アリ

保局好（土匪）　一五

撫順縣第六區救兵臺附近ニ蟠踞中日滿軍ノ討伐ニ依リ殲滅的打擊ヲ受ケ四散セリ

262
~~61~~

不明匪　三〇
瀋陽縣第二區阿城溝ニ蟠踞中日軍ノ討伐ヲ受ケタルモ今猶鐵路沿線近クニ出没スルコトアリ注意ヲ要ス

不明匪　一〇
撫順縣第八區瓦溝附近ヲ根據トシ鐵路沿線附近ニ出没シアリタルカ花嶺屯自衛團ト交戰逃走セリ

董錫三（土匪）　二〇
本匪ハ本溪縣第一區、長村溝、王廚溝附近ニ蟠踞游動中ニシテ屢鐵路沿線近クニ出没スルヲ以テ相當警戒ノ要アリ

双合（抗日匪）　一〇
石橋子東北方平安嶺附近ニ蟠踞中ヲ撫順縣第八區眼望山ニ於テ日軍ノ討伐ヲ受ケ殲滅セラル

不明匪　一〇
鳳凰城驛南方蔡家嶺子附近ヲ游動中ニシテ鐵路近クニ出没スルコトアリ

265

不明匪　一五

鳳凰城驛南方五支里地區一帶ヲ游動シアリタルカ十二月二日鐵路ヲ横斷北上驛東北方門家堡子方面ニ移動蟠踞中

2　連京線

占東、青山、天德好（土匪）　四〇

本匪ハ遼陽縣第十二區孫長嶺附近ニ蟠踞中日軍警ノ討伐ヲ受ケ四散潰走セルモ其ノ後猶鐵路沿線附近ニ出沒スルヲ以テ相當警戒ノ要アリ

不明匪　一〇

本匪ハ昌圖縣第五區寬裕村附近ニ出沒匪行ヲ逞フセルカ屢鐵路沿線近クニ出沒スルコトアリ

~~68~~264

○建設線管内

一 一般概況

秋期大討伐開始以來引續キ各地ニ亘リ行ハレツツアル討伐ハ著々其ノ實績ヲ治メ錦州管内（義邱、邱立線）ニ在リテハ既ニ十月以來一件ノ匪襲ヲモ見ス平穏ナル状態ヲ持續シ又四平街管内（梅通、通輯線）及牡丹江管内（密虎、林佳、綏佳線、春陽林區）ニ在リテモ尚匪状ハ險悪ナルモノナシトセサルモ日滿軍警ノ嚴重ナル警戒警備ト會社自衛隊、其ノ他機關ノ圓滑ナル連繋トニ依リ漸次出現件數ヲ減シツツアリ就中實害件數ハ十月以來一般ニ減シ僅ニ一、二件ニ止マレル状態ナリ尤モ之カ減少ハ一面季節的ニ依ルノ外一部建設線ノ軌道敷設ノ完成セルニ依リ工事區域ノ縮少セラレタルニ依ルモ主ナル原因ハ右ノ如ク討伐ノ峻烈ナルト一方沿線住民ノ鐵路ニ對スル認識漸次徹底シ迅速ナル情報ノ蒐集ニ依リ彼等ヲシテ容易ニ沿線附近ニ潜行セシメサルニ依ル然レトモ尚林佳、綏佳、密虎及梅通、通輯線沿線ノ僻陬地域ニハ有力ナル匪團遁在シ巧ニ軍警ノ鋭鋒ヲ避ケツツ相

267

互ニ密脈ヲ通シ小部隊ニ分散シテ物資ノ補塡ニ便ナル沿線附近ニ潛行セムトシテ微隊ヲ窺ヒツツアリ

本月ノ出現件数ハ十一件實害件数二件ニシテ前月ニ比シ出現件数ニ於テ三件ヲ減シ實害件数ハ五件ヲ減シタリ之カ各線別出現件数ハ別表ニ示ス如ク林佳線ノ四件綏佳及通韓線ノ各三件竝梅通線ノ一件ナリ之ハ主ニ沿線附近ニ於テ軍隊竝會社自衛隊關係ノ匪賊ト交戰之ヲ擊退セルモノナリ

被害ハ軍隊關係ニ於テ皇軍戰死一名負傷二名ヲ出シタル外其ノ他關係ニテ部落民六名拉致、馬十二頭掠奪サレタリ會社關係ノ直接被害ハ梅通線及綏佳線ニ於テ測量班カ匪賊ト四回遭遇シタルモ皇軍掩護兵ノ機敏ナル應戰擊退ニ依リ無事ナルヲ得タリ亦最物資的損害ヲ蒙リツツアリシ請負人關係ノ被害ハ引續キ皆無ナリ

以上ノ如ク管内ニ於ケル治安ハ未タ完全ニ維持サルルニ至ラス尚寸刻モ偷安ヲ許サレサル狀況ニアルヲ以テ一層軍警トノ連繫ヲ緊密ニスルト共ニ沿線住民ヲ督勵シテ情報ノ蒐集ニ努メ嚴重ナル警戒ノ下

268

ニ工事ノ進捗ニ遺漏ナキヲ期シツツアリ

二 本月中主ナル被害狀況

本月中ニ於ケル主ナル被害次ノ如シ

1 軍隊關係

林佳線

十八日勃利東方二五粁東大平溝附近ニ於テ勃利坂口部隊ハ匪首黃西任、于山好、東來好、東山ノ合流匪約百五十名ト遭遇シ交戰時餘ニシテ死體八、鹵馬二遺棄、負傷者一五、六名ヲ出サシメ之ヲ撃退シタルモ本戰鬪ニ於テ左ノ死傷者ヲ出セリ

戰死 上等兵 土井重四郎

重傷 一等兵 寺田 勝房

同 同 三ッ木武平

2 其ノ他

二十一日杏樹西北方三粁地河子部落ニ匪首不明ノ騎馬匪約百八十名來襲セルニ依リ十三時頃民團之ト交戰四十分ニシテ撃退セルモ

-65-

266

268

267
~~66~~

部落民六名拉致、馬十二頭掠奪サレタリ
尙倭肯守備隊ヨリ長以下一〇名自衞隊員三名及杏樹ヨリ三名出動
之ヲ追擊セルモ該匪ハ杏樹西北方大平村方面ニ逃走ス

270

3 地區別匪賊狀況

(1) 錦州管內

義邱、邱立線

管內秋期大討伐ノ結果今ヤ集團匪ハ遠ク遁走シ此處所三月來沿線一帶ノ治安全ク平常化シ本月ノ如キモ匪害皆無ノ狀態ニテ至極平穩裡ニ越年シ工事モ亦豫定通進捗シツツアリ

(2) 白城子管內

興温、魯北、訥壘、壘鴫線

各沿線トモ引續キ一件ノ情報モナク至極平穩裡ニ越年セリ

(3) 四平街管內

梅通、通輯線

前月ニ引續キ行ハレツツアル東邊道一帶ノ冬季討伐ハ著々其ノ實績ヲ治メ梅通線、通輯線沿線トモ日毎ニ平穩ナル狀況ニ向ヒ目下工事、測量ニ支障ヲ來ス如キ處ハ除去サレツツアルモ未タ完全ニ治安ノ維持ヲ見ルニ至ラス、即チ通化東南地區僻地ニハ

271

尙王鳳閣匪紅軍第西路保中國匪及小土匪群潜伏シアルモノノ如ク方前記地方ヲ根據トシテ暴威ヲ逞ヒツツアリシ張科長匪ハ近時治安肅正工作ノ進捗ト日滿軍警ノ徹底的討伐ニ遭ヒ四散分裂シ其ノ根據地附近ニ潜伏中ナリシカ遂次其ノ地盤ヲ放棄シ十一月中旬輯安縣内ニ逃走シ同縣第五區ノ山岳中ヲ點々潜行シアリシモ遂ニ匪行ヲ斷念シ十一月二十一日部下、家族七二名トトモニ同縣臺上ノ淸軍憲兵速、靖安軍、騎兵團ニ歸順シ又通輯線熱水河子附近ニテ暴威ヲ極メシ寶龍匪モ十一月二十九日通化東北六粁ノ抽水河子ニ於テ部下一六名及國民軍匪四名トトモニ通化治安隊ニ歸順セリ

而シテ歸順匪或ハ逮捕サレタル小匪ノ携行セル彈藥及衣類等ヨリ判斷スルニ潜伏山寨ノ大部分ヲ覆滅サレ或ハ隱匿兵器ヲ索出押收サレツツアル彼等匪團ハ次第ニ蠢動ノ範圍ヲ狹メラレ既ニ困窮ノ極ニ達シ居ルモノノ如ク此處ニ於テ日滿軍警ノ討匪行ハ折柄ノ嚴寒トトモニ益峻烈ヲ極メ之等匪團ニ對シ猖獗ノ餘地ナ

カラシメツツアリ
然レトモ陵裂ナル山岳地帯ニ永年ノ間植エツケラレタル彼等ノ隠然タル勢力ハ早急ニ掃蕩サルヘクモナク従テ今後ト雖充分ナル警戒ノ下ニ徹底的撃滅ヲ期スヘク一層各機関トノ連絡ヲ密ニシ建設作業ノ進捗ニ努力中ナリ

(4) 牡丹江管内

林佳、密虎、綏佳、汪寧線及春陽林區

管内ニ於ケル匪情ハ引續キ實施中ノ日滿軍警ノ治安肅正工作ト各警備機關ノ警戒警備並諜報網ノ徹底トニ依リ有力匪團ハ次第ニ根據地ヲ覆滅セラレテ移動ノ範圍ヲ狹メラレ討伐網ヲ回避スルニ汲々タルノ狀況ニアルカ尚林佳、綏佳、密虎沿線ノ僻陬地域ニ潛竄セル思想的、政治的背景ヲ有スル匪團(主トシテ抗日匪)ハ巧ニ日滿軍ノ銳鋒ヲ避ケツツ相互ニ密聯シ小部隊ニ分散シテ衣類及食糧品ノ補充ヲ目的トシテ物資ノ補填ニ便ナル沿線附近ノ部落ニ潛行セムトシ該隙ヲ窺ヒツツアリ

— 二 —

273

70271

本月ノ出現件數ハ七件、實害件數二件ニシテ件數ハ前月ト大差ナク沿線中出現ヲ見タルハ林佳線ノ四件及綏佳線ノ三件ニシテ密虎線、汪寧線沿線竝春陽林區ニアリテハ一件ノ出現モナク平穩ナルヲ得タリ

實害件數ノ二件ハ林佳線勃利東方三五粁東大平溝附近ノ戰鬪ニ於テ勃利坂口部隊土井上等兵戰死、寺田、三ツ木兩一等兵重傷及其ノ他關係ニテ杏樹西北方三粁地下子部落ノ滿人六名拉致、馬一二頭掠奪サレタルモノニテ他ハ軍隊竝自衛隊關係ノ匪賊ト交戰敵ニ多大ノ損害ヲ與ヘ之ヲ擊退シタルモノナルカ特ニ綏佳線測量掩護隊ハ數回ノ戰鬪ニ於テ敵ニ多大ノ損害ヲ與ヘ死傷者ノミニテモ遺棄死體六、捕虜七名其ノ他多數ノ負傷者ヲ出サシメ之ヲ潰走セシメタリ

本月ノ被害ハ右ノ如ク軍隊關係ノ被害ヲ最多トシ直接會社關係ノ被害ハ綏佳線測量隊ニ於テ匪賊ト三回ノ遭遇ヲ見タルモ掩護兵ノ機敏ナル應戰擊退ニ依リコトナキヲ得亦最物資的損害ヲ蒙

274

272

~~71~~

リツツアリシ請負人關係ノ被害モ引續キ皆無ナリ尤モ之カ減少ノ原因ハ林佳及密虎線ノ軌道敷設完成シタルニ依リ工事區域ノ縮少セラレタルニモ起因ス

215

四　各線別匪害概況

梅通線

被害關係別	月日時刻	場所	概況
會社關係	一二、一五 一一、〇〇	梅通線一三三粁附近砂利線	砂利線測量中ノ通化工事區小野職員外二名及自衛隊員三名ハ北方高地ヨリ突然數發ノ射撃ヲ受ケタルヲ以テ自衛隊員ハ之ニ威嚇射撃ヲ爲シ狀況捜索セルモ不明幸ヒ被害ナク一四時無事歸還セリ

通輯線

被害關係別	月日時刻	場所	概況
軍隊關係	一一、二八 八、三〇	通輯線七一粁南方四粁	上記附近ニ王鳳閣匪密偵侵入セリトノ報ヲ得タル老嶺西口分遣隊日下軍曹以下九名ハ直ニ現地ニ急進シ之ヲ發見捕ヘシニ逃走セムトセルヲ以テ銃殺セリ。當方被害ナシ

~~73~~ 274

被害關係別	月日	時刻	場所	概況
軍隊關係	一、三〇	五〇〇	通輯線二七粁東方八粁	上記附近ニ王鳳閣係高副官及張老師ノ合流匪約二〇名蟠踞中トノ情報ヲ得タル在三道溝滿軍第二營ノ二箇連ハ直ニ出動シ上記地點ニ於テ該匪團ト遭遇交戰約二時間ニシテ匪首高副官及張老師ヲ斃シ其ノ部下竝家族一五名ヲ捕ヘ小銃六、拳銃二ヲ押收シ人質二名ヲ奪還セリ、我ニ被害ナシ
其ノ他	一二、一〇	一七〇〇	通輯線四三粁西南方三粁小長蟲溝	六道溝警察隊吳警長以下一〇名ハ通化縣第三區上記附近ヲ掃蕩中匪首不明ノ約一〇名ト遭遇シ交戰約二〇分ノ後之ヲ四散潰走セシメタリ、彼遺棄死體一、我ニ損害ナシ

林佳線

被害關係別	月日	時刻	場所	概況
自衛隊關係	一二、二四	一二、三〇	林佳線千振西南方六粁大平村	千振自衛隊員三名ハ自警團二八名ト協力シ千振西南方六粁大平村ニ休息中ノ騎馬匪約百名ヲ寄襲シ交戰一時間ニシテ擊退ス

277

軍隊關係	一二、一二	二、〇〇	林佳線古城鎭分遣隊東北方約百五〇米附近	上記地點ニ怪シキ者近接スルヲ知リ歩哨ハ直ニ誰何セルモ應答ナキ為射擊セリ同地分遣隊及自衛隊ハ直ニ出動交戰二〇分ニシテ之ヲ東北方ニ擊退セリ
〃	一二、一八		同勃利東方二五粁東大平溝附近	勃利坂口部隊ハ東大平溝附近ニ於テ黃西任、千山好、東來好、東山合流匪約百五〇名ト交戰之ヲ擊退ス 被我ノ損害 我ニ 戰死 上等兵 土井重四郎 重傷 一等兵 寺田勝房 同 同 三ツ木武平 敵ニ 遺棄死體八、斃馬二 負傷一五、六ノ見込
其ノ他	一二、二一	一三、〇〇	林佳線杏樹西北方三粁地河子附近	上記地點ニ騎馬匪約百八〇名來襲民團之ト交戰四〇分ニシテ擊退ス尚倭肯守備隊ヨリ長以下一〇名自衛隊員三名、杏樹三名出動追擊セシモ該匪ハ杏樹西南方大平村方面ニ逃走セリ 部落損害滿人六名拉致馬一二頭掠奪サル

278

276

75

綏佳線

被害關係別	月日	時刻	場所	概況
軍隊關係	一二、一三	一、五〇	綏佳線渾澗河口北方三〇粁附近	上記地點ニ於テ測量掩護隊ハ騎馬匪八ト交戰約四〇分ニシテ之ヲ北方ニ擊退ス我ニ被害ナシ捕虜三、遺棄死體一
〃	一二、一四	一二、三〇	同渾澗河口北方四〇粁附近	上記地點ニ於テ測量掩護隊ハ騎馬匪約四〇名ト交戰約一時間ニシテ之ヲ北方ニ擊退ス我ニ被害ナシ敵遺棄死體三、死馬一
〃	一二、一五		同渾澗河口北方五〇粁附近	上記地點ニ於テ測量掩護隊ハ匪賊約一五名ト交戰一時間ニシテ之ヲ北方ニ擊退ス我ニ被害ナシ敵捕虜四、遺棄死體二

278

（附表一）

建設線匪賊被害件數（十二月分）

線別＼種別	匪賊件數 會社關係	匪賊件數 自衛團關係	匪賊件數 請負人關係	匪賊件數 軍隊關係	匪賊件數 其ノ他	匪賊件數 計	實害件數 會社關係	實害件數 自衛團關係	實害件數 請負人關係	實害件數 軍隊關係	實害件數 其ノ他	實害件數 計
梅通線	一					一						
通輯線				二	一	三						
林佳線		一		二	一	四				一	一	二
綏佳線				三		三						
合計	一	一		七	二	一一				一	一	二

註 一 實害件數トハ建造物人畜金品ノ被害ヲ謂フ

一 其ノ他欄ハ主トシテ建設線附近部落ニ於ケル被害ナリ

280

~~77~~278

（附表二）

建設線匪賊被害件数累計（自四月至十二月）

種別／線別	匪賊件數 會社關係	匪賊件數 自衛團關係	匪賊件數 請負人關係	匪賊件數 軍隊關係	匪賊件數 其ノ他	匪賊件數 計	實害件數 會社關係	實害件數 自衛團關係	實害件數 請負人關係	實害件數 軍隊關係	實害件數 其ノ他	實害件數 計
義邱線	五		一	一〇	六	二二	三		一	四	四	一二
邱立線	四		二	六	二	一四	四			一	二	七
魯北線			一		一	二			一		一	二
(3) 四西線				二	二	四					二	二
梅通線	四		二〇	一八	二四	六六	二		二〇	六	一一	三九
通輯線	一			六	八	一五	一			二	三	六
(6) 寧林線					二	二					二	二
林佳線	一一	八	二三	六	五	五二	八	三	二二	四	五	四二
(6) 林密線	一		二	五	一	九	一		三	二	二	八
密虎線	一	一	九	八	一	二〇	一		九	五	一	一六
綏佳線	一			四		五	一					一
春陽林區		四	五		一	一〇			四			四
墨鷗線	一					一	一					一
合計	二九	一三	六二	六五	五三	二二二	二二	三	六〇	二四	三三	一四二

註 線別欄上記載ノ（）内數字ハ本年度既引繼ノ月ヲ示ス

281

（附表三）

建設線死傷竝拉致人員（十二月分）

被害種別／線別	死亡	負傷	拉致
	軍隊	軍隊	其ノ他
林佳線	一	二	6
計	一	二	6
備考	アラビヤ數字ハ滿人		

~~79~~
280

（附表四）

建設線死傷竝拉致人員累計（自四月至十二月）

被害種別 \ 線別		義邱線	邱立線	四西線 (8)	梅通線	通輯線	寧林線 (6)	林佳線	林密線 (6)	密虎線	春陽林區	合計
死亡	會社					1						1
	請負	一			1							1 一
	軍隊	2			二	3		二一	5	㊀ 一		㊀10 二四
	其ノ他	2	2		7 九	2		一				13 一〇
負傷	自衛隊							一				一
	請負	一						119				119 一
	軍隊	3 二	一		5 四	11		一〇	4 一	七		23 二五
	其ノ他	1			8 二					一		9 三
拉致	會社							1				1
	請負				7			45	105 一	16	7	180 一
	其ノ他	2		5	21	1	13	12	34	4		92

備考
一 アラビヤ數字ハ鮮滿人、〇內數字ハ滿軍內日人ヲ示ス
一 線別欄上記載ノ（ ）內數字ハ本年度既引繼ノ月ヲ示ス

283

昭和十一年十二月中匪賊ニ因ル被害事故調

局所別	線別	發生月日時	場所	件名	概況
錦縣鐵路局	錦承	一二月四日二〇時三〇分	葉柏壽站北方二〇〇粁	其ノ他	葉柏壽站司令室定役夫王文惠ハ驛北方二百粁ノ地點ニテ四名ノ匪賊ニ捕縛サレ現金九圓其ノ他掠奪河中ニ投込マレタリ
	奉吉	一二月二四日八時三〇分	標順警務分所	從事員死傷	暴動不審トシテ拘留中ノ一滿人ノ中一名ハ巡警カ電話ニテ話中ノ隙ニ乘シテ銃ヲ奪ヒ巡警ヲ狙擊銃聲ヲ聞キ分所ニ馳ケ來リタル日人巡長ト分所入口ニテ交戰巡警ハ腹部盲貫銃創ヲ日人巡長ハ同貫通銃創ヲ負ヒ犯人又射殺セラル　巡長、巡警共同日滿鐵醫院ニテ遂ニ殉職ス
	奉吉	一二月二六日一〇時四〇分	英額門水獺洞間奉天起點一六八粁	從事員死傷	水獺洞警務分所員ハ數名ノ匪賊ト交戰滿人巡長一名上膊盲貫銃創ヲ負フ

284

哈爾濱鐵路局	哈同自動車課	一二月二〇日一一時三〇分	三姓起點六粁	其ノ他	三姓發佳木斯行第四自動車縱列ハ警察隊ト交戰退却中ノ匪團長匪二三〇名ノ一部ト遭遇交戰三〇分ニ亙リタルモ通過危險ノ爲三姓ニ引返シ人命其ノ他異狀ナシ
大連鐵道事務所	連京	一二月一四日一六時二五分	太子河簡易驛	其ノ他	モーゼル拳銃所持ノ匪一名出現一三一列車ヲ待合中ノ滿人男ヲ脅迫セル處該人ハ匪賊ト格闘シ其ノ左母指ニ嚙傷ヲ與ヘ賊ノ怯ム隙ニ逃走難ヲ免カル
	圖佳	一二月二一日一三時	香蘭西北方三粁	其ノ他	騎馬匪一八〇襲來自衞團、建設自衞隊及軍隊ハ協力之ト交戰四〇分擊退セリ被害滿人六拉致馬一二ヲ強奪セラレタルモ會社側被害ナシ
建設事務所	梅通	一二月一五日一一時	梅通線一三三粁附近砂利採	其ノ他（會社關係）	砂利採測量中ノ通化工事區小野職工外八名ハ北方高地ヨリ突如數發ノ射擊ヲ受ケタルヲ以テ自衞隊員ハ之ニ威嚇射擊ヲ爲シ狀況搜索セルモ匪影ヲ發見セス歸還ス

285

林佳	一二月二四日一二時三〇分	千振西南方其ノ他
		六杆太平川（自衛隊關係）
		千振自衛隊員三名ハ自警團員二八名ト協力休息中ノ騎馬匪約一〇〇名ヲ奇襲交戰一時間之ヲ擊壞ス

附

十二月中全管內匪勢概況圖

十二月中全管內匪害事故一覽圖

满铁监理部考查课向满铁总裁提交的昭和六年（一九三一年）度总务部业务成绩考查报告书（一九三一年至一九三二年）

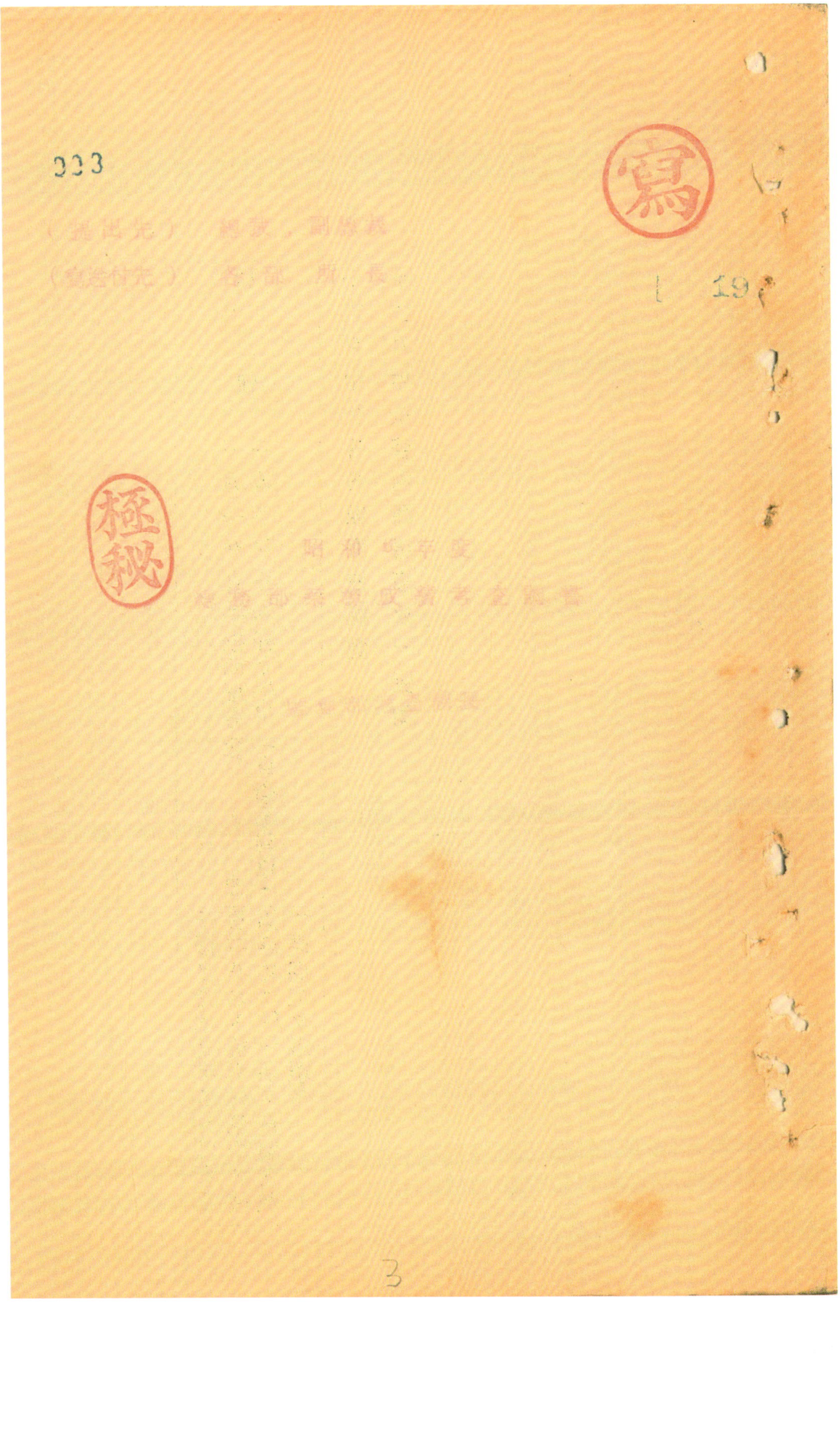

004

要　旨

業績大要

甲，統制ニ關スル事項

I，事業經營方針

各箇所ノ業務ハ概シテ事變ノ影響ヲ蒙リ變体的情勢ヲ招來スルニ至リタルヲ以テ其ノ實狀ニ對應スヘク臨機ノ處置ヲ講スルト共ニ一方ニ於テ既定ノ業務方針ハ當初ノ目的ヲ達成スヘク極力努力スル處アリタリ

人事課ハ多數社員ノ整理及給與諸規程ノ改正ヲ斷行セルカ右ハ社業ノ現狀ニ鑑ミ人件費削減ノ必要ニ出テタルモノニシテ時局ニ際シテハ從事員勤務ノ實狀ニ適應スヘク給與規程ノ一部ニ變更ヲ加ヘタリ

外事課ニ於テハ鐵道關係，土地關係，鑛山關係，課稅關係等ニ亘リ各種多年ノ懸案事項ト時局ノ進展ニ件フ新規交涉案件トニ關シ事變後情勢ノ變化ニ依リ交涉關係ノ一般的好轉ヲ機トシ豫メ一定ノ方針ヲ樹テ軍部其ノ他トモ密接ナル連繫協調ノ下ニ着々トシテ問題ノ解決ニ努メタリ

調查課ハ經濟調查會トノ業務ノ重複ヲ避クルノ必

005

0-2

要上從來所管ノ調査研究業務ヲ同會ニ移シ社業竝滿洲問題ニ關係アル重要ナル資料情報ノ蒐集發表ト統計事務トニ專ラ其ノ主力ヲ集中セリ各箇所事業方針ノ詳細ニ就テハ細説ニ於テ之ヲ敍述スヘシ

II，組織權限竝人員ノ配置

昭和6年8月ノ職制變更ニ依リ業務監察機關タル考査課及檢査課ハ當部ヨリ分離セラレタルモ一方ニ於テ舊交渉部事務ノ當部移管ニヨル外事課ノ新設アリ尙勞務課ノ廢止ニ伴ヒ其ノ所管タリシ勞務，指紋，共濟及獨身社宅事務ノ人事課移管アリタリ昭和7年1月新ニ經濟調査會設立セラレ從來調査課ノ分掌セル調査研究業務ノ殆ト全部ハ同會ノ所管ニ移レリ

上記職制變更ノ結果ト加フルニ時局關係ノ影響トシテ軍部及新國家ニ派遣轉出社員ノ續出トノ爲ニ從事員ノ異動ハ極メテ頻繁ニ行ハレタリ年度末ニ於ケル當部各箇所人員ノ配置ハ次表ニ示スカ如シ

5

0-3

006

人員配置表（昭和7年3月末現在）

資格別 / 個所別	月俸者	雇員	傭員		准傭員		臨時傭員		囑託	合計
			日人	支人	日人	支人	日人	支人		
部附	12	3	1						26	42
庶務課	27	9	88	24	22	19	1	7	7	204
文書課	25	17	98	5	26	2	17	2		192
人事課	61	27	52	1	12	46			5	204
外事課	9	4	1						1	15
調査課	26	5	8				7		2	48
紐育事務所	2					(外) 2	3		2	9
上海事務所	9	2	3	1	3	5			3	26
北京公所	3		3	2		6			6	20
鄭家屯公所	7	1	1	12	2	1	5			29
吉林公所	14		6	5	1	9			3	38
洮南公所	4	1	1	6	1	2	1		2	18
齊齊哈爾公所	7	2	3	4	2				1	19
合計	206	71	265	60	69	92	34	9	58	864

6

0-4
007

Ⅲ，從事員ノ勤務狀態

月俸者ノ出勤延人員 64,945 人，出勤延日數 63,796 日，缺勤延日數 1,149 日，出勤率 98.23 %ニシテ日給者ハ延人員 122,095 人，出勤延日數 119,444 日，缺勤延日數 2,651 日，出勤率 97.83 %ナリ之ヲ兩者ノ總体ニ就テ見ルトキハ本年度出勤延人員 187,040 人，出勤延日數 183,240 日，缺勤延日數 3,800 日出勤率 97.97 %ニ相當ス

乙，業務ニ關スル事項

Ⅰ，庶務課

1，一般業務ハ概シテ順調ニ施行セラレタルカ本年度ニ於ケル待遇乘車證ノ發行ハ前年度ニ比シ定期券 1,012 枚，1 回券 946 枚ヲ增發セリ右ハ主トシテ軍部等時局關係者ニ對シ發行セルモノナリ

2，弘報宣傳ノ業務ニ於テハ事變ニ伴フ對內的及對外的宣傳ノ必要增大シ對米宣傳費 ¥ 7,500.00 ヲ支出シタル外業務量一般的ニ增加セリ

3，時局ニ關スル戰死傷病軍人竝警察官吏ニ對シテハ其ノ資格ニ應シテ夫々弔慰金，見舞金ノ標準ヲ定メ右經費ハ時局費假拂金ヲ以テ整理ノコ

7

0-5 008

ト ニ 決定セリ

右弔慰金ハ 600 圓乃至 100 圓，見舞金ハ 300 圓乃至 20 圓ニシテ昭和 7 年 5 月末迄ノ支出額ハ弔慰金 170,700 圓，見舞金 90,975 圓合計 261,675 圓外ニ花環代 1,317 圓ナリ

4，寄附及補助ニ關スル件

本年度ニ寄附及援助ノ爲支出シタル金額ハ約 55 萬圓ニシテ内繼續的支出ニ屬スルモノ約 194,000 圓，非繼續的支出ト認ムヘキモノ 約 356,000 圓ナリ即チ前年度トノ比較ニ於テ前者ハ約 18 %後者ハ約 61 %ノ節約トナレリ

Ⅱ，文書課

文書取扱事務ハ事變勃發ニ件ヒ繁激ヲ來シタル爲其ノ當時係員ノ非常召集ヲ行ヒ爾後約 1 箇月間各員交替晝夜勤務ニ服セリ

英文係事務ハ對外的宣傳交渉關係及外人案內等ノ事務前年度ニ比シ著シク增加セリ

社報及規程類纂ノ發行ニ於テハ前年度ニ比シ著シク發行回數及頁數ヲ減少スルニ至リタル爲印刷費ノ節減額 15,309 圓（17 %）トナレリ

Ⅲ，人事課

1，時局關係死傷社員ノ待遇

8

009

0-6

時局ニ依ル殉職社員數ハ昭和6年度末現在8名ニシテ傷病者數39名ニ達セリ
殉職社員ニ對シテハ退職慰勞金ノ増加支給，弔慰金最高額ノ支給，表彰金ノ支給及若干ノ者ニハ特別登格ノ取扱ヲ爲シ傷病者ニ對シテハ社費治療ヲ行ヒタリ

2，事變ニ伴フ給與待遇規程ノ變更
滿洲及上海事變ニ伴ヒ從事員ノ給與待遇規程中一部改正ノ必要ヲ生シタルニ依リ旅費其ノ他ニ若干ノ變更ヲ加ヘ之ヲ實施セリ

3，創業10週年記念賞與金拂戻ノ件
本件賞與金ハ當該社員ノ退職時迄一定ノ利子ヲ附シ會社ニ預リ置クコトトナリ居タル處其ノ全部ヲ拂戻シ7月1日以降据置クモノニ對シテハ以後利子ヲ附セサルコトニ改メタリ

4，社員整理及給與待遇改正
昭和6年8月1日以降同15日迄ニ待命若ハ退職ヲ命シタル社員數ハ2,308名，囑託19名ニシテ同時ニ在勤手當給與規程，住宅料規程，旅費規程，家族手當給與規程等給與諸規程ノ改正變更ヲ爲シ人件費年額約1,700,000圓ヲ節減セリ

9

5．時局關係轉出者

時局ニ關聯シ軍部其ノ他ニ派遣轉出スル社員增加シ之ニ伴フ從事員ノ異動頻繁ニ行ハレタリ，即チ昭和6年度末ニ於ケル軍部派遣社員105名新國家派遣社員188名，計293名ニ達セリ

6．滿洲日本人共產黨事件

本件ノ發覺ニヨリ社內ヨリモ容疑者10數名ノ檢擧アリ依テ當課ハ直ニ官憲ト連絡ヲ執リ速ニ善後處置ヲ講シタルヲ以テ幸ヒ事件ノ擴大ヲ防止スルコトヲ得タリ

Ⅲ，外事課

所謂二重課稅問題，撫順及煙台炭關稅增率問題，委任經營鐵道トノ經營契約ノ締結，新線敷設契約締結，土地買收及商租關係等各種懸案及新規發生ノ交涉案件ハ事變後情勢ノ變化ニヨリ交涉好轉ノ曙光ヲ認ムルニ至リタル關係上一時ニ輻輳シ當課業務ノ繁忙ヲ來セリ，本年度ニ於テ解決セル事項尠カラスト雖大部分ハ目下進捗中ニシテ孰レモ早晚解決ノ機運ニ向ヒツツアリ

Ⅴ，調查課

經濟調查會成立後從來當課ノ管掌セシ調查事務ヲ同會ニ移シタルカ其ノ以前ニ於テ調查研究セル事

0011

項及刊行物相當多數アリタリ（細説參照）
情報關係事務ハ滿洲事變ヲ契機トシテ著シク繁劇ヲ加ヘ其ノ取扱件數ノ增加ハ前年度ニ比シ58％强ニ達セリ

Ⅵ，各事務所及各公所

事變勃發以來各地排日運動熾烈トナリ一般民衆ノ感情惡化シタルヲ以テ之ニ善處スヘク適當ノ處置ヲ講シ對外宣傳情報資料ノ蒐集，報告等ニ努メ異常ナル業務ノ繁忙ヲ見タリ尙若干箇所ニ於テハ兵匪，賊匪ノ危險切迫シ爲ニ事務所移轉，家族引揚等非常處置ヲ講スルノ已ムナキニ至レリ

丙，經理ニ關スル事項

Ⅰ，事務所關係

總務部費6年度決算額ハ7,671,000圓ニシテ內各課費約7,300,000圓，公所及事務所費約400,000圓ナリ但シ前揭各課費7,300,000圓中時局費1,930,000圓ヲ控除セル普通經費ハ5,370,000圓トナル
總務部費中ノ各課費ハ昭和5，6兩年度ニ前後2回ニ亘ル職制ノ變更アリタル爲前年度トノ比較困難ニ付之ヲ省略ス各公所費及事務所費ノミニ就テ比較スルトキハ前年度ヨリモ約10％ヲ減額セリ

11

0-9

012

總務部費決算比較表

摘　要	6 年 度	5 年 度	增 減△
各課費	6,844,88448		
各公所及事務所費	323,76848	357,89684	△34,12836
特別給與費	502,87382		
合計	7,671,52673		

次ニ事業費支出トシテ事務用自働車其ノ他諸機器ノ増備補充ノ爲51,000圓，事務所增改築其ノ他約23,000圓計74,000圓ヲ支辨セリ

Ⅱ，社宅關係

6年度社宅經費ハ4,884,000圓ニシテ内償却費1,030,000圓特別給與費37,000圓，一般經費3,817,000圓ナリ，今一般經費ヲ前年度ト比較スルトキハ874,000圓ノ減額ニシテ減額ノ主タルモノハ修繕費420,000圓，散宿料及借家費215,000圓トス

社宅事業費ノ支出ハ總額1,074,000圓ニシテ内約80%ハ各地社宅新築費殘餘ハ改善費ナリ

满铁地方部时局『功绩』概要（第二次）[昭和七年（一九三二年）十月一日至昭和九年（一九三四年）三月三十一日]（一九三二年十月至一九三四年三月）

237

第二次 時局ニ於ケル地方部ノ功績概要

自 昭和七年十月
至 昭和九年三月

244

目次

239

ハ、其ノ他

D、情報ノ供與、連絡、案内

イ、情報ノ蒐集供與

ロ、氣象觀測通報

ハ、通譯、道案内、連絡

E、醫療、防疫、救護

イ、北滿施療班ノ編成

ロ、軍馬ノ診療、獸疫防遏

ハ、ペスト防疫

ニ、傷病兵ノ看護治療

ホ、其ノ他

F、軍ノ依賴ニヨル各種調査

イ、北滿油徵地調査

ロ、吉林東北地方鑛區調査

ハ、熱河資源調査

246

ニ、熱河風土病調査
ホ、移民衛生ニ關スル調査
ヘ、北滿林業調査
ト、農安ペスト調査
チ、物資利用、生産物流動事情調査
リ、社員ノ事變功績調査
G、軍隊、傷病兵、遺骨ノ送迎、慰問
イ、部隊ノ歡送迎
ロ、慰靈祭ノ參列
ハ、遺骨ノ送迎
H、其ノ他便宜供與
イ、軍官舍ニ給水設備
ロ、駐屯軍隊ニ飲料水ノ供給
ハ、「マスク」其ノ他「カバー」ノ作製
ニ、映畫班ノ派遣

241

I、其ノ他

248

242

時局ニ關スル地方部ノ業績　第二次

自七、一〇、一
至九、三、三一

一、序言

事變ハ益々大ナル波紋ヲ畫キツツ昭和七年ヲ迎ヘ昭和八年ヲ送リ玆ニ新興滿洲帝國ハ國礎愈々堅ク輝ケル東亞ノ一新興帝國トシテ全世界ニ君臨スルニ至ツタ、此ノ間我帝國ノ國策遂行機關ハ尊キ使命ノ下ニ其ノ全生命ヲ抛チ其ノ全能力ヲ發揮シテ之カ助成確立ニ邁進シ其ノ一擧手一投足ハ全世界注視ノ的トナリ正義ニ燃ユル皇軍ノ威武ハ普ク全土ニ及ヒ在滿邦人ハ極度ノ緊張ト不安ニ曝ラレツツモ守ラネハナラヌ滿洲、育テネハナラヌ新興國ノタメニ全能力ヲ傾注シ來ツタ、卽チ國策遂行機關ノ第一線ヲ以テ自ラ任スル滿鐵ハ克ク出先軍部ノ首腦機關ト絶エス連繫ヲ保持シツツ其ノ歸趨ヲ誤ラシムルコトナク、迅速果敢ナル軍事輸送ヲ以テ軍ノ機動作戰ニ具ヘ滿洲ニ關スル限リ其ノ卓越セル識見ト豐富ナル諸種ノ資料トヲ披瀝提供シ其ノ全能力ヲ傾注シテ本來ノ特殊使命ノ遂行ニ當リ陰ニ陽ニ軍ノ諸工作ニ援助ヲナシ以テ遺憾ナ

249

243

ク軍、否我帝國ノ國是ヲシテ全世界ノ國際場裡ニ貫徹發揮セシメタル滿鐵ノ功績ヤ大ナリト言ヒ得ヘシ

二、地方部ノ功績概要

第二次功績調査期間即チ自昭七、一〇、一至昭九、三、三一間、軍ノ討匪工作治安工作ハ事變ノ進展ニ伴ヒ政治工作ヲ加ヘ、經濟産業工作ニ及ヒ其ノ工作ハ擴大サレツツ各種部門ニ傳播シ此ノ間特ニ地方部ノ如キ其ノ機構上各種部門ニエキスパートヲ包含スル箇所ニ於テハ是等工作遂行ニ密接不離ノ環境ニアリ絶エス軍部トノ連繫ヲ密ニシテ一致協力以テ其ノ工作ヲ援ケ之カ對策ニ遺憾ナキヲ期シ軍ノ依賴ニヨリ多數所屬社員ヲ派遣シ或ハ督勵シテ各種調査ニ任セシメ以テ皇軍ノ行動ニ寄與セシメタリ

他方治安ハ未タ全ク平定シタリトハ謂ヒ難シ、東北軍閥ノ殘黨ハ飢エタルママニ或ハ群ヲナシ或ハ小盜兒トナリテ警備手薄ナル我附屬地其ノ他會社諸施設ヲ脅シ稍モスレハ治安ヲ擾亂セントス、此ノ間出先會

250

社代表機關タル各地方事務所ハ所屬機關ノリーダートシテ時局後援會統制ノ下ニ其ノ中樞トナリテ之カ對策ニ遺漏ナキヲ期シ或ハ自警團ヲ招集シ或ハ警備施設ノ完璧ニ努メ以テ軍警ノ攻防ニ備ヘ附屬地ノ安寧秩序ニ專念シタルト共ニ、北滿ヘ熱河ヘト聖戰ニ出動スル皇軍ノ宿營休養斡旋ニ當リテハ擧ツテ之カ便宜供與ニ任シ宿舍ヲ提供シ休憩所ノ斡旋ヲナシ以テ人馬ノ休養ニ遺憾ナカラシメタルノミナラス、慰問ニ送迎ニ萬腔ノ熱意ト感謝ニ溢レ之ニ臨ミテ其ノ行ヲ盛ナラシメ以テ皇軍ノ士氣ヲ鼓舞シ、又慰靈祭、招魂祭ノ開催斡旋及忠魂碑ヲ建立シテ今ハ歿キ勇士ノ靈ヲ弔フナト、或ハ直接軍ノ討匪行ニ參加第一線ニ自動車運轉手トシテ軍隊及軍需品ノ輸送ニ從事シ又通譯、道案内トシテ軍ノ行動ヲ容易ナラシムル等其ノ功績枚擧ニ遑アラス。或ハ病毒感染ノ危險ヲ冒シテ軍病馬ノ治療、獸疫防遏ニ努メ軍ノ衛生班ニ病棟ヲ貸與シテ軍衛生班之ガノ要求ヲ充シ進ンテ傷病兵ノ看護治療ニ任スル等以テ救護、醫療ノ如キ所謂後方防勤務ニ盡シ或ハ各種情報ノ蒐集提供ヲナシテ軍ノ作戰ヲ誤ラシメス、或ハ軍ノ要求ニヨリ軍用地ヲ買收ノ上之ヲ

245

提供シ軍用道路ノ築造補修ヲナシ一ハ以テ附屬地ノ警備ニ具ヘ一ハ以テ軍ノ機動ニ便ナラシメ、映畫班ヲ派遣シテ歸順匪賊ノ鎭撫工作ヲ援助スルナト現場機關ノ統制活動ヲシテ遺憾ナカラシメ地方部所屬員全動員一致協力其ノ全智全能力ヲ傾注披瀝シ以テ直接間接軍ノ諸工作ニ貢獻シタリ。

左ニ其ノ功績事項ヲ項目ニ別チテ列擧セハ次ノ如シ

A、警備

イ、附屬地其ノ他會社諸施設ノ警備

附屬地一帶ノ治安ハ未タ全ク平定シタリトハ謂ヒ難ク況ヤ僻陬ノ地ニ於テオヤ。北滿ヘ熱河ヘト討伐隊ノ移動ニ伴ヒ警備手薄ナル各附屬地ニアリテハ備フルニ警備施設ノ完璧ヲ以テスルト共ニ出先會社代表機關タルノ立場ニ鑑ミ其ノ地ノ地方事務所ハ他ノ所屬箇所ト連絡協調卒先之カ對策ニ腐心シ、自警團警備團ノ組織、統制ノ充實ヲ計リ軍警ヲ援ケテ以テ附屬地ノ治安維持ニ專念シタリ、卽チ從事員ハ全動員以テ警備ニ任シ各會社財産ノ保全ニ努メ

252

直接間接ニ軍警ヲ援ケ殊ニ警備ナキ奥地ニ於ケル農務關係從事員ノ如キハ危地ニ曝サレ乍ラ會社ノ事業權益財産ノ保全ニ努力スルナト其ノ勞苦沒スヘカラサルモノアリタリ

ロ、兵舍ノ警備

昭和七年十二月三十日ヨリ昭和八年一月九日迄公主嶺守備隊ノ主力ハ伊通方面ニ出動、留守中而モ滿洲駐劄騎兵第二聯隊ノ內地歸還後新タニ駐劄スヘキ騎兵第十八聯隊到着迄當地騎兵營建物及物品監視ノ爲差出スヘキ兵員ナキノ故ヲ以テ當地駐屯司令官ヨリ當在鄉軍人分會ニ援助方依賴アリ、小松八郎技師ヲ分會長トスル當部所屬員ニシテ分會員ハ時恰モ年末年始ニ際シ年中最モ多忙ナル時機ナルト寒氣凛烈ノ候ナリシニ拘ハラス率先克ク上司ノ命ヲ奉シテ之カ召集ニ馳セ參シ警戒警備ニ當リ日夜不眠不休、困苦ト戰ヒ以テ其ノ任務ヲ遂行シ事ナキヲ得タリ

ハ、炭鑛ノ警備

大新公司員、關東軍司令部ノ委囑ヲ受ケテ八道壕炭鑛ノ經營ニ從

247

事スルヤ克ク長期ニ亘ル間八道壕警備第八師團步兵第三十二聯隊第五中隊ト共ニ同地ニ起居シ常ニ警備隊員ト和衷協同警備上諸種ノ便宜ヲ計リ又警備隊ノ警備實施ニ方リテハ警備隊長ノ指示ニ従ヒ一部ノ警備ヲ擔任スル等精勵之努メ警備隊長ヲシテ警備實施ヲ有利ナラシメタリ

B、警備施設

イ、防護施設

軍警ノ移動ニ伴ヒ警備手薄勝ナル附屬地一帶ニ亘リ匪賊ノ襲撃ニ備フル爲左記防護施設ヲナシ以テ軍警攻防ノ便ヲ計リ附屬地ノ保安ニ努メタリ、其ノ工事費概算六萬五百八十九圓ニ及フ

1、鐵條網ノ架設補修

海城、瓦房店、昌圖、高麗門、沙河鎮、郭家店、南台、他山、分水、遼陽、大石橋、蓋平、熊岳城、鐵嶺、鷄冠山、奉天

2、防護木柵及鐵柵ノ架設

254

大石橋、蘇家屯、范家屯、撫順、湯山城、五龍背、通遼線
草河口、新京、本溪湖

3、塹壕、土嚢ノ築造
鷄冠山、新京、范家屯、開原、鞍山

4、照明設備
鳳凰城、遼陽、文官屯、撫順

5、警備用哨舎ノ建設
開原、蘇家屯、本溪湖、橋頭、遼陽

6、モーターサイレンノ設置
鷄冠山、蘇家屯、四平街、海城、開原

7、水源池ノ防護設備
安東、新京、公主嶺

ロ、警備道路ノ築造補修
附屬地防護施設ノ完璧ヲ期スルト共ニ警備用道路、軍用道路ノ築造補修ヲナシ一ハ以テ附屬地ノ警備ニ具ヘ一ハ以テ軍ノ機動ニ便

249

ナラシメタリ、即チ開原榮昌街道路、范家屯北新町外警備道路、新台子連絡道路、新京第四水源池警備道路ノ築造ヲナシ公主嶺、遼陽泉町道路ノ補修ニ從事セリ

其ノ工事量概算九千三百八十圓ニ及フ

ハ、警備用街灯ノ新設

時局ニ伴ヒ警備用街灯ヲ左記附屬地ニ増設シタリ

營口、鐵嶺、開原、撫順、安東、南台、祂山、分水、沙河渾河、新城子、虎石台、中固、金溝子、滿井、馬仲河、大屯、孟家屯、陶家屯、鳳凰城、通遠堡、草河口

以上工事費概算三千二百四十一圓ニ及フ

C、土地、建物、設備、器具ノ提供

イ、軍用地ノ買收

軍部ノ要求ニヨリ左記土地ノ買收ニ當リテハ係員一致協力迅速ニ買收ヲ完了ノ上之ヲ軍ニ提供シ以テ軍ノ作戰行動ヲ容易ナラシメタリ

256

1、海城野砲隊用地	八、六三一坪	三、〇〇七圓
2、奉天野戰航空廠用地	一六、四四四坪	一六、八一二圓
3、奉天關東倉庫用地	四九、八三八坪	九六、〇六一圓
4、奉天鐵西飛行場用地	四五〇、〇〇〇坪	一四六、五八〇圓
5、新京射撃場用地	一二六、〇〇〇平方米	九、三〇〇圓

ロ、軍隊ノ宿營ニ又休憩所ニ宿舍ノ提供

1、事務所、公會堂、社員俱樂部ノ建物提供及宿舍ノ斡旋

出動ニ、凱旋ニ來往スル皇軍ノ宿營休養ニ當リテハ特ニ意ヲ用ヒ沿線各地方事務所共之カ便宜供與ニ任シ宿舍ノ斡旋提供ニ盡力シ特ニ新京地方事務所ノ如キ昭和七年十月三十日關東軍司令部新京移駐ニ伴ヒ克ク軍經理部ト協力シテ事務所俱樂部建物ノ利用、廳舍ノ割當等圓滿ナル協調ヲナシ以テ軍ノ行動ニ便宜供與ヲナセリ

2、學校校舍ノ提供

其ノ重ナルモノ次ノ如シ

新京商業學校　四回
教育研究所　二十四回
奉天加茂小學校　四回
奉天彌生小學校　一回
奉天敷島小學校　一回
新京西廣場小學校　九回

尚軍隊ノ休憩所トシテ斡旋セシモノ次ノ如シ

南滿中學堂　五回
新京商業學校　四回
新京室町小學校　二十回

以テ皇軍ノ休養ニ努メタリ

3、會社醫院病棟ノ貸與

吉林東洋醫院ハ病棟貸與方軍ヨリノ依頼ニ接シ昭和七年三月ヨリ引續キ同年十二月二十九日ニ至ル間、同醫院病棟ノ一部ヲ第二師團ノ衞生班ニ貸與シ翌八年二月十七日迄第六師團衞生班ニ

同年六月二十三日迄第十師團衛生班ニ之ヲ貸與スルト共ニ諸種便宜ヲ供與シ軍ヲシテ看護、治療、衛生ニ遺憾ナカラシメタリ

ハ、其ノ他軍隊及軍需品ノ輸送用トシテ消防自動車ノ出動、トラツクノ徴發ニツトメ進ンテ之カ運轉、輸送ニ從事シテ雄々シクモ軍ノ討匪行ニ參加スル等軍ヲシテ之カ利用ノ道ヲ講セシメタリ

D、情報ノ供與、連絡、案内

イ、情報蒐集供與

當部ハ特ニ情報班ナルモノハ設ケサリシモ各地方事務所及奧地在勤ノ所屬員ハ時局諜報機關トシテ重要ナル一役割ヲ負ヒ會社カ軍領事館及警察官署等ニ供與シタル多クノ資料ハ之等地方事務所及在勤員ノ活動ニヨリ得タルモノ不尠殊ニ各地匪賊ノ動靜ニ關スル情報ノ如キ軍警ノ配置ニ貢獻セルトコロ不尠リシモノト信ス

ロ、氣象觀測通報

農事試驗場、原種圃、試作場、種羊場ニ在リテハ軍事上必要ナル氣象ノ觀測ヲ實施シ之ヲ軍ニ速報軍ノ行動ヲ容易ナラシメタリ

259

253

ハ、通譯、道案内、連絡

關東軍ノ依頼アルヤ進ンテ之ニ應シ或ハ通譯トシテ或ハ道案内トシテ直接軍ノ行動ヲ援助シタリ、卽チ蒙古地帶ノ地勢並經濟調査團ノ通譯トシテ從軍シ或ハ守備隊長ヲ援ケ通譯トシテ捕縛匪賊ノ訊問ニ當リ其ノ處斷ニ便シ或ハ軍ノ滿人家屋宿營ニ當リテハ其ノ借入ニ通譯トシテ斡旋シ又便衣隊ノ捜査ニ通譯ヲ以テ任スル等、其ノ他文書ノ飜譯ニ任スル等皇軍ノ活動ヲ援助セシコト尠カラス

E、醫療、防疫、救護

イ、北滿施療班ノ編成

皇軍ノ恩威並ヒ行フノ趣旨ニ基キ施療班ヲ編成セラレタキ旨再度關東軍ヨリノ依頼アリ依テ直チニ滿洲醫科大學ニ於テハ之カ編成ニ着手、自昭和八年七月一日至昭和八年八月一日間關東軍北滿施療班ナル旗標ノ下ニ齊克線、呼海線、海克線ト北滿一帶ニ亘リ施療ニ從事シ以テ皇軍ノ恩威並ヒ行フトコロヲ遺憾ナク發揮セシメタリ

260

次ニ概略施療地ノ重ナルモノ及施療患者數ヲ示サハ次ノ如シ

寧年	四六五名
泰安	五三九名
克山	一、二五九名
北安	三七四名
通北	七八一名
海倫	九九一名
綏化	一、〇一一名
呼蘭	一、二八八名
施療人員數合計	六、七〇八名

右ノ外北安、通化、海倫、呼蘭ノ各地ニ於テ種痘セルモノ七五六名、各地ノ學校兒童及生徒ノ身体檢査ヲナセル數一、二〇〇名ニ及フ

ロ、軍馬ノ診療、獸疫防遏

出動軍馬ニ多數ノ鼻疽馬アリ、獸疫研究所ニアリテハ之等出動軍

261

255

馬ニ對スル血淸診斷、病馬、疑症馬ノ收容處置等相當危險ヲ冒シテ之ニ從事シ軍馬ノ衛生ニ貢獻セリ、尙不明疾患斃馬ノ病性鑑定、急死又ハ頓死馬ノ病源不明ノ屍体及送付材料ニ付剖檢ヲ行ヒ緊急防遏策ヲ獻策シ軍ノ獸醫部ヲ援ケ或ハ不休ノ作業ニヨリ多量ノ炭疽血淸ヲ製造シテ獸疫傳染防止ニ努メ或ハ不備ナル軍獸醫部ニ器具ヲ貸與シ以テ直接間接軍事行動ヲ援助シタリ

ハ、ペスト防疫

昭和八年ノペスト防疫ニ關シテハ日滿聯合防疫委員會ヲ組織シ地方防疫ハ滿洲國ニ、鐵道防疫ハ會社ニ於テ擔當シ之カ調査ハ關東軍ヲ主体トスル防疫對策ノ三大原則ヲ定メテ其ノ擔當範圍ヲ明カニシ相協力シテコレカ防疫ニ從事シタルカ會社ニ於テハ事情ノ許スル限リ軍ヲ主管トスル調査ニ關シテモ極力專門技術家ヲ派遣シテ之カ援助ニ當リ以テ防疫ノ完璧ヲ期スルニ努メタリ

ニ、傷病兵ノ看護、治療

各地ノ戰鬪ニ於ケル皇軍負傷將卒ヲ收容スル爲野戰病院又ハ衛戍

262

病院トシテ所管醫院ヲ提供セルハ前述ノ如クナルカ之等建物設備ノ提供ト共ニ、内ニアリテハ診療ヲ援助シ外ニアリテハ救護班トシテ列車事故ノ現場ニ赴ク等、或ハ匪賊討伐ノ爲出動シ負傷シタル懷德縣公安隊入院患者ノ診療ニ從事スル等以テ治療看護ノ實ヲ擧ケタリ

ホ、其ノ他所謂教化行軍ノ施療ニ當リテハ事變ノ進展ニ伴ヒ其ノ趣旨ノ普及徹底ノ重要性ニ鑑ミコレカ補助金ノ捻出ニ當リテ極力盡力ヲナシ以テ獨立守備隊ノ教化行軍ヲシテ其ノ趣旨ヲ徹底セシメタリ

F、軍ノ依頼ニヨル各種調査

當地方部ハ其ノ機構上各種部門ニ多クノエキスパートヲ有シ滿洲ニ關スル限リ或ハ經濟部門ニ或ハ產業部門ニ第一人者ヲ以テ自ラ任スルモノ尠カラス、即チ軍ノ產業經濟工作トハ密接不離ノ間ニアリテ絶エス軍トノ連絡ヲ怠ラス其ノ依頼アルヤ進ンテコレニ應シ以テ軍ノ各種調査ニ資セシコト極メテ大ナリ

257

其ノ重ナルモノヲ示セハ次ノ如シ

イ、北滿油徵地調査

昭和七年九月十八日關東軍特務部ノ委囑ニヨリ札賚諾爾油徵地試錐ノ目的ヲ以テ商工課員二名ヲ經濟調査會資源調査班員トシテ派遣シ之カ調査ニ着手シタルカ途中數回ニ亘ル匪賊ノ襲撃ニヨリ愈々危險逼迫シ試錐ノ實施ハ到底不可能ノ爲十月十四日一應大連ニ引揚ケ翌八年八月二日再度軍ノ委囑ニヨリ同月上旬無事目的地タル札賚諾爾ニ到着シ約三箇月間不眠不休ノ努力ヲ續ケタル結果至難ト目サレシ油徵地試錐ニ成功シ以テ軍部ノ資源調査ニ貢獻セリ

ロ、吉林東北地方鑛區調査

昭和八年八月四日關東軍參謀部ノ依賴ニヨリ穆陵及密山ニ於ケル鑛區調査ノタメ商工課員一名ヲ派遣シ第十師團松田枝隊ノ吉林東北地方匪賊討伐軍ニ從ヒ終始部隊ト艱苦ヲ共ニシ九月二十六日完全ニ調査ヲ了シ以テ軍ノ資源調査ヲ援助セリ

ハ、熱河資源調査

264

關東軍特務部ノ委囑ニヨリ農務關係所屬員ハ卒先シテコレカ調査團ニ參加昭和八年四月ヨリ約四十日間ニ亘リ或ハ承德、赤峰、建平、凌源地方ノ牧畜資源ノ調査ニ當リ或ハ承德、平泉地方ニ林業資源ノ調査ニ當リ豫定ノ調査ヲ完了シ特務部ニ同調査報告書ヲ提出以テ軍ノ調査ニ資セリ

ニ、熱河風土病調査

關東軍ノ委囑ニヨリ醫科大學ニ於テハ直チニ調査班ヲ編成自昭八、七、二七至八、九、一二間錦州、通遼、平泉、承德、古北口等ノ各地方ニ於ケル風土病ノ調査研究ニ從事シタリ

ホ、移民衞生ニ關スル調査

醫科大學教授二名ハ關東軍ノ囑託ヲ任命セラレ自昭八、七、七至八、一二、三一間左記各地ヲ視察シテ移民地衞生及衣食住問題ニ關シ調査ヲ了シ以テ軍ノ調査ニ資セリ

1、佳木斯拓務省移民地

2、田庄台、吳家荒、亂石山ノ東亞勸業株式會社經營鮮人農場

259

3、奉天北大營國民高等學校實習所

4、通遼、錢家店天然村

5、敦化－鏡泊學園

又衛生研究所員ノ如キ軍ト協力シテ僻陬地ニ出張之カ調査ニ專念シタリ

ヘ、北滿林業調査

關東軍ノ委囑ヲ受ケ第十四師團北部黒龍江省資源調査隊第二調査員トシテ北安鎮、德都、科洛站、璦琿、奇克特、車陵遜河、龍鎮等ノ林業調査ニ當リ、或ハ第十師團松田枝隊ノ資源調査隊ニ參加シテ虎林、密山沿道及青溝嶺森林地帶ノ林業調査ニ從事スル等、等シク軍ト行動ヲ共ニ困苦ト闘ヒ以テヨク之カ調査ヲ完了シタリ

ト、農安ペスト調査

衛生研究所員及新京地方事務所細菌檢查所員ノ如キ關東軍軍醫部調査班ト協力シテ農安方面ニ猖獗ヲ極メツツアルペスト狀況調査ニ參加非常ナル困難ト闘ヒ之カ調査ヲ了シ以テ軍ニ貢獻セリ

266

チ、物資利用、生產物流動事情ノ調査

關東軍倉庫ノ依賴ニヨリ或ハ物資利用調査ヲナシ或ハ原始生產物流動狀況ヲ詳細ニ調査報告以テ軍ニ貢獻セリ

リ、社員ノ事變功績調査

關東軍ハ事變功績調査ニ關シ軍部ノ功績ヲ表彰スルト共ニ在滿各機關ノ功績ヲモ併セテ表彰セントシ不取敢滿鐵社員ニ就テハ會社ニ其ノ功績上申方依賴アリ、會社首腦部ハ之ヲ快諾以テ各部ヲシテ之カ功績ヲ調査申請セシムルコトトナリ臨時時局功績調査委員會ノ設立ヲ見之ヲ基幹トシテ社員功績表彰ノ統一ヲ計ラントシタリ、惟フニ功績ノ査定タルヤ困難コレニ若クモノハナシ、其ノ結果ノ及ホストコロ亦測リ知レス、茲ニ當部ハ其ノ事項ノ重大性ニ鑑ミ一致協力極メテ愼重ナル態度ヲ以テ之カ功績行賞ニ當リテハ新タニ社內ニ設置セラレタル臨時時局功績調査委員會ノ指令ヲ俟チテ部全般ニ亘リ所屬員ノ功績調査ニ遺漏ナキヲ期セリ、諭スル迄モナク當地方部ハ其ノ所管ノ性質上沿線各地ニ全ク相異ナル內容ヲ有スル所屬箇所卽チ地方事務所ヲ始メトシテ學校、圖書館、醫院、試驗場、研究所ヲ包含ス、又コレカ功績査定ニ當リテハ各地各箇所トモ其ノ環境ヲ異ニシ行賞ノ根據、標準ヲ何レニ置クヤ甚タ困難ナルモノアリ、調査ノ掌ニ當ルモノハ克ク之カ洞察ニ努メ細心ノ注意ト最大ノ努力ヲ傾注シテ以テ公平、正確ナル功績ノ査定ヲ期スルヘク盡力シタリ

G、軍隊、傷病兵、遺骨ノ送迎、慰問

各地方事務所ハ各々其ノ所在地ノ中心機關トシテ時局後援會ヲ組織シ之カ統制ノ任ニ當リ恤兵慰問或ハ軍ノ給養ニ努メ或ハ戰歿將卒ノ慰靈祭、告別式等ノ執行ヲ斡旋セリ

特ニ學校關係ニアリテハ其ノ性質上軍隊ノ歡送迎竝遺骨ノ送迎或ハ慰靈祭ノ參列ニハ兒童、生徒ヲ引率指揮シテ之ニ臨ミ皇軍ノ士氣ヲ鼓舞スルト共ニ歿キ勇士ノ靈ヲ懇ロニ弔ヘリ

其ノ重ナルモノヲ列記セハ次ノ如シ

イ、部隊ノ歡送迎

教育研究所	二〇回
南滿中學堂	一〇回
奉天高等女學校	一五回
新京中學校	一八回
新京商業學校	一六回
鞍山富士小學校	一七回
同　大宮小學校	一九回
同　公學校	一五回
奉天春日小學校	一五回
同　彌生小學校	一九回
同　加茂小學校	七回
同　敷島小學校	七回
同　公學校	一七回
公主嶺公學校	一九回
新京室町小學校	三〇回

263

新京西廣場小學校　三〇回
本溪湖小學校　二三回
橋頭小學校　二三回
連山關小學校　二〇回

ロ、慰靈祭ノ參列

教育研究所　五回
奉天中學校　六回
奉天高等女學校　七回
南滿中學堂　五回
新京中學校　一一回
新京商業學校　三回
鞍山大宮小學校　五回
同　富士小學校　三回
同　公學校　五回
奉天春日小學校　二回

270

奉天敷島小學校	一回
同　公學校	二回

八、遺骨ノ送迎

教育研究所	一五回
奉天中學校	七回
奉天高等女學校	一〇回
南滿中學堂	一五回
新京中學校	一八回
鞍山富士小學校	一三回
同　大宮小學校	八回
同　公學校	一三回
奉天彌生小學校	二回
同　加茂小學校	一回
同　敷島小學校	二回
同　公學校	一七回

265

奉天實業補習學校　一七回
本溪湖小學校　九回
橋頭小學校　九回

H、其ノ他便宜供與

イ、軍官舍ニ給水設備

軍ノ要求ニヨリ奉天商埠地第二號陸軍官舍ニ給水設備ヲ施シ或ハ野戰航空廠代用官舍ノ新築ニ伴フ上水道管ノ布設ヲ完了シ以テ之カ使用ニ支障ナカラシメタリ

ロ、駐屯軍隊ニ飲料水ヲ供給

事變以來奉天城內外ニハ多數軍隊駐屯警備セルモ飲料水ニ乏シク殊ニ傳染病ノ猖獗甚タシク關東軍軍醫部ヨリノ給水依賴ニ接シ之等駐屯軍隊ニ對シ同地消防隊員一致協力コレカ給水ニ從ヒ以テ軍事行動ニ支障ナカラシメタリ

ハ、「マスク」其ノ他「カバー」ノ作製

新京高等女學校ニアリテハ職員生徒協力シテ南嶺機關銃隊ヨリ依

272

賴ノ「マスク」三五〇箇ヲ作製又トランクカバー數箇、劍カバー數十箇、銃カバー等コレカ作製ニ當リ盡力セリ

二、映畫班ノ派遣

當部社會係ニ於テハ鞍山獨立守備隊長ノ依賴ニヨリ歸順匪賊鎭撫工作ノ爲映畫班ヲ派遣シ以テ軍事行動ノ援助ニ努メタリ

三、其ノ他軍ノ要求ニヨリ或ハ軍司令部ニ、參謀部ニ、特務部ニ社員ヲ派遣シテ以テ軍ノ所要ヲ充シ其ノ事務ノ遂行ヲ援助セシメ以テ直接軍ノ業務ヲ援助シタルコト大ナリ ニ貢獻

以上